Zauberhafte kleine
Gärten

Zauberhafte kleine
Gärten
nach historischen Vorbildern liebevoll gestaltet

Roy Strong

Historische Pflanzenlisten
Toni Lord

DuMont Buchverlag Köln

Dieses Buch ist eine Antwort auf die unzähligen Bücher, die sich in den vergangenen zwanzig Jahren mit Gartengeschichte befaßt haben. Nur wenige behandeln von einer praktischen Seite den Stilgarten, zumal in seiner kleinen Ausführung. Infolgedessen wird die Gartengeschichte in die Bücherregale verbannt. Das sollte jedoch keineswegs so bleiben, denn wir können uns aus den Gartenstilen der Vergangenheit vieles aneignen. Die Sammlung von Entwürfen in diesem Buch – Beschwörungen der Vergangenheit – will heutigen Gartenliebhabern eine Vielfalt aufregender Möglichkeiten aufzeigen.
Das Vorhaben hat mich sehr herausgefordert, denn es war notwendig, sich über ein breites Spektrum von Gegenständen in vielen Epochen kundig zu machen. Für die Überprüfung der Bepflanzungen und die Zusammenstellung der Pflanzenlisten bin ich Tony Lord mehr als dankbar. Für die eleganten Zeichnungen, die komplexes Material auf glänzende Weise darstellen, danke ich Prue Bucknall, und Gill Tomblin schulde ich wieder einmal Dank für die Umsetzung der historischen Dokumentation, wie ich sie vor meinem geistigen Auge sah, in konkrete Illustrationen.

Roy Strong

Seite 1. Ein Wandbrunnen, der auf einem Entwurf von Sir Edwin Lutyens vom Beginn des 20. Jahrhunderts beruht. Einheimische Materialien, Stein und Ziegel, rahmen auf typische Weise eine Löwenmaske auf einer Stützmauer ein.

Seite 2. Ein Buchs- und Kiesparterre auf West Green House (Hampshire), das in den frühen Jahren unseres Jahrhunderts angelegt wurde und wohl auf Mustern des 17. Jahrhunderts beruht; damals befand sich die Rückkehr zur Formalität auf ihrem Höhepunkt. In den siebziger Jahren wurde es durch Hinzufügung von Formschnittkegeln und Hochstämmen erweitert.

Seite 3. Der Hintergarten eines Stadthauses in Bristol (um 1800). Das zur Straße führende Tor liegt unter einer eleganten Gitterlaube verborgen.

Umschlagvorderseite: Reproduktion mit freundlicher Genehmigung von Harris Museum & Art Gallery, Preston, Lancashire
Umschlagrückseite: Illustration von Gill Tomblin

Die Deutsche Bibliothek – CIP – Einheitsaufnahme
Zauberhafte kleine Gärten: nach historischen Vorbildern liebevoll gestaltet / Roy Strong. [Übers. aus dem Engl. von Wolfgang Hensel. Ill. Gill Tomblin]. Historische Pflanzenlisten / Tony Lord. – Köln : DuMont, 1993
Einheitssacht.: Small period gardens <dt.>
ISBN 3-7701-3119-3
NE: Strong, Roy; Tomblin, Gill; Hensel, Wolfgang [Übers.]; Lord, Tony: Historische Pflanzenlisten; EST

Übersetzung aus dem Englischen von Wolfgang Hensel
Illustrationen Gill Tomblin

Satz der deutschsprachigen Ausgabe: Fotosatz Harten, Köln
Printed in Hong Kong ISBN 3-7701-3119-3

DuMont Buchverlag Köln

INHALT

Inspirationen aus der Vergangenheit

Rechts. Dieses Parterre aus Kies und Buchs habe ich erst kürzlich in meinem Garten angelegt. Inspiriert hat mich ein Besuch im rekonstruierten Garten des königlichen Schlosses Het Loo in Apeldoorn, der ursprünglich um 1680 angelegt wurde. Trotz der geringen Größe von 4,50 Metern im Quadrat atmet mein Parterre den Geist des Originals – ein riesiges, geschwungenes Muster aus grünen Rasenflächen, Buchshecken, Statuen und farbigem Kies. Im Zentrum sollen schließlich die Initialen von meiner Frau und mir zu lesen sein. Diese Idee geht auf das erste nachchristliche Jahrhundert zurück, bereichert den Garten um ein anregendes persönliches Flair und bewahrt die Erinnerung.

Rechts. Bei einer Blumenausstellung in Chelsea (1990) gelang es Arabella Lennox Boyd, die Elemente eines grandiosen Landhausgartens aus der Zeit vor dem Ersten Weltkrieg auf eine winzige Fläche zu konzentrieren. Sie kombinierte prägnante, immergrüne Strukturelemente aus Buchs und Eibe mit einer zarten, verschwenderischen Bepflanzung, in einem Hauch von Silbergrau und Mauve. Als Pflanzen wählte sie unter anderem *Onopordum acanthium,* Fingerhut, eine Artischocke, *Allium aflatunense* und verschiedene graublättrige Wermutarten. Ein ähnliches Ensemble würde sich prachtvoll in einem kleinen Stadtgarten machen, wo man es von der Terrasse oder dem Balkon aus überblickt. Ich hätte als zentralen Blickpunkt eine Statue oder einen kleinen Springbrunnen bevorzugt, um durch eine weitere Struktur das Interesse ganzjährig zu erhalten.

Jeder Spaziergang durch einen Garten, selbst wenn dieser neu angelegt wurde, führt auch zurück in die Geschichte. Eine einfache hölzerne Pergola, die von duftenden Kletterpflanzen umrankt wird, ist mehr als nur ein Vermächtnis Gertrude Jekylls und der englischen Landhausgärten aus der Zeit vor dem Ersten Weltkrieg. Sie hat vielmehr eine lange und edle Reihe von Vorgängern, die über die Renaissancegärten Italiens bis zu den Villengärten der Römer zurückreicht. Plinius der Jüngere, der sein Entzücken über die römischen Villengärten so anschaulich zu schildern verstand, würde sich auch an einer modernen Pergola erfreuen. Wahrscheinlich wäre er über die Bepflanzung erstaunt, hat sich doch über die Jahrhunderte das Repertoire an Kletterpflanzen um ein Vielfaches vermehrt. Ein mit Immergrünen und blühenden Sträuchern bepflanztes Inselbeet hinter einem Vordergrund aus Stauden und Einjährigen blickt auf ebensoviele Ahnen zurück: Am Anfang stehen die Leidenschaft des 18. Jahrhunderts für gekrümmte, geschwungene Linien und die Begeisterung über die neuen Pflanzen, die damals aus Amerika, Südafrika und Australien eingeführt wurden. Selbst eine einfache gepflasterte Terrasse mit einer oder zwei herabführenden Stufen ist eine Reminiszenz an die Geschichte. Ihr Ursprung geht auf das 16. Jahrhun-

Zwei Gartenansichten aus dem Jagdschloß von König Johann ohne Land in Odiham (Hampshire). Der Garten wurde von John Fowler angelegt, der bis nach 1945 aktiv war, aber stets der formalen englischen Tradition vor dem Ersten Weltkrieg verpflichtet blieb. Fowler paßte viele Elemente dieses Stils den Gegebenheiten an und machte deutlich, wie gut sie sich zur Betonung kleiner Flächen eignen. Er arbeitete mit der amerikanischen Gartengestalterin Nancy Lancaster zusammen, daher ist anzunehmen, daß seine von Buchs eingeschlossenen Beete und einfachen Formschnittbäumchen (links) von der Rekonstruktion der historischen Gärten in Williamsburg (siehe S. 58–61) beeinflußt wurden. In der Pflanzweise bezieht er sich aber auf die Cottage-Garten-Tradition von Gertrude Jekyll. Der Ausschnitt oben verrät, wie sehr Fowler die Gartengestaltung des 17. Jahrhunderts schätzte. Hier rahmt eine Schäferfigur aus dem 18. Jahrhundert einen Durchblick zum Gartentor ein. Der Kiesweg wird von Hainbuchenhecken und beschnittenem Buchs in Kübeln flankiert. Im Winter färbt sich die Hecke rostbraun.

Dieser Garten in London (Chelsea, 100 Cheyne Walk) wurde von Sir Edwin Lutyens vor 1913 angelegt und von Arabella Lennox Boyd in den späten achtziger Jahren überarbeitet. Ursprünglich enthielt die zentrale Rasenfläche einen runden Seerosenteich, und die flankierenden Wege liefen auf Nischen mit klassischen Statuen zu. Mit den Mitteln seiner Zeit hatte Lutyens dem Wesen nach ein Rasenparterre des 17. Jahrhunderts gestaltet.

dert zurück, als der Architekt Bramante die Gartenarchitektur revolutionierte, indem er feste Strukturen zur Betonung des Raumes einfügte. In der Tat ist jeder Teil eines Gartens Ausdruck seiner ganz besonderen Geschichte – auch die der Pflanzen. So wäre beispielsweise der Rosmarin, der den mittelalterlichen Gärtnern wohlbekannt war, in ihrer Zeit in Töpfen gepflanzt und zu Ornamenten beschnitten worden. Andere, wie etwa Pelargonien und Begonien, tauchten erstmals in viktorianischen Gärten auf und läuteten das große Zeitalter der Beetpflanzen ein.

Unser Gartenerbe ist erstaunlich reichhaltig, und ebenso überraschend ist, wie wenig es gewürdigt wird – ganz zu schweigen von seiner Anwendung. Dieser Gedanke hat mich mehr als alles andere dazu bewogen, das vorliegende Buch zu schreiben. Es soll die wertvollen Schätze der vergangenen Jahrhunderte einem breiteren Leserkreis erschließen. Meine Absicht ist aber nicht nur, die Gestaltungsmöglichkeiten als anregendes Lesevergnügen vorzustellen, vielmehr enthält das Buch durchaus praktische Anleitungen, denn die prachtvollen Ideen vergangener Epochen können selbst in den winzigsten Gärten unserer Zeit verwirklicht werden. Es ist befreiend und erfrischend, Gärten aus der Sicht bestimmter Epochen zu betrachten und zu durchdenken. Außerdem

Ein kleiner amerikanischer Vorgarten in Seattle, der zwar erst 1988 geplant wurde, dessen Ursprünge aber auf die viergeteilten, geometrischen Gärten der Renaissance mit ihren Buchshecken zurückgehen. Ganz gleich in welcher Größe, dieses Grundmuster bleibt zeitlos klassisch und wurde über die Jahrhunderte wieder und wieder verwendet. Die Vase liefert einen unaufdringlichen Blickpunkt, verleiht der Komposition aber auch die erforderliche Höhe.

Ein Garten der späten sechziger Jahre. Überraschenderweise wurde er von dem Modernisten Thomas Church (1902–78) in San Francisco geplant. Er trat für neue Ideen ein und war einer der wenigen Gartengestalter, die private Gärten zeitgenössisch und nicht nostalgisch planten. Genausogut konnte Church durchaus den Fundus der Vergangenheit nutzen, wo er es für sinnvoll hielt. In diesem Garten bilden buchsbaumgesäumte Beete im Rokoko-Rhythmus den edlen Rahmen für eine intensive Entfaltung der Rosen.

Ein englischer Garten auf Rofford Manor (Oxfordshire), der in den achtziger Jahren von Michael Balston gestaltet wurde. Aus der Verbindung verschiedener Elemente entstand ein Gartenstil, der heute international als klassischer Landhausstil der Jahrhundertwende bezeichnet wird. Die unaufdringliche Bepflanzung des Vordergrundes in Rosa-, Grau- und Mauvetönen atmet den Geist Gertrude Jekylls ebenso wie die üppig wuchernden Pflanzen, die die Strenge der festen Strukturen aufbrechen. Heutzutage sind alle hier sichtbaren Strukturelemente in Nachbildungen erhältlich.

lohnt es sich, vergessene Elemente wiederzuentdecken, die immer noch vielfältig genutzt werden können, etwa in Form von Rasenterrassen oder Etagenbäumen an hervorgehobener Stelle.

Die Geschichte der Gärten ist aus heutiger Sicht unvermeidlich eine Geschichte der großen Anlagen. Dafür gibt es zwei Gründe: Erstens haben die kleinen Gärten der Vergangenheit keine Spuren hinterlassen, und zweitens fehlen bildliche Darstellungen. Jeder Leser sollte sich darüber im klaren sein, daß Zeugnisse über kleine Gärten vor dem letzten Jahrhundert außerordentlich rar sind. Man vergißt auch leicht, daß der Kleingarten, wie wir ihn heute kennen, eine Erfindung des 19. Jahrhunderts ist. Vorher waren die Ziergärten ein Vorrecht des Königs wie des Hoch- und Landadels. Das einzige, wonach sich die unteren Schichten sehnten, war ein kleines Stückchen Land, um die magere Ernährung etwas aufzubessern. Unsere heutige Gesellschaft ist selbstverständlich gänzlich anders zusammengesetzt. Wir können es uns leisten, in Gestaltungsprinzipien zu schwelgen, die vormals nur den privilegierten Klassen vorbehalten waren – warum auch nicht? Wir profitieren noch von einem weiteren Vorteil, nämlich die arbeitssparenden Geräte des späten 20. Jahrhunderts auf die alten Gartenstile anwenden zu können.

Sicher wurden auch Planung und Gestaltung meines eigenen Gartens während der letzten zwanzig Jahre von diesen Prinzipien beeinflußt. Die Vogelschaudarstellungen der *formal gardens* des späten 17. Jahrhunderts inspirierten mich, Alleen und Achsen anzulegen. Ich habe gelernt, Durchblicke und Perspektiven in der Gartengestaltung zu berücksichtigen – betont durch dramatische Effekte, Überraschungen und optische Täuschungen. Stufen, Balustraden und Figuren spiegeln viele Besuche in den großartigen Renaissance- und Barockgärten Italiens wider, in denen solche Elemente eine aufsehenerregende Neuheit waren. Sie lehrten mich, wie sparsam eingesetzte, feste Strukturen einen Garten das ganze Jahr über interessant machen und vertikale Akzente, Muster und Blickpunkte liefern, um die Komposition zusammenzufassen. Nach jeder neuen Begegnung mit der Vergangenheit entwickelte sich mein Garten durch die Aufnahme neuer Elemente weiter. Ein Parterre, dessen geschwungene Bögen aus immergrünem Buchs sich gegen farbigen Kies abheben und im Zentrum mein Monogramm und das meiner Frau enthalten, rührt von einem Besuch im prachtvoll restaurierten Barockgarten von Het Loo (Apeldoorn) in den Niederlanden her. Das Vorbild mißt 30 x 30 Meter im Quadrat – wir haben es auf eine Fläche

Der Rosengarten in der Abtei von Mottisfont (Romsey, Hampshire) wurde 1972–73 angelegt und 1985–87 erweitert, um die Sammlung alter und seltener Rosen des National Trusts aufzunehmen. Seine Gestaltung beruht teilweise auf Elementen viktorianischer Zeit. Damals begann der Rosengarten Bestandteil der Gärten zu werden, und vielfältige Möglichkeiten wurden ersonnen, die eleganten Blüten auf Stützen zur Geltung zu bringen. Der Blick fällt hier auf einen runden Arkadengang, der mit Girlanden aus *Rosa* 'Débutante' und *R.* 'Bleu Magenta' geschmückt ist.

Rechts. Dieser Garten im Innenhof (Patio) des Palacia de Viana in Sevilla (Spanien) ist einer von 16 kleinen, abgeschlossenen Gärten, deren Mitte ein kühlender Brunnen einnimmt. Hier verschmolz eine andere Gartentradition – die islamische – mit der westlichen und erwies sich als ideal für das spanische Klima. Die Beeteinfassungen aus leuchtend blauen Keramikziegeln sind typisch für spanische und portugiesische Gärten. Obwohl der Palast schon im 17. Jahrhundert erbaut wurde, dürfte die asymmetrische Gestaltung der Gärten frühestens dem späten 19. Jahrhundert entstammen.

Oben. Dieses winzige, zeitgenössische Buchsparterre entstand etwa 1979 im Garten des verstorbenen Roderick Cameron in Saint-Jean-Cap-Ferrat (Departement Alpes-Maritimes, Frankreich), inspiriert von Vorbildern aus der italienischen Renaissance, die sich bis heute erhalten haben (siehe S. 25). Das Muster ist recht einfach: Doppelte Hecken aus beschnittenem Buchs umschließen eine Bepflanzung mit Bodenhecken. Klassische Terrakottavasen in den Hälften des geteilten Rechtecks sorgen für markante, vertikale Blickpunkte.

von 4,5 x 4,5 Meter konzentriert. An einer anderen Stelle thront eine italienische Barockstatue fröhlich über zwei englischen Knotengärten. Zu Pfauen geschnittene Sträucher, die die Arts-and-Craft-Bewegung der Jahrhundertwende aufnehmen, wachen über dem Eingang zu einem weiteren Gartenbereich.

Diese Mischung dürfte einen Eindruck davon vermitteln, wie der Fundus der Vergangenheit für moderne Ideen wiederbelebt werden kann. Kein einziges der historischen Gestaltungsmerkmale in meinem Garten ist eine genaue Rekonstruktion, vielmehr versuche ich, traditionelle Elemente in die moderne Gartenpraxis zu übersetzen. Ein Gesichtspunkt ist dabei auch der erforderliche Aufwand an Zeit und Arbeit. Aus der Neuschöpfung ganzer Stilgärten ergeben sich weitere Möglichkeiten: Darauf basiert die Grundstruktur dieses Buches, das auch denjenigen eine Hilfestellung gibt, die mit historischen Stilen oder Techniken experimentieren möchten, um den Stil eines bestimmten Hauses zu unterstreichen. Warum sollte ein Knotenbeet der Tudorzeit nicht hinter einem ländlichen Fachwerkhaus des 16. Jahrhunderts entstehen? Ein Garten mit einer Renaissance-Pergola kann ein modernisiertes Bauernhaus in der Toskana zieren.

Damit sind wir bei der Idee der ›Rekonstruktion‹. Die hier beschriebenen Gartenanlagen sind aus bestimmten Gründen ›Beschwörungen der Vergangenheit‹. Als ausgewiesener Historiker bin ich mir darüber im klaren, daß die archäologisch exakte Rekonstruktion eines historischen Gartenstils nicht möglich ist: Es gibt immer nur Annäherungen, die in ihrer Genauigkeit durchaus variieren. Zwar wurde in diesem Buch alles versucht, den jeweils authentischen Gartenstil einer Epoche wiedererstehen zu lassen – in Verbindung mit korrekten Planungsanweisungen und unter Zuhilfenahme dokumentarischer Bildquellen –, Kompromisse jeglicher Art sind jedoch unvermeidlich. Ein Plastikstreifen, der die Bögen eines barocken Parterres begrenzt, ist eine moderne Lösung für ein altes Problem. Lebte Le Nôtre noch, er wäre von dieser Erfindung begeistert. Der Einsatz moderner, krankheitsresistenterer und wiederholt blühender Rosen, die dennoch die Farbe und den Duft ihrer Eltern aus dem 19. Jahrhundert bewahrt haben, macht für die Planung eines viktorianischen Rosengartens durchaus Sinn. Noch einmal – käme William Paul heute zurück, würde er wahrscheinlich genauso handeln. Die ungezwungene Pflanzweise von Frühlingsblumen, die im Mittelalter noch unbekannt waren, erzeugt ganz genau jenen Eindruck eines Blütenangers, den wir aus Buchmalereien kennen – jedoch ohne die nachfolgenden Pflegeprobleme.

Dieses Buch soll die Phantasie anregen und nicht einengen. Der Leser oder die Leserin kann, was immer ihm oder ihr gefällt, mischen, verbinden und adaptieren. Es gibt keinen Grund, warum nicht beispielsweise die bereits erwähnte Renaissance-Pergola mit Kletterpflanzen drapiert wird, die damals niemand kannte. Im Ergebnis entstünde zwar nicht das genau rekonstruierte Modell einer bestimmten Epoche, nichtsdestoweniger hätte die Vergangenheit eine wertvolle und glückliche Inspiration geliefert. Einige der alten Gartenformen warten nur darauf, wiederbelebt und für moderne Gärten neu erfunden zu werden. Der Rasengarten *(parterre à l'angloise)*, ein Muster aus Grasflächen, die gegen farbigen Kies abgesetzt werden, könnte beispielsweise für die Gestaltung außerordentlich aufregender Gärten eingesetzt werden, als wiederbelebtes, dekoratives Element nachbarocker Gärten. Warum soll nicht irgend jemand einen Knotengarten für das 20. Jahrhundert neu gestalten? Lassen wir uns von der Vergangenheit nicht behindern, es wäre besser, sie für unsere Zwecke einzusetzen.

Die Vergangenheit auszuplündern, ist für Gärtner nichts Neues. Sowohl die Renaissancegärten wie die englischen Landschaftsgärten des 18. Jahrhunderts versuchten, die Villengärten des klassischen Altertums auferstehen zu lassen. Die Gärten des 19. Jahrhunderts wurden beispielsweise im Stil der elisabethanischen Zeit, des Barock, des Rokoko und im Stil der italienischen Renaissance bepflanzt, wenn auch mit der für die viktorianische Zeit typischen Behäbigkeit. Erst in unserem Jahrhundert mit seiner veränderten Sichtweise blicken wir befangen zurück. Die Erhaltung historischer Gärten um ihrer selbst willen war weitgehend eine Folge der beiden Weltkriege und der daraus resultierenden sozialen Veränderungen. Die öffentliche Hand übernahm die Paläste und Landhäuser, und damit entstand die ernstzunehmende Fachrichtung, historische Gärten zu bewahren und zu restaurieren. Es würde den Rahmen des Buches sprengen, wollte man die Frage diskutieren, wo die Restauration eines Gartens endet und wo die Rekonstruktion beginnt, wir sollten diesen wichtigen Punkt aber im Gedächtnis behalten. Wird irgendwo ein Stilgarten nahe einem historischen Gebäude gänzlich neu angelegt, spielen solche Überlegungen keine Rolle. Schwieriger wird es dort, wo der Garten einem alten Vorgänger nachgeschaffen ist. Aber von da bis zur vollständigen Rekonstruktion von Gärten an ursprünglicher Stelle liegt noch ein weiter Schritt, insbesondere im Fall der meisten kleinen Gärten, von denen es keine Abbildungen gibt.

Gegenüberliegende Seite, oben links. Der Aufbau dieser *plate-bande* des späten 17. Jahrhunderts ist trotz seiner modernen Erscheinung durchaus traditionell (Little Haseley, Oxfordshire): Eine schmale Einfassung aus beschnittenem Buchs wechselt mit vertikalen Akzenten (hier eine andere Hochstammrose) ab. Statt der vor drei Jahrhunderten üblichen gestaffelten, symmetrischen Anordnung der Blumen prunkt die Rabatte heute mit einer Mischung aus Stauden.

Gegenüberliegende Seite, oben rechts. Diese schmale Pergola im Garten von David Hicks ist eine elegante Neuinterpretation der klassischen ländlichen Rosenpergola. Die Arts-and-Craft-Bewegung des späten 19. Jahrhunderts schätzte sie sehr, ihre Anfänge reichen aber bis zu den gewölbten Laubengängen des Mittelalters zurück.

Gegenüberliegende Seite, unten links. George London und Henry Wise liefern in ihrem Buch *The Retir'd Gard'ner* (1706) eine genaue Beschreibung: Die Krone einer etwa zwei Meter hohen Ulme wird kugelig zurechtgeschnitten und der Baum in ein ›Gefäß‹ aus Hainbuche *(Carpinus betulus)* gepflanzt. In diesem Garten der achtziger Jahre diente dazu ein hochstämmiges Pfaffenhütchen, unterpflanzt mit Oregano in einem ›Kübel‹ aus Buchs.

Gegenüberliegende Seite, unten rechts. Das kleine Frühlingsparterre entstand in den achtziger Jahren in der Abtei von Stavordale (Somerset). Die alles überragenden Hochstammforsythien sind nach ihrer überwältigenden Blüte im Frühling leider für den Rest des Jahres langweilig. Statt der damals gewöhnlich beschnittenen Gemeinen Eibe *(Taxus baccata)* oder statt Wacholder hat man hier die Irische Eibe (*Taxus baccata* 'Fastigiata') verwendet, die vor 1780 unbekannt war. Die übrige Pflanzung ist spätviktorianisch.

Gegenüberliegende Seite. Die Staudenbeete des House of Pitmuies in Forfar (Schottland) stammen ursprünglich aus der Zeit zwischen den Weltkriegen und sind zauberhafte Reminiszenzen an eine alte und beliebte Tradition. Staudenbeete wie diese wurden auf Arly Hall (Cheshire) schon um 1840 angelegt und gerieten auf dem Höhepunkt der Beetbepflanzungen in der Mitte der viktorianischen Epoche fast in Vergessenheit. Gegen Ende des Jahrhunderts, unter der Ägide von William Robinson und Gertrude Jekyll, gewannen sie wieder an Beliebtheit. Ein Beet mit nostalgischen Stauden und Einjährigen hat niemals seine Bedeutung als klassisches Element der Gartengestaltung verloren und wird weltweit von Gärtnern geschätzt, selbst in eher ungeeigneten Landstrichen.

Links. Alleen sind eine Erfindung der Renaissance, in der die Gesetze der Perspektive Eingang in die Gartengestaltung fanden. In den folgenden Jahrhunderten näherte man sich einer Villa oder bedeutenden Häusern stets durch eine Allee aus Zypressen, Eichen, Linden oder Kastanien. Der gleiche Effekt läßt sich heute auf sehr kleinem Raum mit einem Minimum an Pflegeaufwand erzielen. Diese jüngst angelegte Allee auf Westwell Manor (Oxfordshire) besteht aus *Malus* 'John Downie', einem kleinen Baum, der im Frühling verschwenderische Blütenpracht und im Herbst herrliche Früchte trägt. Der Weg ist denkbar einfach, ein abgemähter Pfad im hohen Gras. Als Bäume kämen auch hochstämmiger Ahorn, *Quercus ilex, Robinia pseudoacacia* 'Inermis', *Amerlanchier lamarckii* oder Buchen in Frage. Einige Sorten müßten alljährlich ausgelichtet und beschnitten werden. Hochstammrosen lassen sich in einem Blumengarten in Form einer Allee pflanzen, und hochstämmige Stachelbeeren erfüllen dieselbe Funktion in einem Gemüsegarten.

Zugeständnisse müssen in bezug auf die Verfügbarkeit von Pflanzen bestimmter Epochen und noch mehr hinsichtlich des Pflegeaufwands gemacht werden. Die meisten historischen Gärten, gleich ob groß oder klein, entstanden zu einer Zeit, als Arbeitskräfte billig waren. Das hat sich geändert, so daß jede Rekonstruktion zwangsläufig unter diesem Problem zu leiden hat. Das sollte jedoch niemanden abschrecken, der einen kleinen Stilgarten anlegen möchte. Man muß sich dieser Tatsachen zwar bewußt sein, darf sich aber nicht lähmen lassen. Eine bessere Kenntnis der Gartengeschichte bereichert nicht nur die Besichtigung historischer Gärten, sondern steigert vor allem die Freude am eigenen Garten.

Die Gärten aller Zeitalter dienten dem Vergnügen und erfreuten alle Sinne. Vielleicht noch wichtiger ist – obwohl wir das leicht vergessen –, daß sie den Verstand und die Seele beflügelten. Erst in unserem Jahrhundert verarmte die Vorstellung von einem Garten auf vielfältige Weise. Eine ideale Zeitreise in die Vergangenheit, bei der auch verlorene Fertigkeiten und Erfahrungen wiederentdeckt werden, sollte weder unschöpferisch noch eine Flucht aus der Wirklichkeit sein. Was ich mit diesem Buch – hoffentlich erfolgreich – beabsichtige, ist eine kreative Weiterentwicklung.

Das Zeitalter der Abenteuer, 1420–1620

Die Gartenbaukunst ist ein Spiegel der Geschichte. Gärten entstehen in Zeiten des Friedens und der Sicherheit, sie bekräftigen das Vertrauen in die Zukunft und werden von Menschen angelegt, die davon überzeugt sind, sich im Alter am Schatten eines selbst gepflanzten Weins erfreuen zu können. Gleichzeitig drückt die Gartenbaukunst auch den Wunsch aus, die Freuden des irdischen Lebens zu genießen, so sehr das Mittelalter auch die Beschönigung brauchte, ein Garten nähme das bald kommende Paradies vorweg. Nachdem am Ende des Jahrtausends die befürchtete Apokalypse ausgeblieben war, gab die Erwartung des Kommenden dem Leben der Menschen neuen Auftrieb, einem Leben, in dem die Anlage von Gärten nach und nach an Bedeutung gewann. Gartenbau verstehe ich in diesem Zusammenhang umfassend, eingeschlossen ist nicht nur der Anbau eßbarer Früchte oder Heilpflanzen, sondern auch der Zweck reinen Vergnügens. Im Westen überlebte diese Art der Ziergärtnerei das ›finstere‹ Mittelalter ausgerechnet in den Klöstern, wo die Mön-

In diesem kleinen, spätmittelalterlichen Garten aus der französischen Handschrift *Livre du Cœur d'Amours espris* (um 1465) grenzt ein weinumrankter, gewölbter Laubengang aus Gitterwerk an die Burgmauer an. Eine gotische ›Tür‹ und gotische ›Fenster‹ gewähren Einblick in eine Grasumfriedung oder einen »Kräutergarten«. Der von gefüllten Rosen verdeckte Gitterzaun schirmt den Garten auf der einen Seite ab. In den Ecknischen der Rasenbank, die das Gärtchen umgibt, wachsen zwei kleine Obstbäume.

Der gewölbte Laubengang blieb für 300 Jahre, bis gegen Ende des 17. Jahrhunderts, ein klassisches Element der Gartenkunst. Unter ihm wandelte man - geschützt vor der Sonne - im Freien. Dieser hier steht in Winchester (Hampshire) und wurde 1986 erbaut, als der Garten im Stil des späten 13. Jahrhunderts rekonstruiert wurde. So ähnlich dürfte ihn auch Königin Eleanor von Kastilien, die Frau von Eduard I., gekannt haben. Er lehnt sich, wie der auf S. 20–21 gezeigte Laubengang, an die Mauer an und wird von Wein umrankt. In der italienischen wie der nördlichen Renaissance waren solche gewölbten Laubengänge typische Gestaltungselemente; sie sind die Vorläufer unserer modernen Pergolen.

Im mittelalterlichen Garten von The Cloisters (New York) sind verschiedene Elemente aus spätmittelalterlichen Quellen, wie ziegelbegrenzte Hochbeete und Flechtzäune, vereinigt. Es war allerdings nie beabsichtigt, hier die archäologisch stimmige Rekonstruktion eines mittelalterlichen Gartens zu realisieren. Seine Planung in den dreißiger Jahren war wegweisend; seit damals hat sich unser Wissen über die mittelalterlichen Gärten allerdings deutlich erweitert.

che nach alter Tradition ihre Altäre und Kirchen an Feiertagen mit Blumen schmückten. Die spätmittelalterlichen, weltlichen Gärten verdanken ihre Entwicklung eher der islamischen Gartentradition, die sich im 13. Jahrhundert von Spanien aus nach Frankreich, Italien, England und Deutschland ausdehnte. Die Ziergärten des Westens waren im Mittelalter das Privileg einer elitären Führungsschicht. In deren zunehmend verfeinerter Kultur spielten Muße und die Wertschätzung einer kunstvoll gezähmten Natur eine wichtige Rolle. Dieses Flair der Exklusivität behielten die Gärten bis zum 19. Jahrhundert, als das entstand, was wir heute einen Kleingarten nennen.

Das Mittelalter und die Renaissance umspannen mehr als fünf Jahrhunderte Gartenbaukunst, etwa vom Jahr 1000 an bis zum ersten Viertel des 17. Jahrhunderts. Selbst eine nur grob zusammenfassende Schilderung muß eine solch lange Periode in drei Phasen untergliedern: das Mittelalter (etwa 1000 bis 1500), die von der italienischen Renaissance ausgehende Gartenrevolution (etwa 1450 bis 1600) und deren Auswirkungen auf die Länder nördlich der Alpen (etwa ab 1500 bis 1620). Jede dieser drei Phasen ist durch bestimmte und erkennbare Stilformen charakterisiert. Einiges davon läßt sich in erhaltenen Gärten – wenn auch in veränderter Form – noch erleben. In den meisten Fällen sind wir aber auf zeitgenössische, bildliche Darstellungen angewiesen. Die Betrachtung muß sich zwangsläufig auf die großen Gärten beschränken, denn jeder Gartenbau, der über die Kultur von Früchten und Gemüsen hinausging, war während dieser Epoche ein Privileg der Oberschicht.

Die Gärten des frühesten Gartenstils, die des Mittelalters, waren indessen von Natur aus recht klein. Obwohl wir wissen, daß sich die mittelalterlichen Gärten über fünf Jahrhunderte nach und nach weiterentwickelten, sind wir für Abbildungen so gut wie ausschließlich auf das 15. Jahrhundert angewiesen. Zudem stammen die meisten Darstellungen aus den Niederlanden, wo der Maler van Eyck (gest. 1441) einen außerordentlich realistischen Stil pflegte, dem wir die besten Zeugnisse über das Aussehen der Gärten verdanken. Da das Europa des Mittelalters aber eine kulturelle Einheit verkörperte, dürfen die Darstellungen wohl als typisch gelten, mit je nach Klima gebührenden Abweichungen in der regionalen Pflanzweise. Die Grundzüge der Gartenarchitektur hatten bereits seit dem 12. Jahrhundert

Gestalt angenommen: Jeder Garten war eingefriedet, oft von einem Graben umgeben, und wurde von einer Hecke, einer Mauer oder einem Flecht- oder Gitterzaun umschlossen. Gelegentlich rankten Wein, Rosen oder Geißblatt daran empor. Rasenbänke, die manchmal mit Blumen bepflanzt waren, lehnten sich an Mauern oder Hecken an. Die Mitte nahm ein Blütenanger (das »Paradiesgärtlein« vieler Gemälde) oder ein Rasen ein, der vielleicht von Wegen gekreuzt wurde. Die ganze Fläche konnte genausogut gepflastert oder mit Kies belegt sein und Hochbeete enthalten. Niedrige Einfriedungen aus Balken oder Ziegelreihen umschlossen die Beete. Diese waren wieder mit Rasen bepflanzt, den Blumen, Formschnittbäume oder Sträucher zierten. Pietro de'Crescenzi, Autor eines der wenigen mittelalterlichen Gartenbücher (1305), berichtet, daß die Durchschnittsgröße eines Stadtgartens etwa ein Viertel Hektar betrug, der eines Königs oder reichen Adligen jedoch fast fünf Hektar. Im 14. Jahrhundert wurde es üblich, Gärten in kunstvolle Abteilungen wie Küchen-, Teich- und Kräutergärten zu untergliedern, letztere dem Vergnügen dienend; in der Umgebung standen häufig Wälder und Parks für die Jagd zur Verfügung.

Die Rekonstruktion mittelalterlicher Gärten scheint daher nur wenige Probleme aufzuwerfen und relativ preiswert zu sein. Die Schwierigkeiten beginnen bei ihrer Bepflanzung und Pflege. Wir sollten nicht vergessen, daß die damalige Einstellung den Pflanzen und Gärten gegenüber sich gänzlich von der unseren unterscheidet. Die damalige Sichtweise war viel komplexer, da man nicht nur auf die Schönheit, sondern auch

Links. Die Villa Medici in Fiesole bei Florenz (Italien) wurde von Michelozzo entworfen und zwischen 1460 und 1470 erbaut. Selbst nach 500 Jahren hat der Garten seine ursprüngliche Form bewahrt und zeigt noch Elemente der Gartenrevolution der Renaissance: Der Garten ist zum Genuß der Landschaft nach außen gewandt, der Hügel wurde zu einer Terrasse umgestaltet. Von der weinumkränzten Pergola blickt man herab auf die geometrischen *compartimenti.* Obwohl die Bepflanzung inzwischen geändert wurde, entspricht sie noch dem ursprünglichen Konzept. Immergrüne Formschnittbäume und Hecken liefern die vertikalen Akzente oder geben das Grundmuster vor.

Rechts. Der Garten des Palazzo Piccolomini in Pienza (Italien), für Papst Pius II. zwischen 1450 und 1463 von Bernardo Rosselino erbaut, demonstriert auf wundersame Weise, wie ein kleiner Renaissancegarten überleben konnte. Er liegt in einer Achse mit der rückwärtigen Palastfassade. Obwohl der Garten eingefriedet ist, führt der Hauptweg zu einem überwältigenden Durchblick auf die Landschaft. Zwar hat sich die Bepflanzung geändert, die ursprüngliche Geometrie der viergeteilten Beete blieb jedoch erhalten.

auf Nützlichkeit und Duft Wert legte. Darüber hinaus kam jeder Pflanze eine besondere symbolische Bedeutung zu, und der Garten als Ganzes galt als Symbol des Paradieses auf Erden.

Wurde der mittelalterliche Garten noch geplant, damit Gott wohlgefällig auf ihn herabsähe, stand sein Nachfolger in der Renaissance ganz im Blickpunkt des Menschen. Die neue und wissenschaftliche Kunst der Perspektive definierte und ordnete dessen Umgebung. Für die Gartengestaltung bedeutete dies eine Revolution. Nunmehr wurde ein Garten nicht mehr wie im Mittelalter als eine Reihe abgetrennter Ereignisse erlebt, vielmehr ordneten sich alle seine Bestandteile einer zentralen Perspektive unter, alle Strahlen vereinigten sich im Auge des Betrachters. Es sollte die einschneidendste aller Gartenrevolutionen werden, denn damals wurde der Grundstein zu allen, auch heute noch gültigen, fundamentalen Gestaltungsprinzipien gelegt: Durchblicke, Alleen und Querachsen. Sie dienten nicht nur dazu, den Garten in geometrische Muster innerhalb eines vorgegebenen Rasters zu untergliedern, sondern hielten ihn auch zusammen. Für den Menschen der Renaissance lag der Schlüssel zur göttlichen Harmonie des Universums in den Zahlen, wie sie sich in mathematischen Proportionen, Geometrie, Symmetrie und Perspektive ausdrückten. Der mittelalterliche Garten bestand aus voneinander unabhängigen Einzelteilen. Zwar war auch der Renaissancegarten unterteilt, gesehen wurde er jedoch als Einheit.

Der Mensch der Renaissance war davon überzeugt, daß man zugleich mit Gottes Welt auch Gott selbst verstehen könne. Dieser Glaube äußerte sich im Garten durch das subtile Zusam-

menspiel von Kunst und Natur. Manchmal verwandelten die Fertigkeiten des Menschen die Natur unmittelbar in Kunst – etwa bei den in Form geschnittenen Bäumen. Manchmal wiederum kam die Kunst in Gestalt einer trefflichen Naturimitation daher. So wurden Grotten aus Stalaktiten, Tuffstein und Schnecken beliebt. Gärten, in denen die Natur unter der Hand des Menschen zu neuen geometrischen Formen gestaltet wurde, galten als Ausdruck der göttlichen Ordnung. Der ursprüngliche Wald oder Park jenseits der Gartengrenze symbolisierte demgegenüber die Abkehr des Menschen von seinem Schöpfer nach dem Sündenfall. Solche Glaubensvorstellungen führten dazu, die Gärten in geometrische Räume zu untergliedern, die der Besucher als eine Abfolge unterschiedlicher Abteilungen erleben sollte. Sie ordneten sich entlang einer

Gegenüberliegende Seite, oben. Dieser Garten der späten Renaissance wurde 1963 auf Moseley Old Hall (Wolverhampton, Staffordshire) neu angelegt. Der gewölbte Laubengang im Hintergrund ist von einem Vorbild in *The Gardener's Labyrinth* (1577) von Thomas Hill inspiriert. Wein sowie *Clematis viticella* und *C. flammula* durchranken ihn. Der Garten im Vordergrund mit Kieswegen und Buchshecken wurde einer Vorlage aus dem Jahr 1640 nachgeschaffen. Die mit farbigem Kies gefüllten Beete sollen die Pflege erleichtern, im ursprünglichen Garten hätte man Blumen gepflanzt.

Gegenüberliegende Seite, unten. Der 1955 rekonstruierte Jardin de la Saude in Aix-en-Provence (Frankreich) läßt einen Schloßgarten des späten 16. Jahrhunderts mit Kieswegen zwischen einem Labyrinth aus Buchs wiederaufleben. Muster, die vom Haus und der Terrasse aus betrachtet werden konnten, blieben während des ganzen 16. und 17. Jahrhunderts ein maßgebliches Gestaltungselement.

Links. Ein Knotengarten des späten 16. Jahrhunderts, hier eine Rekonstruktion auf Barnsley House (Gloustershire). Jeder der beiden identischen Knoten mißt 3,66 Meter im Quadrat. Sie bestehen aus grünem und goldenem Buchs, verflochten mit einer Raute aus Gamander und einer zentralen Kuppel aus *Phillyrea angustifolia.* Das Muster stammt aus dem 1583 erschienenen Buch *L'Agriculture et Maison Rustique.* Die Knoten können vergrößert oder verkleinert und die Zwischenräume mit farbigem Kies oder Blumen ausgefüllt werden. Historisch korrekter - wenn auch deutlich arbeitsintensiver – wären Rosmarin, Thymian, Heiligenkraut oder Majoran, da Buchs erst nach etwa 1620 eingeführt wurde.

oder mehrerer Achsen an, wobei Durchblicke oder besonders anspruchsvolle Blickfänge wie Springbrunnen oder Hügel dem Garten Einheit verliehen. Eine weitere, entscheidende Veränderung bestand in der Zuordnung von Haus und Garten. Nunmehr wurde der Garten als eine Abfolge miteinander verbundener Räume gesehen, mit dem Haus als Zentrum. Gärten mußten wohlgeordnet sein, und von einigen Punkten aus sollte diese Ordnung sichtbar werden, etwa von den oberen Fenstern des Hauses oder von einer darunter liegenden Terrasse aus. Im

Jahre 1503 verband der Architekt Bramante (etwa 1444–1514) in Anlehnung an klassische Vorbilder die Villa Belvedere hangabwärts mit dem Vatikan über eine Abfolge von Terrassen und Treppenfluchten – die Gartenarchitektur war geboren.

Als der englische Reisende Fynes Moryson im Jahre 1594 die Villa Medici in Rom besuchte, beschrieb er die drei Hauptelemente eines Renaissancegartens: »Im ersten Garten wuchsen nur Blumen, der zweite trug im oberen Teil einen entzückenden Hain und der untere Teil war voller Obstbäume.« Die Gärten waren wie im Mittelalter von einer Mauer oder Hecke umgeben (in der Regel 1,70 bis 2,30 Meter hoch), die entweder aus verschiedenen Sträuchern und Bäumen oder nur einer einzigen Pflanze – etwa Wacholder – bestand. Gewöhnlich verkleideten Weinranken, andere Kletterpflanzen oder Spalierobstbäume die nackten Mauern. Von Hecken umschlossene, geometrische Bereiche *(compartimenti)* enthielten Obstbäume, die häufig von niedrigen Salbei-, Rosmarin- oder Lavendeleinfassungen umgeben waren. Die zwischen ihnen verlaufenden Kieswege konnten durch Pergolen oder gewölbte Laubengänge (ein Überbleibsel aus dem Mittelalter) aus verflochtenen Weide- oder Maulbeerzweigen betont werden. Am Haus lag schließlich der *orto* mit Beeten in verschiedenen geometrischen Formen, die beliebig mit Blumen und Kräutern bepflanzt wurden, ohne auf wiederkehrende Muster oder bestimmte Höhen Wert zu legen. Überall in diesen Gärten stellte man Pflanzengefäße im Überfluß auf: große Terrakottatöpfe, vorzugsweise mit Orangen- oder Zitronenbäumchen bepflanzt und an Brüstungen entlang und um Wasserbecken aufgereiht. Diesen Grundelementen fügte man in den kunstvolleren Gärten weitere hinzu, die oft einer vertieften Kenntnis und Nacheiferung der klassischen Antike entsprangen: symbolhafte Statuen, Grotten, Hügel, Baumhäuser, Formschnittbäume und – vor allem – Wasser. Mehr denn je wurden Wasserflächen zum vereinheitlichenden Faktor der Gartengestaltung, wobei man zu immer kunstvolleren Erfindungen gelangte: Wasser schoß nach oben, ergoß sich in einer Kaskade, spritzte zur Seite, rieselte in alle Richtungen davon.

Diese neuen Entwicklungen kamen nach 1500 über die Alpen, wo sie nach und nach die Gärten Nordeuropas eroberten, zuerst in Frankreich und dann langsam auf dem übrigen Kontinent. In den Schloßgärten Frankreichs setzte sich die geometrische Einteilung durch, wenn auch in der Regel abseits vom Haus. Erst ab der Mitte des Jahrhunderts verschmolzen Garten und Haus zu einer einzigen, symmetrischen Einheit. Großartige Wasserspiele, Statuen und Grotten eroberten langsam die Gärten des Nordens.

Vielleicht noch wichtiger für unsere Suche nach den kleinen Gärten ist das Entstehen der Gartenliteratur. Illustrierte Bücher über Gartengestaltung fanden ihre Leser unter den Besitzern kleiner Rittergüter und Landhäuser in Frankreich und England. Das Buch *L'Agriculture et Maison Rustique* (1564) von Charles Estienne und Jean Liébault wurde viermal aufgelegt. Es beschreibt beispielsweise einen mittelgroßen Landbesitz mit einem axialen Spazierweg, der den Gemüsegarten vom Parterre oder dem Blumengarten trennt und zum Obstgarten führt. Jeder Abschnitt war von einer Hecke umgeben und – wo möglich – noch einmal untergliedert; etwa durch einen *berceau* oder gewölbten Laubengang aus Gittern, überwuchert von Klet-

terpflanzen wie Moschusrosen und Jasmin. Das Parterre bestand aus zwei gleichgroßen Hälften, von denen die eine mit Schnittblumen, die andere mit duftenden Arten bepflanzt wurde. Der Blumengarten schließlich gliederte sich in vier quadratische Abteilungen mit jeweils einem Knoten aus Poleiminze, wildem Thymian, Salbei, Rosmarin, Ysop, Kamille, Veilchen, Gänseblümchen oder Basilikum, umschlossen von niedrigen Hecken aus Lavendel, Rosmarin oder Buchs.

Die Knotenmuster wurden in ganz Europa kopiert. Thomas Hill übernahm sie für sein Buch *Gardener's Labyrinth* (1577), das uns neben anderem einen Eindruck von der Gartengestaltung der späten Tudorzeit und König Jakobs verschafft. Nordeuropa reagierte also erst gegen Mitte des 17. Jahrhunderts umfassend auf die italienische Gartenrevolution.

Oben. In Villandry (Departement Indre-sur-Loire, Frankreich) wurde dieser Gemüsegarten der französischen Renaissance zwischen 1906 und 1924 rekonstruiert – damals ein wegweisendes Projekt. Der Blick fällt auf eines der neun geometrisch angelegten Quadrate. Als Vorlage dienten Grundrisse von Schloßgärten auf Stichen des späten 17. Jahrhunderts. Die symmetrisch angeordneten Beete mit Nutzpflanzen und Blumen, die von Gitterzäunen eingeschlossen werden, sind authentisch für die Epoche; die Urne im Zentrum und der Buchs, um die Beete einzuschließen, jedoch nicht.

Gegenüberliegende Seite. Der Botanische Garten der Universität Leiden (Niederlande) ist eine Rekonstruktion des Jahres 1990. Der berühmte Botaniker Charles de L'Ecluse (Clusius) überwachte seit 1594 die Anlage des ursprünglich um ein Drittel größeren Gartens. Unterrichtszwecken dienend, wachsen die Pflanzen in langen, rechteckigen Beeten innerhalb eines Rastersystems.

EIN SPÄTMITTELALTERLICHER GARTEN

In diesem Garten lebt die subtile Schönheit handschriftlicher Illuminationen wieder auf, über die das Auge schweifen und in deren Details es sich versenken kann. Die uns bekannten Gärten des Mittelalters waren zwar einfach, aber dennoch von höchst verfeinerter Gestalt. Die flämischen Gärten des 15. Jahrhunderts, in der Malerei überliefert, enthalten die wesentlichen Faktoren eines Stils. Da sie klein und nach innen gekehrt waren, eigneten sie sich sowohl für städtische wie ländliche Standorte. Die Gestaltung dieser geometrischen Anlagen lebte von der Umfriedung: außen eine Mauer oder ein Flechtzaun, im Innern niedrige Zäune aus Gitterwerk, die den Zugang zu rechteckigen, durch Holz oder Ziegel eingefaßten Hochbeeten gewährten. Die Auswahl der verwendeten Pflanzen war außerordentlich beschränkt; jede Blume sollte als Einzelstück betrachtet und bewundert werden. Außer einfachen Springbrunnen mit spärlichem Wasserfluß gab es keine Skulpturen.

Die Fläche habe ich in diesem Entwurf bewußt zweigeteilt, um die Haupttypen der Gärten, die beispielhaft für den Ausgang des Mittelalters waren – sie wurden »Kräutergärten« genannt –, darzustellen. Eine Abteilung enthält Hochbeete in streng geometrischer Anordnung, die andere ist ein Blütenanger, der den Eindruck des Wildwüchsigen erweckt, in Wahrheit aber wohldurchdacht angelegt ist. Gemeinsam bilden beide Partien einen reizvollen Kontrast, und die Symmetrie und Geometrie der Hochbeete schaffen einen anmutigen Übergang zwischen dem Haus und dem jenseitigen, scheinbar wilden Garten.

Der hier entworfene »Kräutergarten« mit Hochbeeten basiert auf Vorbildern historischer Gemälde (siehe S. 33). Seine Wirkung beruht auf ausgeprägten Strukturelementen. Vielleicht das ungewöhnlichste Gestaltungsmerkmal für den modernen Gärtner – sowohl optisch wie von der Pflanzenauswahl her – dürfte der Rasen sein, der alle Beete bedeckt. Formschnittbäume (häufig auf wunderliche Weise unterstützt und hochgebunden), Sträucher und Blumen verzieren ihn. Ausnahmsweise habe ich ein Beet mit Blumen derselben Art vorgesehen, die durch einen Gitterrahmen gestützt werden.

Die Gestaltung des Blütenangers atmet den Geist vieler spätmittelalterlicher Gemälde, die die Jungfrau und das Kind inmitten einer üppigen, blumenübersäten Wiese zeigen (siehe S. 20/21). Man könnte denken, dieser Gartenbereich sei leichter anzulegen und zu pflegen. In der Tat ist das Gegenteil der Fall. Um das Gras stets genau in der richtigen Höhe zu schneiden, braucht man große Sorgfalt, nicht zu sprechen von der Mühe, die es macht, die eingestreuten Blumen zur Vermehrung zu bringen. Letzteres ist wesentlich heikler, als es scheint, da Wildblumen auf normalem Gartenboden in Konkurrenz zum rasch dominierenden Gras nicht gedeihen. Die einzige Möglichkeit ist, den Boden an Nährstoffen zu verarmen; dazu wird der Oberboden entfernt und direkt in den Unterboden gepflanzt. Im Mittelalter war die Pflege eines Blütenangers eine sehr arbeitsintensive Angelegenheit – die Blumen der Jahreszeit mußten stets aufs neue ins Gras gepflanzt werden. Ich empfehle, einen Frühlingsgarten anzulegen und durch die Verwendung von Zwiebelgewächsen wie Narzissen, Krokus, Osterglocken und Schachblumen (nicht jedoch Tulpen) etwas zu mogeln. Durch Herbstzeitlose und *Crocus sativus* bleibt der Garten auch später im Jahr interessant. Im Sommer darf das Gras üppig wachsen und wird erst gemäht, wenn die Rosen über den Gitterzaun wuchern. Die Wirkung dieses Gartens steht und fällt mit der Asymmetrie: Pflanzen und künstliche Gestaltungselemente – eine große Rasenbank, ein Springbrunnen, Obstbäume, Rosen und ein Etagenbaum (ein kunstvoll zu Stockwerken beschnittener Baum) – können nach Belieben verteilt werden, wobei die Ansprüche der Pflanzen berücksichtigt werden sollten.

Eine einfache Rasenbank unter einer hölzernen Pergola, an der eine alte, karmesinrote Apothekerrose *(Rosa gallica officinalis)* emporrankt, belebt diese Gartenecke. Der Topf mit dem beschnittenen Rosmarin läßt sich versetzen, es ist jedoch durchaus möglich, den Sitz zu bepflanzen, etwa mit *Lilium candidum.*

Der etwa 21 x 12 Meter große Garten ist zweigeteilt. Der »Kräutergarten« mit den Hochbeeten, umgeben von einem Gitterzaun, mißt ungefähr 12 Meter im Quadrat. Durch das Tor gelangt man in den etwa 9 x 12 Meter großen Blütenanger. Die Mauer zur Linken weist innen gegen Südost, und der Plan sieht jenseits des hinteren Zauns etwas Platz für einen Geräteschuppen, Komposthaufen und Feuerplatz vor.

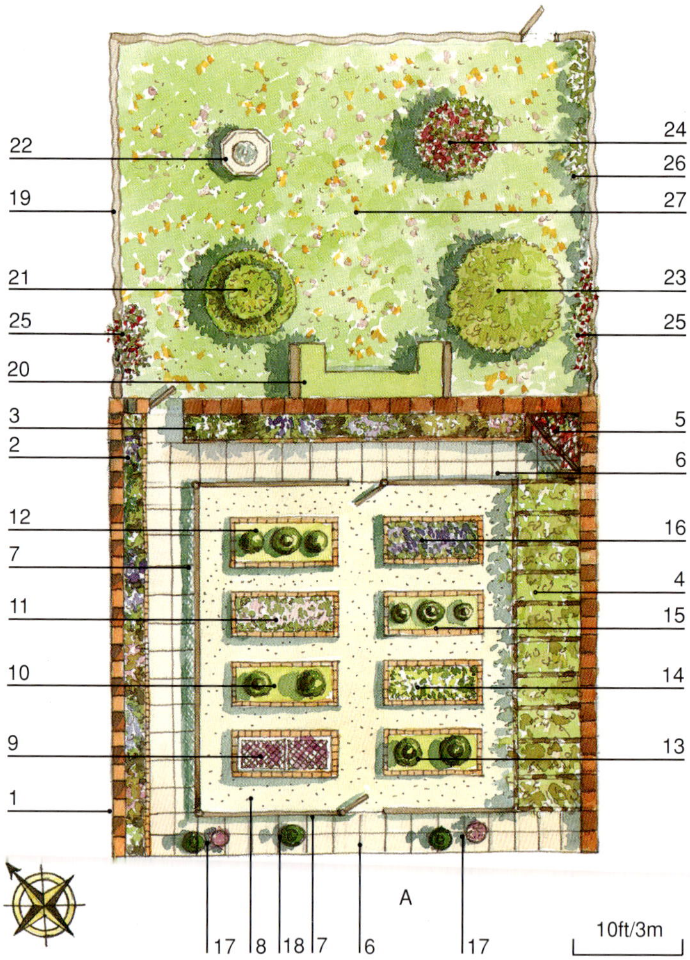

»KRÄUTERGARTEN« MIT HOCHBEETEN
Der »Kräutergarten« wird von einer 1,80 Meter hohen Ziegelmauer mit hübschen Zinnen umgrenzt **(1),** deren Einschnitte tief genug sind, um darüberzublikken. Eine Weißdornhecke wäre genauso stilgerecht, ist aber etwas krankheitsanfällig. Entlang den Nordwest- **(2)** und Nordostmauern **(3)** liegen schmale, von Ziegeln umgebene Hochbeete, die mit Blumen der Epoche bepflanzt sind (in 90 Zentimeter Abstand). Die Umrisse der Blumen müssen sich unbedingt deutlich gegen die Ziegelmauer abzeichnen, etwa Fingerhut, Iris, Marienglockenblumen und Madonnenlilien. Der gewölbte Laubengang **(4)** ist innen nach Nordwesten gerichtet. Er wird mit Holzschutzmitteln behandelt und von Wein *(Vitis vinifera)* bedeckt, der im Sommer Schatten spendet und im Herbst Trauben trägt. In der östlichen Ecke liegt eine Rasenbank **(5)** unter einer einfachen, ländlichen Pergola (siehe S. 30). Die Mitte des Gartens wird von einem Stein- oder Fliesenweg **(6)** umgeben und durch einen Gitterzaun **(7)** eingefriedet. In unserem Fall wurde ein Holzschutzmittel verwendet, damals war Weiß sehr beliebt. Eingebettet in Kies oder Sand **(8)** liegen acht Hochbeete mit ein- oder zweilagigem Ziegelrand **(9–16),** die jeweils 1,80 x 1,20 Meter messen. Eine mögliche Alternative wären Holzbohlen. Die Bepflanzung mag variieren, wichtig ist jedoch, daß Formschnittsträucher wie Lorbeer, Ilex, Rosmarin oder andere stilgerechte, immergrüne Pflanzen die Komposition beleben und ihr dauerhafte vertikale Akzente verleihen. Das erste Beet links **(9)** ist mit Nelken bepflanzt, die durch ein Holzgitter gestützt werden; im zweiten Beet der linken Seite **(10)** wachsen ein Formschnitt-Lorbeer und Buchs aus dem Gras empor; das nächste **(11)** versinkt in Thymian; im letzten links **(12)** flankieren zwei Formschnitt-Ilex einen Buchsbaum; Lorbeer und Buchs sind im ersten Beet rechts **(13)** wie Kuchenständer zurechtgeschnitten, sie könnten durch Ringelblumen unterpflanzt werden. Das rechts folgende Beet **(14)** enthält Rasen, der von Margeriten gesprenkelt ist; im nächsten **(15)** stehen ein Formschnitt-Weißdorn und Ilex und im letzten der Reihe **(16)** Veilchen im Rasen. Sehr beliebt waren auch empfindliche Pflanzen, die in Behältern gezogen wurden. Im Sommer hätte man sie sowohl auf den Beeten wie den Rasenflächen verteilt. Hier stehen sie auf der Terrasse vor dem Haus **(A)** und enthalten Nelken **(17),** die im Stil der Zeit gestützt werden – stilgerecht wären biegsame, zusammengebundene Weidenruten –, und weitere Formschnittbäume **(18).**

DER BLÜTENANGER
Er wird von einem heute erhältlichen 90 oder 120 Zentimeter hohen Flechtzaun **(19)** umgeben (mit Holschutzmitteln gestrichen). Die Rasenbank **(20)** lehnt sich an die Mauer an; der Etagenbaum **(21),** vielleicht ein Ilex oder ein kleiner laubabwerfender Baum, ist das Ergebnis einer ungewöhnlichen Züchtung: Die Zweige müssen ausgelichtet und an hölzerne Schlingen festgebunden werden, damit eine Art Schirm aus Blättern entsteht. Die zeitgenössischen Darstellungen sind in dieser Hinsicht so präzise, daß man diesen Triumph der mittelalterlichen Formschnittkunst heute noch ohne allzugroße Schwierigkeiten nachvollziehen kann.

Typischerweise würde der Baum aus einer doppelten Rasenbank herauswachsen, die durch Flechtwerk zusammengehalten wird (siehe die zeitgenössische Darstellung auf S. 33). Der Springbrunnen **(22)** muß nicht sein, das Geräusch fließenden Wassers ist jedoch stets erfreulich (steinerne Nachbildungen im gotischen Stil sind heute erhältlich); ein Obstbaum **(23)** für solch begrenzten Platz braucht einen sehr kleinen Wurzelstock, so daß der ausgewachsene Baum einen Kronendurchmesser von etwa 3,50 Meter erreicht. Ich würde eine Mispel *(Mespilus germanica)* vorschlagen, deren Herbstlaub in Ocker und Nußbraun erstrahlt oder eine Quitte *(Cydonia oblonga)* mit duftenden, goldenen Früchten im Herbst. Die einzelne Rose **(24),** die sich aus einem von Flechtwerk umgebenen Hochbeet erhebt, ist die alte *Rosa* 'Alba Semiplena' – die weiße Rose von York –, die zu einem prachtvollen, überhängenden Busch auswächst (2,40 Meter hoch) und im Herbst den Vorzug kräftig roter Hagebutten besitzt. Die verschiedenfarbige Rosa Mundi oder *Rosa gallica* 'Versicolor' **(25)** und das Geißblatt *(Lonicera periclymenum)* **(26)** wurden so gezogen, daß sie über den Zaun wuchern. Sie bereichern den Sommer durch ihren Reiz und Duft. Der Rasen **(27)** sollte mit Primeln, Gänseblümchen, Vergißmeinnicht, Veilchen, Osterglocken, Schlüsselblumen, Schneeglöckchen, Ehrenpreis, Butterblumen, wilden Erdbeeren und Kornblumen bepflanzt werden, obwohl die nicht ganz stilgerechte Verwendung von Zwiebelgewächsen weniger Pflegeaufwand erfordert.

Links. Französische Buchmalerei eines ummauerten, städtischen Kräutergartens (um 1485). Jedes der quadratischen Beete enthält eine bestimmte Pflanze. Wahrscheinlich sind die Beete eingefaßt und die Wege in Sand gehalten. Der runde Brunnen nahe dem Haus dient der Bewässerung. Die Art der Anlage ist sehr typisch.

Rechts. Ansicht eines niederländischen Gartens (um 1490). Der Blick fällt vom Gartenhaus auf das Hauptgebäude. Sandwege trennen die rechteckigen, von Ziegelmäuerchen eingefaßten Hochbeete. Im Beet vorne links wachsen durch Gitter unterstützte Nelken, während das Lavendelbeet rechts von Leisten begrenzt wird. Andere Beete enthalten beschnittene Etagenbäume und Sträucher, die sich aus dem Rasen erheben. Beachten Sie den Blumenkübel rechts und die typische Pflanzenstütze links.

Oben. Ein Etagenbaum nach einer französischen Handschrift (1501–07) mit gestufter Rasenbank. Die Zweige sind beschnitten und zu einer Reihe phantasievoller, kreisförmiger Rahmen gewunden.

EIN ITALIENISCHER RENAISSANCEGARTEN

Italienische Renaissancegärten gehören zu den großartigsten Beispielen klassischer Gartenstile. Kennzeichnend ist die geordnete, geometrische Raumaufteilung. Wir kennen diesen Stil vorwiegend aus den prachtvollen Villengärten. Da sie jedoch stets in mehrere, rechteckige Abteilungen gegliedert waren – die *compartimenti* –, ist es möglich, durch gezielte Auswahl weniger *compartimenti* einen italienischen Renaissancegarten in wesentlich kleinerem Maßstab zu planen. Hier wurden drei der Hauptkomponenten eines solchen Gartens berücksichtigt: ein umfriedeter Bereich mit Obstbäumen, dem ein gewölbter Laubengang das typische Flair der Epoche verleiht; ein *bosco* oder Boskett und schließlich der *orto*, ein dekoratives Muster aus Kräuter- und Blumenbeeten direkt am Haus. Jeder Abschnitt ist für sich bereits ein vollständiger und entzükkend ungewöhnlicher Garten.

Die Gestaltung basiert auf Fresken des flämischen Malers Giusto Utens aus dem Jahre 1599. Als Muster dienten insbesondere die Gärten der Villen Poggio, La Ambrogiana und La Petraia. All diese Gärten wurden in einem geometrischen Raster aus Quadraten und Rechtecken angelegt und sind von Mauern oder Hecken umgeben. Darin befinden sich gewölbte Laubengänge, in Mustern gepflanzte Bäume, geometrische Beete und Sträucher in Terrakottakübeln. Besonderen Wert legten die Gartengestalter der Renaissance auf Höhenstufen, sie erlauben wohltuende Fernsicht. Daher wäre dieser Garten für einen nach Süden abfallenden Hang ideal geeignet. Natürlich läßt er sich auch auf ebenem Grund anlegen. Der *orto*, dessen geometrische Kräuter- und Blumenbeete mit ihren prägnanten Mustern sich bestens von den Fenstern des *piano nobile* betrachten lassen, erhielt seinen traditionellen Platz direkt am Haus, so daß Kräuter für die Küche und Blumen zur Dekoration griffbereit sind. Unter der Terrasse, auf der er liegt, erstreckt sich der große Obstgarten mit seinen weinumrankten, gewölbten Laubengängen, um den bei Südlagen so notwendigen Schatten zu spenden. Der zentrale, laubbedeckte Pavillon ist an heißen Tagen ein angenehmer Aufenthaltsort. Jeder der Obstbäume steht inmitten eines quadratischen Rasenstücks, das von einer duftenden Rosmarinhecke eingeschlossen wird. Die nach Süden weisende Mauer setzt mit ihren Terrakottakübeln kräftige architektonische Akzente, während entlang der nach Osten und Westen gerichteten Mauern Spalierbäume in Beete gepflanzt wurden, die groß genug sind, um Rosen und andere Blumen zu beherbergen.

Die westliche Terrasse wird von einem dramatischen und dicht bepflanzten Miniaturwäldchen *(boschetto)* aus vorwiegend immergrünen Pflanzen eingenommen. Steht genügend Raum zur Verfügung, kann ein größerer *bosco* angelegt werden, indem einfach die Zahl der Umfriedungen gleicher Größe und Art wiederholt wird.

Dieser Garten ist weder außerordentlich arbeitsintensiv noch teuer. Die Obstbäume müssen wie der Wein auf dem gewölbten Laubengang ausgelichtet und gezogen werden. Wieviel Aufwand der *orto* erfordert, liegt bei Ihnen selbst: langlebige Stauden reduzieren ihn auf ein Minimum. Die Erdarbeiten und die handwerkliche Ausgestaltung erfordern notwendigerweise eine größere finanzielle Investition. Die kostspieligen Bögen und Geländer lassen sich jedoch durch einfaches – und ebenso stilechtes – Gitterwerk ersetzen, das von Kletterpflanzen überwuchert wird. Die auf den Mauern verteilten Pflanzkübel steigern die Wirkung, sind aber nicht zwingend notwendig.

In der kleinen Nische zwischen den beiden von der Terrasse herabführenden Treppen sprudelt Wasser aus einer einfachen Maske in ein Mauerbassin. Verputzte Mauern mit Ziegellagen für Stufen und Geländer sehen attraktiver aus als die Balustrade, die eher in das 18. als das 16. Jahrhundert paßt. Genauso geeignet wären einfache Eisengeländer oder angestrichene Holzgitter.

Der Obstgarten mit seinem schattenspendenden gewölbten Laubengang mißt etwa 24 Meter im Quadrat und weist nach Süden. Er ist Teil eines etwa L-förmigen Gartens. Auf den hier nicht sichtbaren Terrassen wurden ein *bosco* (Boskett) und der *orto* (geometrischer Blumengarten) angelegt.

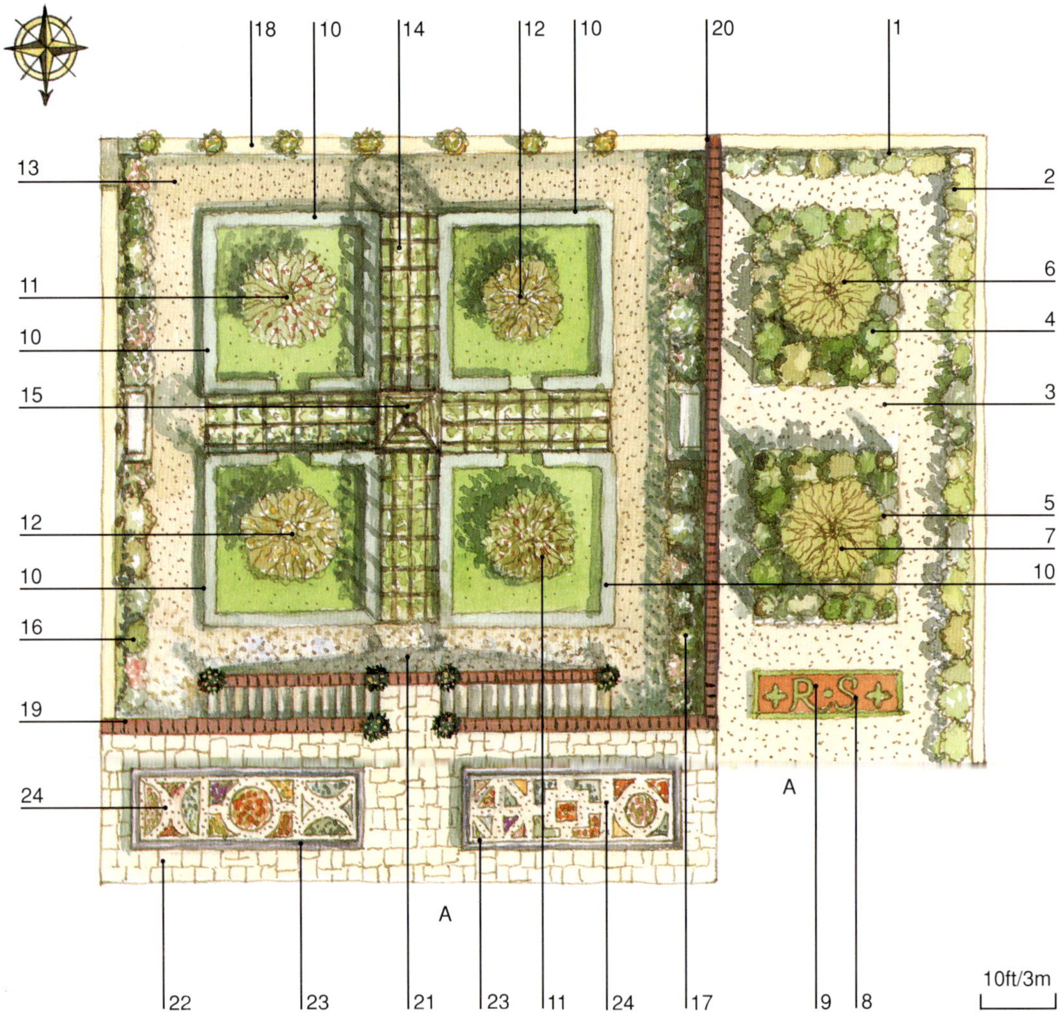

BOSCO ODER BOSKETT

Der *Bosco* wird nach Süden **(1)** und Westen **(2)** von schmalen Beeten mit vorwiegend immergrünen Sträuchern eingeschlossen: Lorbeer, Weißdorn und *Viburnum tinus,* an den Mauern rankt Efeu empor. Die beiden großen Umfriedungen (6 x 7,30 Meter) werden von Kieswegen **(3)** umgeben und sind mit Bäumen und Sträuchern **(4** und **5)** bepflanzt. Jeweils im Zentrum steht ein großer Solitärbaum **(6** und **7),** etwa eine Platane *(Platanus orientalis),* oder eine Steineiche *(Quercus ilex).* DieEkken werden durch italienische Zypressen betont und die Zwischenräume mit Sträuchern aufgefüllt, zum Beispiel Lorbeer, Ginster *(Cytisus scoparius),* Flieder *(Syringa vulgaris),* Seidelbast *(Daphne mezereum),* Hartriegel *(Cornus sanguinea)* und Myrte *(Myrtus communis).* In Hausnähe **(A)** schlage ich ein Beet vor, in dem die Initialen des Besitzers in beschnittenem Buchs **(8)** oder Rosmarin aus Steinsplittern oder farbigem Kies **(9)** hervortreten.

DER OBSTGARTEN

Jede der vier Flächen (jeweils 7,30 Meter im Quadrat) wird von einer Hecke **(10)** aus Rosmarin, Salbei oder Lavendel umschlossen, die auf 45 Zentimeter Höhe beschnitten wird. Die Umfriedungen enthalten Rasenflächen, die wie ein Blütenanger mit Frühlingsblumen bepflanzt werden können (siehe S. 30–33). Im Zentrum jedes Quadrats steht ein Obstbaum. Hier sind es zwei Pfirsich- **(11)** und zwei Mandelbäume **(12).** Wenn Sie lieber Apfel- oder Birnbäume mögen, empfehle ich moderne Varietäten mit kleinem Wurzelstock, deren Kronendurchmesser etwa 3,60 Meter erreicht. Je nach Klima passen auch exotische Arten wie Granatapfel *(Punica granatum)* oder Mispel *(Mespilus germanica).* Kieswege **(13)** umgeben und trennen die Umfriedungen. Kernstück des Gartens ist der weinumrankte gewölbte Laubengang, der 2,40 Meter hoch ist **(14)** und im Zentrum von einem 3,60 Meter hohen Pavillon **(15)** gekrönt wird. Im Idealfall sollte ein Zimmermann den rustikalen Laubengang anfertigen (Holz mit einem Schutzmittel dunkel streichen). Vorgefertigte Stahlarkaden sind im Handel erhältlich und erfüllen ebenfalls ihren Zweck, auf keinen Fall jedoch dürfen sie einen schwarzen Kunststoffüberzug erhalten. Neben dem Wein, der im Sommer Schatten spendet und sich im Herbst dekorativ verfärbt, lassen sich Geißblatt *(Lonicera caprifolium)* und Waldrebe *(Clematis flammula)* wegen ihres Duftes und der Blüten hinzufügen. In den innen nach Westen **(16)** und Osten **(17)** gerichteten Beeten wachsen, angelehnt an die in ausgewaschenem Cremigweiß gehaltenen Mauern, zu Spalierbäumen oder Fächern gezogene Kirschen, Pfirsiche, Aprikosen und Feigen. Dazwischen empfehle ich eine Bepflanzung aus Madonnenlilien, Stockrosen und Rosen: *R. x damascena, R. x centifolia* und *R. gallica.* Die Südwand **(18)** ist niedrig genug, um den Blick auf die Landschaft freizugeben. Auf der breiten Mauerkrone können Terrakottaurnen stehen – im Idealfall mit Orangen- und Zitronenbäumchen. Die Stützmauern im Norden **(19)** und Westen **(20)** sind 2,40 Meter hoch und verputzt. Möglich wäre als Abschluß eine klassische Balustrade, die heute als Steinimitation erhältlich ist. Zwei Treppen führen zum *orto* oder Blumengarten auf der oberen Terrasse (der kleine Wandbrunnen im Zentrum **(21)** ist auf S. 34 dargestellt).

DER *ORTO* ODER KRÄUTER- UND BLUMENGARTEN

Je nach Geschmack kann dieser Garten sehr einfach oder besonders kunstvoll angelegt werden. In der mit Steinfliesen oder Platten belegten Terrasse **(22)** vor dem Haus **(A)** liegen zwei rechteckige Bereiche (9,70 x 3,60 Meter), die von beschnittenen Lavendelhekken **(23)** begrenzt werden. Innerhalb der Umfriedung liegen in Kies gefaßte **(24)** Beete – jedes in einer anderen geometrischen Form. Die Grenzen werden durch Bohlen betont (besser wäre eine Ziegellage, doch Reihen niedrigwüchsiger Kräuter wie Heiligenkraut eignen sich genausogut). In der Regel sollte jedes Beet nur einen einzigen Pflanzentyp enthalten, ohne Rücksicht auf die relativen Höhen oder sich wiederholende Muster. Zur Betonung der Geometrie können Pflanzgefäße mit Orangen- oder Zitronenbäumchen aufgestellt werden.

Links. Zwei der vier Haupt-*compartimenti* im Garten der Medici Villa Ambrogiana (1599). Jedes wird von beschnittenen Hecken eingeteilt. Das Areal innerhalb der Hecken ist in geometrische, bohlengefaßte Beete untergliedert. Jedes Beet wurde mit einer einzigen Pflanzenart besetzt, ohne Rücksicht auf die unterschiedlichen Höhen. Die länglichen Beete rechts tragen den Namen des Eigners in Formschnitt.

Unten. Ein Ausschnitt des Gartens der Medici Villa Petraia, der in den Jahren 1591–97 angelegt wurde. Hier nimmt das Renaissancesystem der geometrischen *compartimenti* die Form eines Quadrates an, das durch Wege geviertelt wird. Zwei konzentrische hölzerne, gewölbte Laubengänge durchziehen die Anlage. Zwei der Spandrillen sind dicht mit Bäumen bepflanzt; die übrigen Bäume spiegeln in Kreisen die Bögen der gewölbten Laubengänge wider. An der Stützmauer im Hintergrund mit einfacher Brunnennische wurden Bäume gezogen.

Oben. Die andere Möglichkeit, einen kreisförmigen, gewölbten Laubengang anzulegen, wurde durch das berühmte Paar im Garten der Medici Villa Petraia inspiriert, erbaut im letzten Viertel des 16. Jahrhunderts. Den Brunnen im Zentrum umschließt eine breite Brüstung, auf der Pflanzen in Terrakottagefäßen stehen können.

EIN RENAISSANCEGARTEN NORDEUROPAS

Solch ein Garten dürfte Shakespeare vertraut gewesen sein. Die Wiederholung einer Abfolge identischer, umfriedeter, geometrischer Räume ist erforderlich, um den typischen Eindruck eines Gartenstils entstehen zu lassen, der sich seit etwa 1580 in Frankreich, Deutschland, den Niederlanden und England ausbreitete. Innerhalb einer Weißdornhecke – der Standardpflanze der Epoche – enthält der Garten einen gewölbten Laubengang aus Hainbuche (ein Überbleibsel des Mittelalters) und einen Blumengarten, der in jahreszeitlichen Farben prunkt, durch immergrüne Formschnittbäume und Hecken aber das ganze Jahr über interessant ist. Der Gemüsegarten ist in einzelne Abteilungen mit Gemüsebeeten, einen kleinen Obsthain und einen Kräutergarten untergliedert.

Der Gemüsegarten ist die vereinfachte Version eines Typs, der dank eines Buches des holländischen Künstlers Vredeman de Vries (*Hortorum Viridariorumque elegantes et multiplices formae* ..., Antwerpen 1583) ganz Nordeuropa beeinflußte. Kennzeichnend sind die Holzgatter, die den Betrachter unmittelbar auf die Epoche einstimmen, obwohl die Kosten recht hoch sind.

Der Blumengarten beruht auf einem der vielen Vorschläge in dem Buch von Salomon de Caus, *Les Raisons des Forces Mouvantes* (1615). Außerdem sind Elemente aus einem der berühmtesten Stiche von Crispin de Passe (siehe S. 41) eingeflossen. Der Pflegeaufwand ist zwar gering, der Garten verlangt aber Geduld, da die Hecken und Formschnittbäume etwa fünf bis acht Jahre bis zur Reife benötigen – außer man pflanzt bereits ausgewachsene Exemplare.

Der gewölbte Laubengang – ein mittelalterliches Element, das bis etwa 1680 lebendig blieb – und eine zusätzliche, nach innen verlegte Mauer oder Hecke (hier aus Buche) verleihen dem Garten eine beschauliche Atmosphäre. Hochstämmiger Ilex an Ecken und Zugängen bildet im Winter einen wirkungsvollen Kontrast zum Rostbraun der Buchenblätter. Quadratische und rechteckige Rasenflächen nehmen die mittelalterliche Tradition auf, Gras seiner spezifischen Schönheit willen anzupflanzen. Dadurch entsteht ein einrahmendes Band aus beruhigenden, grünen Flächen, dessen Ecken durch stattliche Zypressen zusätzlich betont werden. Beschnittener Buchs umschließt die mit Formschnittsträuchern und Blumen bepflanzten zentralen Blumenbeete. Historisch korrekt wäre zwar eine lockere Pflanzdichte, ich würde jedoch etwas schwindeln und mehr Dichte empfehlen. Allerdings sollte keinesfalls der anachronistische Eindruck eines üppigen viktorianischen Beetes entstehen.

Der Garten liegt an der Südseite des Hauses. Er besteht aus zwei gleichgroßen Bereichen, einem Blumen- und einem Gemüsegarten (jeweils 18,30 Meter im Quadrat). Die einschließende Hecke sollte hoch genug sein, um den Garten vor Wind und Kälte zu schützen, andererseits niedrig genug, um die Sonne einfallen zu lassen. Die Hecke kann zu geometrischen Formen – etwa Zinnen – beschnitten werden. Der Plan sieht im Norden des Gemüsegartens Platz für einen Schuppen oder Komposthaufen vor.

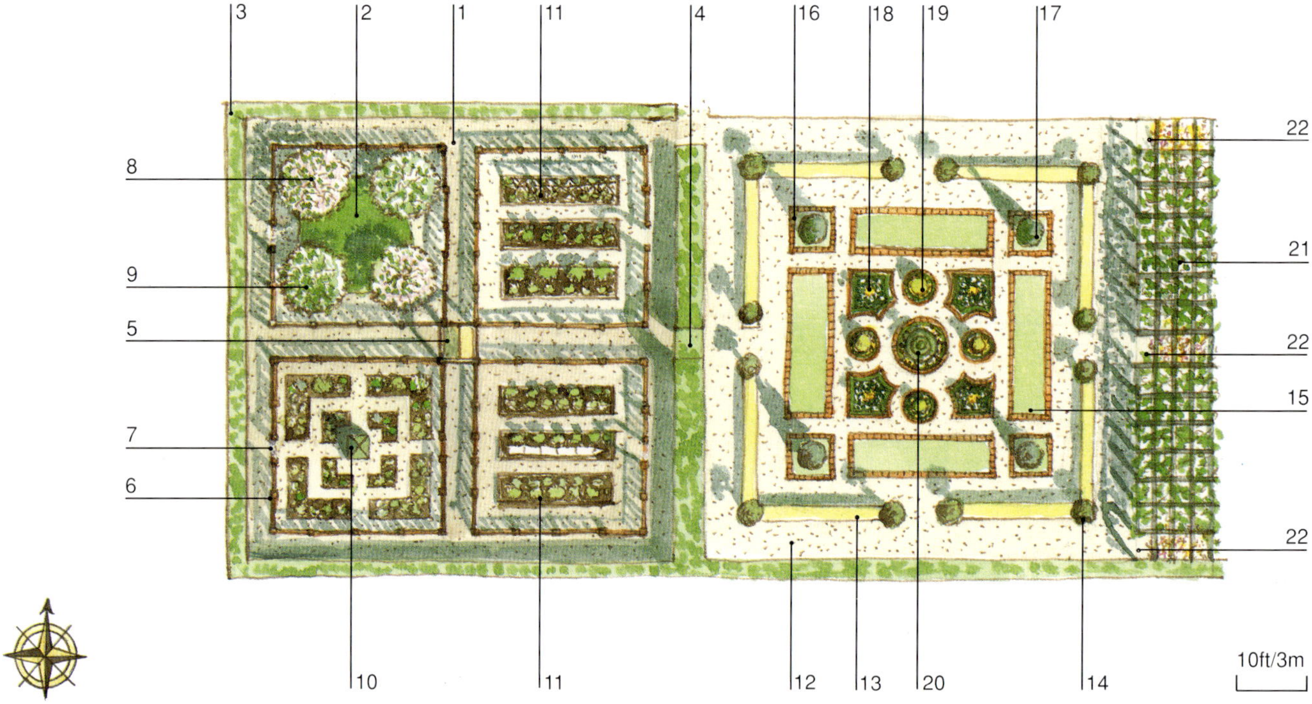

DER GEMÜSEGARTEN
Früher wäre wohl ausschließlich Kies **(1)** verwendet worden, zur Auflockerung empfehle ich aber Gras unter den Obstbäumen **(2).** Im Kräutergarten könnten Steine, Ziegel oder Platten ausgelegt werden. Die Weißdornhecke **(3)** ist am Eingang zu einem Bogen **(4)** gestaltet, der den Zugang zum restlichen Garten erlaubt. Der zentrale Pavillon **(5)** und die Zäune können je nach Geschmack kunstvoll bis einfach gehalten werden. Die hier verwendeten Zäune basieren auf dem *Hortus Botanicus* des großen Botanikers Carolus Clusius (1526–1609) in Leiden. Der zentrale Pavillon ist hier in Cremefarbe gestrichen, die Säulen könnten aber genausogut marmoriert und die Kreuzblumen vergoldet werden. Statt des Lattenzauns **(6)** eignet sich auch Gitterwerk. Hier wurde ein Holzschutzmittel verwendet, möglich ist aber auch ein Anstrich in Creme oder Grün. Jeder der vier Abschnitte mißt 7,30 Meter im Quadrat. Man betritt sie durch hölzerne Torbögen **(7),** die im Anstrich das Thema des zentralen Pavillons aufnehmen können. Der Obstgarten **(2)** trägt auf einem Rasenstück vier Obstbäume mit kleinem Wurzelstock, zwei Birn- **(8)** und zwei Apfelbäume **(9).** Im Zentrum des Kräutergartens steht ein Lorbeerbaum in Pyramidenform **(10).** Strenggenommen müßten die Pflanzen stilgerecht mit Zwischenräumen gepflanzt werden, ich ziehe aber vor, die Hochbeete (wie im Mittelalter mit Ziegeln oder Balken gestützt) entsprechend dem heutigen Küchenbedarf zu füllen. Genauso unmöglich wäre es, sich beim Gemüse und den Beerensträuchern **(11)** auf die mittelalterliche Auswahl zu beschränken.

DER BLUMENGARTEN
Ein knapp zwei Meter breiter Kiesweg **(12)** umgibt die einschließende Buchenhecke **(13).** Hochstämmiger Ilex **(14)** betont die Ecken und Eingänge. Seine Aufzucht dauert sehr lange. Sehr Ungeduldige sollten Leittriebe aus der Buchenhecke hochbinden und zu Kreuzblumen beschneiden. Innerhalb der Hecke liegen, etwas erhöht und von Ziegeln umgeben, vier rechteckige **(15)** und vier quadratische **(16)** Rasenflächen. In den Ecken wachsen italienische Zypressen **(17).** Die einzige akzeptable Alternative für kühlere Regionen wäre der moderne Säulenwacholder 'Skyrocket'. Die Blumenbeete werden von Ziegeln eingefaßt und von Buchs umgeben **(18),** obwohl Thymian, Gamander oder Heiligenkraut ebenso geeignet wären. Formschnittbäume aus panaschiertem Buchs **(19)** und Eibe **(20)** setzen vertikale Akzente. Im Frühling blühen Kaiserkronen, Hyazinthen und 'Rembrandt'-Tulpen. (Da sich die Zwiebeln über die Jahrhunderte geändert haben, sollte jeder das pflanzen, was ihm am geeignetsten erscheint.) Danach könnten Stiefmütterchen, Ringelblumen, *Dianthus caryophyllus,* Marienglockenblumen und *Crocus sativus* folgen.

DER GEWÖLBTE LAUBENGANG
Er wird aus angestrichenem Holz errichtet **(21)** und kann je nach Vorlieben und finanziellen Mitteln kunstvoller oder einfacher gestaltet werden. Um die Hainbuche auszulichten und genau darüber zu ziehen, sind etwa acht Jahre erforderlich. Das Ergebnis ist dann aber unvergleichlich – ein Schmuckstück, in dem es sich sitzen, essen, spazieren oder arbeiten läßt. Die drei Eingänge **(22)** sollten von duftenden Kletterrosen und Geißblatt umrankt werden, wie im Stich von de Passe gezeigt (siehe nächste Seite). Ein Sitzplatz genau im Zentrum erlaubt den wundervollen Blick bis in den Gemüsegarten hinein. Lohnt sich die Aussicht zur anderen Seite, können ›Fenster‹ in die Laubenwand geschnitten werden.

Oben. Eine weit anspruchsvollere Alternative für das Zentrum der Blumenbeete wäre ein Knoten. Im 16. Jahrhundert erreichten sie den Höhepunkt ihrer Entwicklung. Um 1620 kamen sie in den großen Gärten fast aus der Mode. Die beiden obigen Muster stammen aus *The Gardener's Labyrinth* (1577) von Thomas Hill. Sie können in Zwergbuchs, Heiligenkraut und Gamander oder in drei Buchsvarietäten (grün, gold und panaschiert) angelegt werden. Da Buchs dauerhaft ist, muß die Anlage nicht – wie bei Heiligenkraut und Gamander – regelmäßig erneuert werden. Für die Ausgestaltung der Knoten gab es zwei Möglichkeiten: Entweder wuchsen in den Zwischenräumen locker eingestreute Blumen der Jahreszeit, oder sie wurden mit farbigen Kieseln, Splittern, Sand oder Ziegelstaub in bestimmten Mustern ausgefüllt. Knochenmehl oder Kohlenstaub – heute kaum noch angebracht – waren genauso stilgerecht.

Oben. Dieser niederländische Frühlingsgarten auf einem Stich von Crispin de Passe im *Hortus Floridus* (1616) weist geometrisch angelegte Beete auf, die von niedrigen Einfassungspflanzen – vielleicht beschnittenem Thymian – umschlossen werden. Kleine Formschnittsträucher setzen Blickpunkte und vertikale Akzente. Tulpen, Hyazinthen und Kaiserkronen stehen in weitem Abstand voneinander. Ein hölzerner, gewölbter Laubengang, der von Rosen und Geißblatt umrankt wird, vervollständigt die Komposition.

Unten. Dieser Garten aus dem Jahr 1606 verdeutlicht die Aufteilung in Quadrate: vorne zwei durch Hecken eingeschlossene und mit Blumen bepflanzte Knoten; dahinter ein Brunnen, den eingefaßte Beete umgeben. Ganz im Hintergrund steht eine igluartige Laube, wahrscheinlich aus verflochtenen Baumzweigen über einem Holzrahmen.

Links. Ein kleiner Garten im Trinity College (Cambridge) aus dem Jahr 1688. Seine mit Rasen bepflanzten Hochbeete in symmetrischen Formen waren damals bereits altmodisch: Wacholder und Blütensträucher, umschlossen von einer Strauchhecke. Der an das Haus angelehnte Baum könnte Obst tragen.

Das Zeitalter der Pracht, 1620-1720

Im 17. Jahrhundert kamen die führenden Gartengestalter nicht länger aus Italien, sondern aus Frankreich, wie das Werk André Le Nôtres (1613–1700) eindrucksvoll bezeugt. In Europa herrschte das Zeitalter des Absolutismus, in dem die Gärten die Überlegenheit des Menschen – insbesondere des Monarchen – über die Natur demonstrierten. Die Durchblicke und Perspektiven eines Renaissancegartens liefen noch in den Augen aller Betrachter zusammen; im darauf folgenden Barock sollten es die Augen des Königs sein. Erst im Blick des Monarchen fand diese Art der Gartengestaltung ihre wahre Erfüllung und Bedeutung.

Parallel zu dieser tiefgreifenden Veränderung entwickelten sich die Einzelelemente der Gartenkomposition weiter. Seinen Anfang nahm dieser Wandel in Frankreich mit der Arbeit der Familie Mollet: Claude (Wirkungszeit 1595–1610) schuf die Gärten für Heinrich IV. Er zeichnet verantwortlich für den entscheidenden Schritt hin zur Quintessenz der Gärten des 17. Jahrhundert, zum Parterre. Immergrüner, beschnittener Buchs setzte sich vollständig durch,

Dieses Gemälde eines unbekannten Künstlers zeigt den Garten von Pierrepont House (Nottingham) etwa 30 Jahre nach seiner Anlage im Jahre 1677, eines der seltenen Zeugnisse von der Schönheit eines Stadtgartens im späten 17. Jahrhundert. Der Grundriß ist viergeteilt, und jedes Viertel weist dieselben Muster auf. Alle Beete sind in Stein gefaßt und mit Blumen bepflanzt. Sie liegen eingebettet in einen Rasen, dessen Pflege ungeheuer arbeitsaufwendig war. Jeder verfügbare Mauerraum wird von Spalierobstbäumen eingenommen. In den Sommermonaten bereicherte eine Überfülle von Pflanzenkübeln den Garten.

Die »Wildnis« des Gartens von Ham House (Richmond, Surrey) stammt aus der Zeit um etwa 1670 und wurde 1976–77 rekonstruiert. Wildnisse gehörten zum Repertoire des heute verschwundenen formalen Stils. Geometrische Anpflanzungen von Hecken und kleinen Bäumen fügen sich zu Alleen, Durchblicken und ›Räumen‹ zusammen, in denen man sich erging oder ausruhte. Diese Hecke besteht aus Hainbuche *(Carpinus betulus)*. Während des Sommers bereicherten hübsche, weiß gestrichene Bänke in Alkoven und Lauben sowie Pflanzen in Versailles-Kübeln die Komposition.

und zur gleichen Zeit verschmolzen die Gartenabschnitte, die bislang eine Abfolge getrennter, unterschiedlicher Knoten waren, durch Wiederholung und Umkehr eines bestimmten Musters zur Einheit. Der nächste Schritt geht wahrscheinlich auf Jacques Boyceau (gest. 1633) zurück, der das riesige Parterre im Jardin du Luxembourg (1615) für die französische Königin Maria von Medici gestaltete. Es konnte von den Paraderäumen im *piano nobile* bewundert werden. Dieses weit ausgedehnte, immergrüne, wirbelnde Teppichmuster – Buchs, abgehoben gegen farbigen Kies – nahm die Rhythmen des Barockstils vorweg. Von einer ringsum verlaufenden, künstlichen Terrasse ließ sich die Pracht des Parterre ausgiebig betrachten.

Diese bedeutende Leistung bereitete den Siegeszug des französischen Gartenstils unter Ludwig XIV. vor, der den beiden berühmten Gärtnerfamilien der Mollets und Le Nôtres wesentlich zu danken war. André Mollet (gest. 1665) brachte den Stil nach England, Schweden und in die Niederlande. André Le Nôtre schuf mit Versailles (begonnen 1661) das weltweit großartigste Beispiel für diesen Stil. Er sollte in so weit entfernten Ländern wie Rußland und Spanien kopiert und variiert werden. Obwohl er bereits um 1750 aus der Mode kam, dauerte es bis zur Französischen Revolution, ehe der Stil mitsamt dem ihn tragenden politischen System unterging.

Es ist erstaunlich, wie viele dieser großartigen Schloßgärten im französischen Stil – wenn auch mit Veränderungen – erhalten blieben. Neben Versailles wäre Vaux-le-Vicomte zu nennen, ein vielleicht noch prachtvolleres Meisterwerk Le Nôtres, das 1661 vollendet wurde. Der französische Gartengestalter Daniel Marot (1661–1752) schuf seit 1685 in den Niederlanden den Garten von Het Loo (Apeldoorn). Die Landesfürsten in Deutschland ließen eine ganze Serie von Miniatur-Versailles anlegen, und die ersten Bourbonenkönige nahmen den Stil mit nach Spanien. Von Le Nôtre stammen die Pläne für die englischen Gärten in Greenwich (um 1663) und Windsor (1698). George London (gest. 1714) und Henry Wise (1653–1738) verbreiteten diese Gartenform, wenn auch beeinflußt durch die Niederlande, in England weiter: etwa in den Gärten von Hampton Court (seit 1689) und Kensington Palace (seit 1691).

Es ist überraschend, daß der Stil in der Neuen Welt Fuß faßte, nicht nur in den französischen Kolonien wie Louisiana, sondern auch – verändert durch holländischen und englischen Einfluß – in Neuengland. London und Wise lieferten die Pläne für den Garten des William and Mary College (begonnen 1694) in Williamsburg, der neuen Hauptstadt von Virginia, und schickten einen Gärtner, der dessen Anlage überwachte. Seit 1926 wurden die Gärten dieser historischen Stadt restauriert. Ihr Stil

Der Kanal und das elegante Gartenhaus im Garten von Westbury Court (Westbury-upon-Severn, Gloucestershire) wurden zwischen 1696 und 1705 angelegt. Sie zeugen von der Übernahme schmaler, holländischer Grachten als Gestaltungselemente im Gartenbau. Wegen ihrer Fähigkeit, die Perspektive zu betonen, das Licht einzufangen und Gartengebäude im ruhigen Wasser zu spiegeln, wurden sie hochgepriesen. Die Rekonstruktion dieses Gartens begann 1971 und war einer der ersten Versuche, auf der Basis umfangreicher Archivdokumente Gärten historisch korrekt neu zu schaffen. Aus den Eibenhecken ragen Kegel und Kugeln aus Ilex hervor, an die lange Ziegelmauer lehnen sich Spalierobstbäume an. Ein ähnlicher Effekt läßt sich durchaus in kleinerem Maßstab mit bescheideneren Gebäuden erzeugen, sofern die Grundelemente verwendet werden: ein Gebäude, ein langes, schmales, reflektierendes Wasserband und die beschnittenen Immergrünen (siehe S. 56).

Oben. In diesem kleinen Garten eines Landgutes in Gwent (Wales) aus dem späten 17. Jahrhundert – eine Rekonstruktion der achtziger Jahre – setzen reichhaltige hölzerne Zierformen die vertikalen Akzente. Holzarbeiten haben in dieser Form nicht überlebt, ihre Entwürfe lassen sich aber in *Den Nederlandtsen Hovenier* (1659) von Jan van der Groen noch nachschlagen (siehe S. 57).

Gegenüberliegende Seite. Ein Ausschnitt der *plate-bande* im Königsgarten von Het Loo (Apeldoorn), der 1685 begonnen und 1984 rekonstruiert wurde. Diese von Buchs eingefaßte Rabatte umgibt das Parterre, und beschnittene Eibenkegel liefern die vertikalen Akzente. Im weißen Sand außerhalb des Beetes fangen sich die abgeschnittenen Zweige des Buchses. Hier ist eine Frühlingsbepflanzung mit Tulpen, Kaiserkronen und Hyazinthen in Orange und Blau zu sehen, den Farben Wilhelms III. von Oranien.

wirkt für heutige Gartenliebhaber zugänglicher und bodenständiger als jener, der in Europa nur in Form prachtvoller Schloßgärten überlebte.

Solche Beispiele erinnern heilsam daran, daß damals Tausende von eher bescheidenen Gärten um die kleineren Häuser entstanden, wesentlich vereinfachte Miniaturversionen der ursprünglichen, grandiosen Schioßgärten. Die Gestaltungselemente und der Umgang mit ihnen blieben jedoch stets die gleichen. Entscheidend hatte sich die Vorstellung vom idealen Standort des Hauses verändert. Während eine Renaissancevilla gewöhnlich auf einem terrassierten Südhang angelegt wurde, entstanden die Häuser des 17. Jahrhunderts in Tälern auf möglichst flachen Standorten.

Der Garten wurde um das Haus nach einem Gitternetzplan angelegt. Stets wurde eine großartige Zentralachse eingeplant, wobei in der Regel die Bereiche auf der einen Seite der Achse ihre genaue Entsprechung auf der Gegenseite fanden. Änderungen im Niveau waren eher unauffällig als dramatisch. Solche Gärten erweisen sich in der Vogelschau als eine Abfolge von Quadraten und Rechtecken, die der Landschaft aufgezwungen wurden. Es entstanden sehr eindringliche Gartenlandschaften, in ihrer Wirkung noch gesteigert durch Baumalleen, die die Gartendurchblicke auf die umgebende Landschaft ausweiteten.

Die Gärten entrollten sich von der Rückfront oder den Seiten des Hauses aus: Direkt unterhalb der Erdgeschoßfenster lag das *chef d'œuvre* – das Parterre. Gegen Ende des Jahrhunderts gab es so viele Spielarten des Parterre, daß für die verschiedensten Typen zahlreiche Namen existierten. Die Arten reichten von *parterre de broderie,* Schnörkel aus Buchs in kunstvollen, wiederholten Mustern, die sich gegen farbigen Hintergrund abzeichnen, bis zu dem einfacheren *parterre à l'angloise,* zu Mustern geschnittene grüne Rasenflächen, manchmal gegen Sand abgesetzt und mit einer Statue oder Urne als Blickpunkt. Das Parterre als großartiges Paradestück des Gartens wurde häufig von erhöhten Terrassen umgeben, von einer *plate-bande* mit Blumen umschlossen und durch Fontänen und Statuen belebt. Wie viele andere barocke Gestaltungselemente läßt sich auch das Parterre auf kleinstem Raum verwirklichen.

Jenseits davon lag das *bosquet,* auch Boskett oder »Wildnis« genannt. Wie beim Parterre enthielt eine Abfolge von Abteilungen, angelegt in geometrischen Formen und Mustern, ein hochgradig verfeinertes Repertoire von Gestaltungselementen, die von Gehölzen bis Irrgärten reichten. In der Hauptsache fügten sich Hecken zu Spazierwegen und abgeschlossenen Räumen zusammen, die dann mannigfaltig belebt werden konnten: Die Möglichkeiten reichten von der großartigen Wirkung eines Freilichttheaters bis hin zu einfachen, reizvollen Obstbaumgruppen, die in Mustern zwischen blühenden und duftenden Sträuchern und Kletterpflanzen gepflanzt wurden, ohne dem Charakter der »Wildnis« Abbruch zu tun.

Die Betonung lag auf Abgeschlossenheit und Überraschung, zudem lebte der Garten von Durchblicken. Jede Allee führte irgendwohin: zu einer Statue, Säule, einem Bogen oder zum Haus. Die meisten Kreuzungen wurden auf die gleiche Weise betont. Wasser avancierte zum tragenden Gestaltungselement. Fontänen dienten als Blickpunkte, und ruhige Wasserflächen, bekannt als *miroirs d'eau,* spiegelten in unübertrefflicher Weise den Himmel, das Haus oder ein Gartenhaus wider.

Wie sah es mit der Bepflanzung aus? Der Gesamteindruck des Gartens dürfte der einer unübersehbaren, ruhelosen Ansammlung von beschnittenem und unbeschnittenem Grün gewesen sein, das eine wunderbare Folie für Gebäude, Statuen, Treppen, Terrassen, Urnen, Vasen, Wege und andere Strukturelemente bildete. Blumen waren noch immer kostbar und häufig unglaublich teuer. Pflanzen aus der Neuen Welt begannen die Beete zu bereichern, doch eine Sammlung von Pflanzen war im 17. Jahrhundert genauso prestigeträchtig und wertvoll wie eine Gemäldesammlung. Jeder Blüte huldigte man mit geistvoller Aufmerksamkeit, und die *plate-bande,* die das Parterre umgab, wurde besichtigt wie eine Bildergalerie alter Meisterwerke.

In dieser Ära der Tulpenmanie wechselten einzelne Zwiebeln für riesige Summen den Besitzer. Die Zucht exotischer Pflanzen wurde zur Passion, was sich in der Erfindung von Gewächshäusern ausdrückt, Blumen eroberten die Häuser wie nie zuvor – nicht nur in der Realität, sondern auch in Form der üppigen Blumenbilder der holländischen und flämischen Schule. In der Tat verzahnten sich Haus und Garten, indem die Muster der Stukkaturen, Stoffe und Intarsien ihre Gegenstücke draußen im Gartenparterre fanden.

Damals war das goldene Zeitalter der Pflanzengefäße, wobei es keineswegs so zufällig zuging wie in Mittelalter und Renaissance: Urnen und Töpfe aus Terrakotta, Blei und Keramik voller sorgfältig gepflegter Pflanzen bereicherten, mit mathematischer Präzision plaziert, während der Sommermonate das Muster eines Parterre. In Versailles dienten Pflanzkübel mit Orangen- und Zitronenbäumchen an hervorgehobenen Stellen dazu, durch üppige und prachtvolle vertikale Akzente die Gartenkomposition zu vervollkommnen.

Die Kunst, Bäume zu Formen zu erziehen, erreichte in diesem Jahrhundert ihren Höhepunkt. Formschnitt wurde in ungeheurem Ausmaß betrieben. Er lieferte lebendige und dauerhaft grüne, vertikale Strukturelemente. Auf Hampton Court mußten die Gärtner während der Glanzzeit (um 1700) mehr als tausend Einzelstücke beschneiden. Zu keiner anderen Zeit dienten Hecken so ausgeprägt der Gliederung des Raumes; sie bildeten Wege und ›Räume‹, Durchblicke und Alleen. Selbst der Küchengarten avancierte unter dem Einfluß von Jean-Baptiste de la Quintinie (1626–88) zur Kunstform. Er schuf den *potager du roi* in Versailles (1677–83). Obstbäume erhielten die Gestalt von Fächern, Palmetten, Pokalen, Knoten oder Spalieren, was den ästhetischen Genuß wie den Ertrag steigerte.

Bäume wurden in einem bis dahin unbekannten Ausmaß gepflanzt, Alleen enthielten doppelte, drei- oder sogar vierfache Baumreihen. Die Pflanzung in Mustern war *de rigeur,* am beliebtesten war das Kreuz *(Quincunx)* mit vier Bäumen an den Ecken eines Quadrates und dem fünften im Zentrum. Eine Schneise, die durch ein Gehölz gelegt und von Hainbuchenhecken gesäumt wurde, aus denen hochstämmige Bäumchen herausragten, konnte wie Zauberei wirken. Dann gab es den Eingriff, der einen weiten Durchblick öffnete, indem größere Bäume beidseitig beschnitten wurden: Eine in der Luft schwebende Hecke schien sich in der Ferne zu verlieren. Ungeheuer schöpferisch war die Erziehung von Bäumen. So konnte ein Baumstamm als Säule dienen, und die ausgelichteten Zweige bog man zu einer Arkade zusammen. Solche Wirkungen lassen sich sehr gut auch in kleinerem Maßstab erzielen.

Die vielleicht wichtigsten Lehren, die aus diesen Gärten gezogen werden können, betreffen die Bedeutung von Mustern auf Bodenebene und die Proportion. Letztere war eine Hinterlassenschaft der Renaissance, in der man glaubte, daß eine aus mathematischen Gesetzmäßigkeiten erwachsene Harmonie zwangsläufig auch Vergnügen bereiten müsse. Gegen Ende des Jahrhunderts gab es ganze Abhandlungen darüber. War etwa der zentrale Zugangsweg 1,80 Meter breit, mußten die Viertelparterres proportional dazu angelegt werden: zweimal so breit, also 3,60 Meter, dreimal oder sogar viermal so breit, also 7,20 Meter. Sollten die Viertel noch breiter sein, wurde allerdings das Maß unter Zugrundelegung einer größeren Breite des zentralen Weges ermittelt. Wegen dieser präzisen Berechnungen bereitet die Betrachtung eines solchen Gartens heute noch tiefe Befriedigung. Das liegt auch am raffinierten Einsatz von Mustern und Materialien, denn das Auge schweift über frischen Rasen, farbigen Kies, grünen Buchs, Blumen, Sand, Ziegel, Steine und Wasser – alle in beruhigender Symmetrie arrangiert.

Vor allem aber dürfen wir nicht vergessen, daß der Garten des 17. Jahrhunderts in den Augen der Zeitgenossen ein Idealbild der Natur zeigte: eine gezähmte Wildnis, wie der Garten Eden vor dem Sündenfall. Die jenseits liegende Landschaft galt als gefährlich und unwirtlich. Nur der Garten ermöglichte das Zwiegespräch mit dem wahren Wesen der Natur. Seine durch Auslichten und Beschneiden erreichte Ordnung spiegelte wahrhaftig Gottes Schöpfung wider.

Oben. Der Gartenstil, der sich im Europa des 17. Jahrhunderts durchsetzte, blieb in den Vereinigten Staaten noch ein weiteres Jahrhundert beherrschend. William Paca legte seinen Garten bei Annapolis (Maryland) zwischen 1765 und 1772 an. Diese Rekonstruktion stammt aus den späten sechziger Jahren. Eines der Elemente, das er verwendet haben könnte, wäre dieses kleine Buchsparterre mit buchsgesäumten ›Rasenplatten‹, die von Ziegelsteinen und Kieswegen eingefaßt werden.

Links und gegenüberliegende Seite. Im 18. Jahrhundert war Williamsburg die Hauptstadt von Virginia. Seit 1926 hat man begonnen, die Gärten zu rekonstruieren, wobei man sich auf englische Gartenbücher des späten 17. Jahrhunderts bezog. Der Garten links zeigt die Bedeutung, die man in frühen Gärten den Nutzpflanzen zumaß: Hier wachsen Spalieräpfel als Geländer um Gemüse- und Kräuterbeete. Das Bild auf der Gegenseite verdeutlicht, wie Holzarbeiten, beschnittene Immergrüne und reife Bäume zum Gesamteindruck beitragen.

EIN KLASSISCHER FRANZÖSISCHER GARTEN

Das kennzeichnende Merkmal des klassischen französischen Gartenstils ist das Buchsparterre. Seine deutlich hervortretenden Arabesken wurden so angelegt, daß sich die dekorativen Muster ganzjährig von den Empfangsräumen im Erdgeschoß bewundern ließen. Selbst im tiefsten verschneiten Winter ist das Parterre dank seiner strukturellen und plastischen Qualitäten reizvoll. Dieser Stil mit seinen *parterres de broderie* und beschnittener Eibe, Brunnen und Alleen, Ausblicken und Kieswegen – alles streng symmetrisch angelegt – erreichte seinen Höhepunkt in der zweiten Hälfte des 17. Jahrhunderts. Die bedeutendsten Beispiele schuf André Le Nôtre (1613–1700), dessen Meisterwerk der prachtvolle Garten von Vaux-le-Vicomte ist. Die hier vorgestellte Gartenanlage wagt es, einige Bestandteile des Le-Nôtre-Stils auf einer winzigen Fläche zu verdichten – eigentlich ein Widerspruch in sich, da Le Nôtre sein Genie in der Ausgestaltung riesiger Gartenlandschaften bewies.

Hier wurde das klassische Muster fließender Voluten aus beschnittenem Zwergbuchs gewählt, die von niedrigen Hecken eingeschlossen werden. Urnen auf Piedestalen und beschnittene Buchskegel bereichern die Komposition um vertikale Elemente. Das dauerhaft frische Grün des Buchses wird durch den Bodenbelag aus ziegelfarbigen Steinen, Kies oder Staub noch betont, gelbe Kieswege rahmen das gesamte Parterre ein. Zur weiteren Belebung trägt ein Springbrunnen bei, der gleichzeitig als Blickpunkt dient, entweder als einfache Fontäne oder als Wasserstrahl, der sich aus einer klassisch inspirierten Figur ergießt. Kaum wahrnehmbare Höhenunterschiede zwischen den einzelnen Bereichen steigern die Wirkung noch. In unserem Fall führen flache Stufen zu Terrassen an beiden Gartenenden hinauf. Der zentrale Durchblick mündet in einer einfachen Laube mit Bank jenseits einer Hainbuchenhecke, deren symmetrische ›Flügel‹ die Terrasse einfassen. Aus ihr ragt eine Reihe von hochstämmigen, beschnittenen Weißdornbäumchen in gleichem Abstand empor. Beide verändern ihr Aussehen im Winter, da der Weißdorn sein Laub abwirft und die Hainbuche sich rostbraun verfärbt. Versailles-Kübel mit beschnittener Eibe werten die Terrasse reizvoll auf. Wäre der Garten etwas breiter, ließen sich weitere Pflanzenkübel an den Endpunkten der Querwege plazieren, doch sollte stets die Symmetrie des Entwurfs gewahrt bleiben. Der Garten wird von cremigweiß getünchten Mauern eingeschlossen, die das Licht einfangen. Daran angelehnt wachsen Spalierobstbäume und im Beet zu deren Füßen einige stilgerechte Pflanzen.

Dieser klassische Versailles-Kübel ist auch heute noch erhältlich. In seiner ursprünglichen Form lassen sich die Seitenteile abklappen, um die Wurzeln zu beschneiden und die Pflanzen umzutopfen. Das späte 17. Jahrhundert nutzte diese Gefäße zur schöpferischen Gestaltung: Jedes Jahr erfüllten sie den Garten aufs neue mit exotischen vertikalen Akzenten wie Zitronen- oder Orangenbäumchen, um die Terrasse und das Parterre durch zusätzliche geometrische Muster zu beleben.

In einen solchen Garten muß während der Gestaltungsphase zunächst eine recht große Summe investiert werden, danach sind Ausgaben und Unterhaltskosten minimal. Der Verzicht auf das Wasserbecken und die Urnen an den Eckpunkten senkt die Kosten erheblich. Statt dessen könnten eine einzelne Urne als zentraler Blickpunkt auf einer Plinthe und italienische Zypressen oder Buchskegel an den Ecken plaziert werden. Ist der Garten einmal angelegt, besteht die Hauptarbeit im jährlichen Schneiden und Auslichten. Selbstverständlich braucht er eine regelmäßige Wässerung.

Das Buchsparterre gehörte für Landgärten genauso zum Repertoire wie für Stadtgärten, da es stets nahe dem Haus lag und – wie auf Seite 52 gezeigt – leicht in ein größeres Ganzes integriert werden konnte. In seiner einfachsten Form führte das Parterre zu einem Obstgarten mit einer Heckenumfriedung und einer Allee aus beschnittenen Eiben oder zu kleinen Bäumen, die auf eine Laube zuliefen. Dieser Typus läßt sich noch heute am Château de Brécy (Department Calvados, Frankreich) erkennen, ein eher bescheidenes Landhaus mit einem architektonisch bemerkenswerten Garten, der möglicherweise von François Mansart um 1630 angelegt wurde.

Der Grundriß eines Parterres läßt sich an jedes rechteckige oder quadratische Grundstück anpassen. Obwohl der Plan in der Regel in vier gleiche Teile untergliedert ist, kann er auch spiegelbildlich angelegt werden. Damit die Proportionen erhalten bleiben, sollte keines der Viertel breiter sein als die vierfache Breite des Mittelweges. Bei allen Änderungen bleiben die zentrale Achse und die Symmetrie der Abschnitte und Muster von entscheidender Bedeutung.

Der rechteckige Garten (19,80 x 9,10 Meter) ist auf eine nach Norden weisende Mauer ausgerichtet. Das Buchsparterre mit dem zentralen Springbrunnen liegt etwas tiefer und kann daher von den erhöhten Terrassen an beiden Enden betrachtet werden.

DIE BAUMTERRASSE
Flache Stufen **(1)** führen auf die Terrasse **(2),** die mit Steinplatten oder Imitationen in Zement belegt ist. Die einfache, hölzerne Laube **(3)** im Zentrum wird blaugrün gestrichen. Deren gerade Linien lassen sich durch eine rankende Kletterpflanze wie *Clematis cirrhosa* oder Geißblatt **(4)** mildern. Die seitlichen Hainbuchenhecken **(5)** von 1,50 Meter Höhe werden von hochstämmigen Weißdornbäumchen **(6)** überragt. Für die Hecke könnte auch Eibe verwendet werden, um einen Arbeitsbereich zu verbergen.

DAS PARTERRE
Der Garten wird von einer etwa zwei Meter hohen verputzten und cremigweiß gestrichenen Mauer **(7)** eingeschlossen. Ein vorhandener Zaun könnte wie die Laube angestrichen, durch Gitterwerk vervollständigt und mit daran emporrankendem Efeu geschmückt werden, das Ergebnis wäre aber weniger angemessen. Zu Spalieren oder Fächern gezogene Obstbäume **(8)** bedecken die Mauern, wobei je nach Wunsch Birnen, Pflaumen, Pfirsiche, Aprikosen oder Schattenmorellen verwendet werden können. Die Beete zu deren Füßen **(9)** sollten einige stilgerechte Blumen schmücken. Das Parterre aus beschnittenem Buchs **(10)** wird von 1,20 Meter breiten, gelben Kieswegen **(11)** umgeben und durch einen zentralen **(12)** und einen Querweg **(13)** in Viertel unterteilt. Im Zentrum steht ein runder Brunnen **(14)** mit Brüstung und einer niedrigen Brunnenfigur. Vier Kreuzblumen **(15)** oder Urnen auf Piedestalen fassen die Komposition an den Ecken zusammen. Sie sollten etwa 1,50 Meter hoch sein. Die Buchsvoluten **(16)** werden so beschnitten, daß sie im Querschnitt leicht abgerundet sind. Wem dies zu schwierig erscheint, kann bei allen Buchspflanzen die Oberflächen glatt und die Seiten gerade schneiden, so daß eine strengere, aber nicht weniger korrekte Form entsteht. Die Voluten heben sich gegen einen Boden **(17)** aus rotem Ziegelstaub, farbigem Kies oder Steinsplittern ab. Sehr hübsch und ungewöhnlich – allerdings arbeitsintensiver – wäre ein Blumengarten. Dabei werden die Zwischenräume anstelle von farbigem Kies mit Blumen der Jahreszeit bepflanzt. Stilgerecht wären einzeln und asymmetrisch gesetzte Blumen ohne Rücksicht auf Höhe und Farbe.

DIE HAUSTERRASSE
Die Terrasse **(18)** am Haus **(A)** nimmt mit Stufen, die zum Parterre herabführen, das Thema der gegenüberliegenden Terrasse wieder auf. Belebt wird sie durch vier Versailles-Kübel mit Formschnitt-Eiben **(19)**, die in wärmeren Regionen durch Orangen- oder Zitronenbäumchen ersetzt werden können.

Oben. Als Bestandteil eines großen Gartens kann das Parterre um 90 Grad gedreht werden. Damit würde die Querachse zum Hauptdurchblick auf beispielsweise einen Obstgarten oder einen anderen Bereich, der entlang derselben Zentralachse angelegt wird, um die Perspektive zu betonen.

Oben. Als Alternative für eines der Parterreviertel könnten Buchskuppeln an den Ecken verwendet werden. Kontrastierender, farbiger Kies oder Steinsplitter betonen die Buchsbänder, deren Seiten gerade und deren Oberflächen flach beschnitten werden.

Links. Ein Rasenparterre *(parterre à l'angloise)* von André Le Nôtre beim Château de Conflans (um 1700). Aus heutiger Sicht machte er es sich einfach, er schnitt in den Rasen ein barockes Muster, setzte es von Kies ab und fügte Formschnittelemente sowie eine große Fontäne hinzu.

Unten. Eine Vorlage aus Leonard Meagers *The English Gardener* (1670) zeigt vier – für die damalige Epoche – einfache Muster für ein Buchsparterre. Jedes Viertel wird von einer Buchshecke oder einer *plate-bande* (siehe Seite 55) umschlossen, wobei Kies den Untergrund für die Buchsmuster bildet. Der Zentralkreis könnte einen Brunnen oder eine Grasfläche mit oder ohne Statue aufnehmen.

Rechts. Drei Entwürfe für hölzerne Bögen und Lauben aus Jan van der Groens Werk *Den Nederlandtsen Hovenier* (1669). Sie wurden angestrichen und von daran hochgezogener Hainbuche oder blühenden Kletterpflanzen überwuchert.

Der Garten ist L-förmig und mißt an seinen längsten Seiten 40 x 27 Meter. Daher konnte er in drei getrennte Abschnitte unterteilt werden: Der Kanal-Garten mißt 24 x 16 Meter, das Gehölz 16 Meter im Quadrat und das Rasenparterre hinter dem Haus 11 x 10 Meter. Die Fassade des Hauses mit Ausblick auf den Kanal weist nach Norden, und der Kanal-Garten liegt 90 Zentimeter höher als das Parterre.

EIN »WILLIAM-UND-MARY«-GARTEN

Um länger zu erscheinen, nutzt dieser elegante Garten optische Kunstgriffe, die von zeitgenössischen holländischen Gärtnern entwickelt wurden. Der Entwurf vereinigt drei Hauptbestandteile der englischen und niederländischen *formal gardens* des späten 17. Jahrhunderts in sich: ein sanftes, grünes Rasenparterre nahe am Haus, einen Kanal, in dessen ruhiger Wasseroberfläche sich Umgebung und der wechselnde Himmel spiegeln, und ein Gehölz, eine einladende Gruppe aus Bäumen, Hecken und Sträuchern. Seinem Wesen nach ist der Stil Wilhelms III. von Oranien durch elegante Formensprache und bescheidenen Raumanspruch gekennzeichnet. Dadurch entsteht eine Art von Häuslichkeit, die auch im goldenen Zeitalter der holländischen Kunst stets gegeben war.

Das Parterre ist die Miniaturausführung eines *parterre à l'angloise,* das durch diejenige des restaurierten Barockgartens Wilhelms III. in Het Loo (Apeldoorn) inspiriert wurde; der französische Emigrant Daniel Marot hat sie entworfen (begonnen 1685). In diesem Bereich herrscht kurzes, zu Mustern geschnittenes Gras vor, das gegen farbigen Kies abgesetzt und von einem Band aus buchsgesäumten Beeten umgeben wird. Diese sogenannten *plate-bandes* enthalten die Blumen der Jahreszeit. Solch ein Garten verlangt förmlich nach einem hübschen Blickpunkt: Ich schlage eine Kreuzblume oder Urne im Stil des späten 17. Jahrhunderts vor, die auf einem klassischen Piedestal steht. Beide sind als Steinnachbildung heute zu angemessenen Preisen erhältlich. Möglich wäre auch die Nachbildung einer barocken Statue. Wer lieber mehr Blumen pflanzen möchte, kann durchaus stilgemäß als Alternative zu dem Parterre einen Blumengarten anlegen. Ich habe einen Entwurf hinzugefügt (siehe S. 57), der auf der 1721 erschienenen Auflage von *Den Nederlandtsen Hovenier* (Erstauflage 1669) basiert. Er erlaubt eine deutlich reichhaltigere und abwechslungsreichere Bepflanzung, wie im rekonstruierten Parterre von Westbury-upon-Severn (Gloucestershire) zu besichtigen. Eine dritte Alternative verzichtet gänzlich auf Blumen und läßt sich daher am leichtesten pflegen.

Der Kanalgarten wurde durch den Kanal in Westbury inspiriert, wo ein hübsches, zweistöckiges Gartenhaus im Stil Wrens ein Kopfende ziert (siehe S. 45). Dieses Motiv wird hier von einem grünblau gestrichenen Pavillon nach einem Entwurf in *Den Nederlandtsen Hovenier* aufgenommen. Der Kanal muß nicht tief sein, da sich in ihm nur Himmel und Pavillon spiegeln sollen. Seine Länge wird durch eine Reihe streng vertikaler Akzente – beschnittene Eiben im Wechsel mit hochstämmigen

Diese *plate-bande* umgibt das Parterre und läßt sich mit einer breiten Auswahl von Blumen bepflanzen (siehe S. 147). Um den stilgemäßen Eindruck zu wahren, sollte ein Abstand von 90 Zentimetern eingehalten werden. Hier windet sich Geißblatt eng an einem farbigen Pfosten empor, und ein Stangenzelt mit Edelwicken erhebt sich über Glockenblumen, Lichtnelken und Christrosen. Eine andere, einfachere Lösung wäre es, das Beet mit einer einzigen Art zu füllen, etwa *Ruta graveolens* oder *Santolina chamaecyparissus* – wie in der Abbildung gegenüber.

Schneebällen – noch unterstrichen. Eine Weißdornhecke (in die tiefe Festons eingeschnitten werden könnten) dient als Begrenzung. Zieht man die Baukosten in Betracht, ist dieser Garten nicht gerade billig. Obwohl der Niveauwechsel nicht unbedingt erforderlich ist, trägt er doch zur historischen Authentizität bei. Die Wirkung ist jedenfalls spektakulär, selbst in so kleinem Maßstab wie hier.

Das Gehölz läßt ein reizvolles Gartenkonzept wiederaufleben, das im Laufe der Jahrhunderte verlorengegangen war: Hier wurde ein Vorbild entsprechend verkleinert, das in einem Stich der *Britannia Illustrata* von Knyff und Kip (1709) bei einem Haus namens Ackham auftaucht. Durch Bäume und Hecken in unterschiedlichen Höhen wird es zum Idealtypus eines dekorativen Obstgartens. Die umgebende Buchenhecke bietet im Herbst und Winter ein hübsches Schauspiel, wenn sich ihre Farbe von Grün über Rostbraun nach Karamel verfärbt. Steht mehr Platz zur Verfügung, können – wie damals üblich – zusätzlich Rosen und Blütensträucher gepflanzt werden.

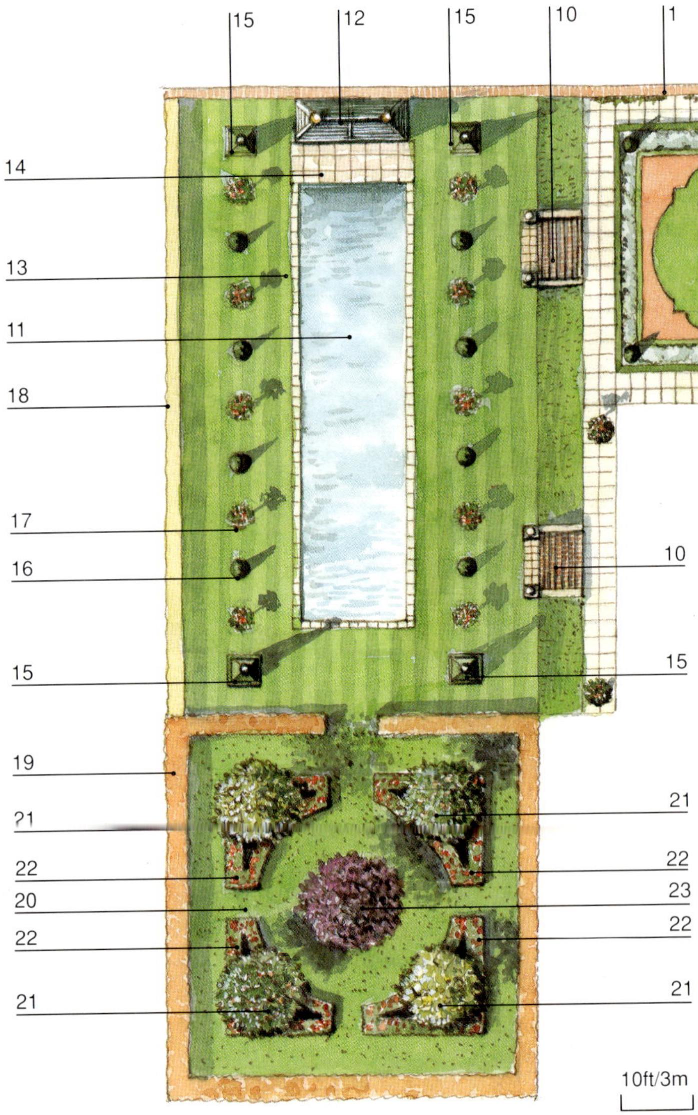

Oben. Das Parterre könnte auch wie hier angelegt werden: Kegel oder Obelisken aus Eibe und eine Urne in der Mitte erheben sich aus buchsgesäumten Abteilungen, die Raum für vier Pflanzgefäße zwischen sich lassen.

DAS PARTERRE

An der Ziegelmauer **(1)** lassen sich attraktive Spalierobstbäume **(2)** ziehen. Eiben-, Hainbuchen- oder Ilexhecken wären mögliche Alternativen. Das Parterre wird von einem 1,20 Meter breiten Stein- oder Fliesenweg **(3)** umsäumt. Die von Buchs **(4)** umgebene *platebande* oder Rabatte ist etwa einen Meter breit und mit beschnittenem Heiligenkraut **(5)** bepflanzt; 1,50 Meter hohe Eibenkegel **(6)** betonen die Ecken. Die Rasenfläche **(7)** wird zu einem stilgerechten, dekorativen Muster geschnitten, das ein verborgener Plastikrandstreifen in Form hält. Das Gras hebt sich von rotem Kies, Steinsplittern oder Ziegelstaub ab **(8)**. Im Zentrum bildet eine stilgetreue Skulptur **(9)** den Blickpunkt. Von Anfang an muß der schwierige Rasenschnitt beachtet werden: Der Rasenmäher sollte so klein wie möglich sein (schon allein, damit man ihn über die Einfassungshecke heben kann), dazu kommt peinliche Sorgfalt, um den Schnitt zu entfernen.

DER KANALGARTEN

Der Zugang erfolgt über zwei Treppenfluchten aus Ziegelsteinen **(10)**, die nach dem Vorbild von Het Loo gestaltet wurden. Der Kanal selbst **(11)** mißt 17,10 x 4,30 Meter. Von prachtvoller Wirkung – und damit gerechtfertigt – ist er nur, wenn er in großzügigen Ausmaßen angelegt wird: Alles Kleinere sähe aus wie ein Vorstadtteich und sollte besser vermieden werden. Er braucht nicht tief zu sein, etwa 90 Zentimeter dürften ausreichen. Die Auskleidung wird schwarz gestrichen, um die Reflektion der Wasseroberfläche zu steigern. Nur dann dient sie optimal als Spiegel für den Himmel und den Pavillon an der hinteren Schmalseite **(12)**. Diese einfache, grünblau gestrichene Holzkonstruktion kann mit Geißblatt umrankt werden. Der Kanal ist mit Steinen eingefaßt **(13)**. Eine Terrasse **(14)** sollte groß genug geplant werden, um im Sommer ein geometrisches Arrangement von Pflanzengefäßen aufnehmen zu können. An den Längsseiten des Kanals reiht sich eine Abfolge gezogener Sträucher – typisch für die holländischen Kanalgärten der Epoche. Als Ankerpunkte dienen hier vier große, drei Meter hohe Eibenobelisken **(15)**, acht 1,80 Meter hohe Eibenkegel **(16)** – sie nehmen das Thema des Parterre wieder auf – und zehn zu Hochstämmen gezogene Schneebälle (*Viburnum opulus* 'Roseum') **(17)**. Im Spätfrühling oder Frühsommer tragen sie schaumige, weiße Blütenstände und im Herbst rote Früchte. Möglich wäre auch hochstämmiges Geißblatt *(Lonicera sempervirens)*. Eine wirklich verschwenderische Alternative zu den Eibenobelisken wären lebensgroße Statuen der vier Jahreszeiten auf Sockeln im Vincenza-Stil oder andere Statuen barockisierender Art. Eine *Crataegus monogyna*-Hecke **(18)** bildet die nördliche Grenze.

Oben. Ein einfacher Blumengarten anstelle des Rasenparterre wäre eine bemerkenswerte Alternative. Buchskegel erheben sich aus buchsgefaßten Beeten, die mit stilgerechten Blumen der Jahreszeit bepflanzt werden.

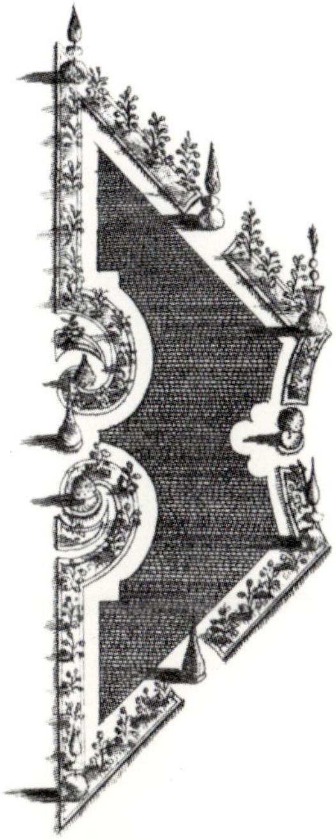

Links. Dieses von Daniel Marot zwischen 1703 und 1712 entworfene Parterre besteht aus einer geschnittenen Rasenfläche, die von einer *plate-bande* umgeben wird. Formschnittbäumchen setzen markante Akzente.
Rechts. Zwei Entwürfe für hölzerne Obelisken nach Jan van der Groens *Den Nederlandtsen Hovenier* (1699), die bemalt als Unterlage für Kletterpflanzen dienen.
Unten. Ein holländischer Garten (etwa 1660–70). Von der kleinen Villa blickt man auf einen *formal garden* mit zwei Springbrunnen, die von Gras und beschnittenen Sträuchern in Pflanzgefäßen umgeben werden. Der Durchblick zur Hecke mündet in einer Apsis mit einem weißen Gitterobelisken, der von Bäumen in Kuchenständerform flankiert wird. Andere buchsgesäumte Beete enthalten Sträucher, jenseits des weißen Zauns befindet sich ein Obstgarten.

DAS GEHÖLZ
Es wird von einer Hecke **(19)** aus Buche *(Fagus sylvatica)* oder Hainbuche *(Carpinus betulus)* umgeben, der Herbst und Winter eine veränderte Farbe geben. Der Innenraum wird mit Gras **(20)** und zwei Paar Apfel- oder Birnbäumen **(21)** mit kleinem Wurzelstock bepflanzt, die jeweils von niedrigen Hecken **(22)** aus Feuerdorn *(Pyracantha coccinea)* eingeschlossen werden. Dieser winterharte, immergrüne Strauch trägt im Spätfrühling oder Frühsommer weiße Blüten und kräftig orangefarbene Beeren im Herbst. Der Solitärbaum im Zentrum **(23)** dient als Blickpunkt und schließt den Durchblick vom Pavillon ab. In diesem Fall ist es eine Kirschpflaume *(Prunus cerasifera)*, doch eignet sich dafür jeder andere stilgerechte Baum. Entscheidend sind Umrißgestalt, Blattform und -farbe, Früchte und Blüten. Ich schlage außerdem eine runde Sitzbank um den Stamm vor, die in derselben Farbe wie der Pavillon gestrichen werden sollte.

EIN GARTEN AUS DEM FRÜHEN NEUENGLAND

Der Zauber dieses rekonstruierten *formal garden* aus dem vorrevolutionären Amerika beruht auf der äußersten Bescheidenheit und dem ausgeprägten Sinn für Ordnung, beide charakteristisch für den Stil der Epoche. Williamsburg war von 1699 bis 1781 die Hauptstadt von Virginia. Den umfassenden Rekonstruktionen, die 1926 einsetzten, verdanken wir zahlreiche Gärten im geometrischen anglo-holländischen Stil, der bis gegen Ende des 18. Jahrhunderts vorherrschte. Die Vorschriften erlaubten den bürgerlichen Gärten eine Durchschnittsgröße von 0,4 Hektar, daher sind sie – in ihren Rekonstruktionen – beispiellose Schmuckkästchen voller Ideen für die Anlage kleiner Stilgärten. Der Platz für geometrisch angelegte Gärten war notgedrungen klein und gewöhnlich auf den Zugang zum Haus beschränkt, da der Anbau von Gemüse und Kräutern für den Haushalt und die Nebengebäude den meisten Raum beanspruchten. In der einfachen Anwendung der besten Elemente anglo-holländischer Gartentradition, mit ihren Lattenzäunen, gemusterten Ziegelwegen und dem reizenden Gebrauch beschnittener, immergrüner Pflanzen sprechen diese Gärten eine ganz eigene Sprache. Gleichzeitig sind sie ein unschätzbares Vorbild für heutige Gärten.

Der Entwurf zeigt einen Vorgarten und einen Gemüsegarten. Außerhalb des Anwesens sollten ausgewachsene Bäume stehen, damit der Unterschied zwischen den zierlichen, fast spielzeugartigen Dimensionen des Gartens und den kräftigen Stämmen und ausgebreiteten Zweigen besonders ausgeprägt erscheint. Ist das bei Ihnen nicht möglich, würde ich empfehlen, zumindest einen größeren Baum, etwa *Acer pensylvanicum* oder *A. griseum*, im Gemüsegarten zu pflanzen, selbst wenn dadurch dessen Fläche verkleinert wird.

Der Vorgarten ist teilweise vom Garten der Bryans in Williamsburg inspiriert. Ein einfacher Lattenzaun umgibt ihn. Seine Wirkung beruht maßgeblich auf den Ziegelsteinwegen und immergrünen Pflanzen (in Virginia ersetzte der heimische *Ilex vomitoria* Eibe und Buchs) und erfordert wenig Pflege. Innerhalb der buchsumgrenzten Beete sollten stilgerechte Blumen wachsen oder – wenn ein fast pflegefreier Garten gewünscht wird – Bodendecker wie Taubnessel, Elfenblume, Schleifenblume oder Immergrün.

In den Gärten der Kolonialzeit gab es eine Vielzahl von Nebengebäuden. Daher muß der Gartenschuppen nicht unbedingt versteckt werden, sondern könnte als sichtbares Gestaltungselement integriert sein, etwa als Abschluß des Durchblicks durch die Kirschlorbeerhecke.

Der nach Südwesten gerichtete Garten mit dem seitlich liegenden Haus füllt eine unregelmäßige Ecke aus. Der fast quadratische Garten vor dem Haus mißt 13,40 x 12,20 Meter. Seitlich schließt sich der Gemüsegarten an, dessen längste Ausdehung 17,10 Meter beträgt, der sich aber der Straßenbiegung anschmiegen muß. Nach Nordosten steht weiterer Raum zur Verfügung.

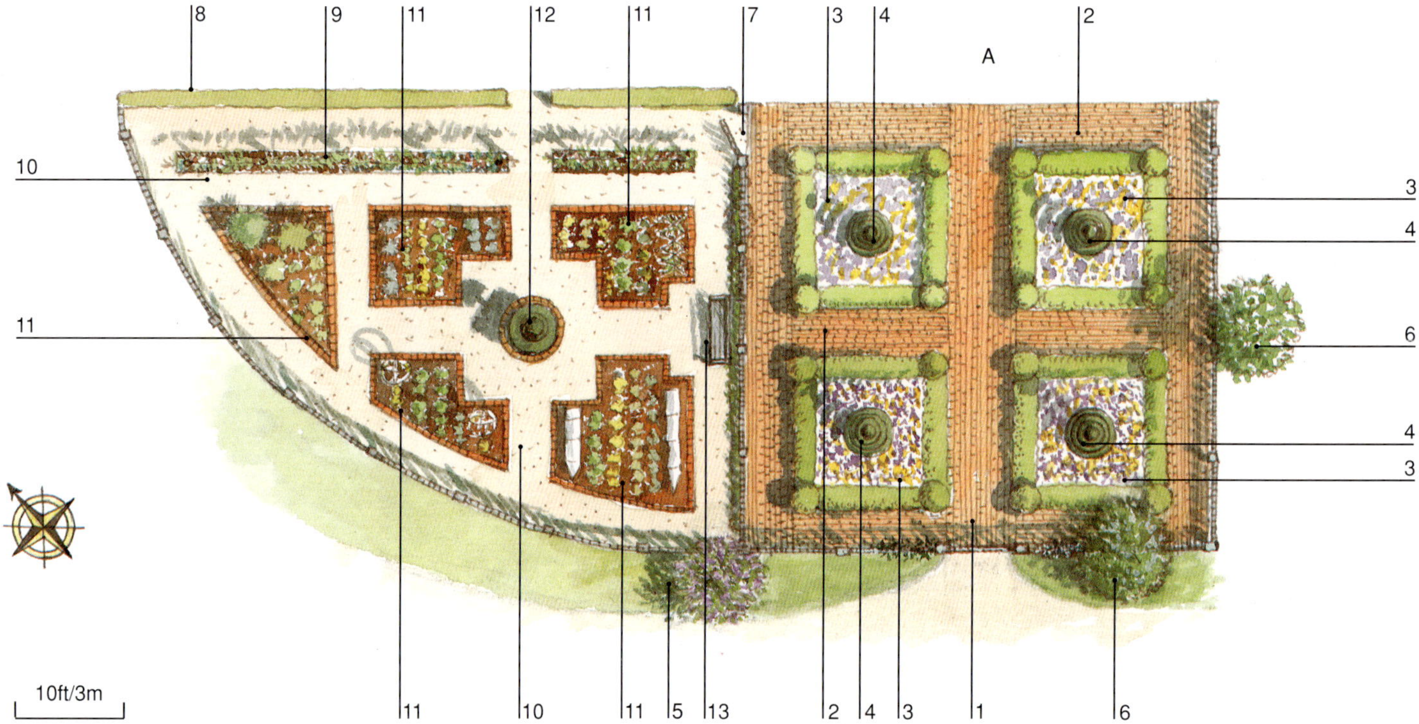

Solche einfachen Holzbänke zieren viele der rekonstruierten Gärten von Williamsburg. Diese wird von einer üppigen Blumenvielfalt umgeben: Klettertrompete, Kapuzinerkresse und Mohn. Da süß duftende Pflanzen den Aufenthalt auf der Bank verschönern, könnten auch Geißblatt oder Rosen gepflanzt werden.

DER VORGARTEN
Ein 1,80 Meter breiter Ziegelweg **(1)** führt vom Tor des einfachen Lattenzauns auf die Haustür **(A)** zu. Andere 1,20 Meter breite Pfade **(2)** teilen und umgeben den Bereich. Die vier Beete **(3)**, jedes 4,30 Meter im Quadrat, werden von Buchs (Umriß durch lockeren Schnitt abgerundet) eingefaßt, der an den Ecken zu Kuppeln geformt wird. Im Zentrum jedes Beetes steht *Ilex vomitoria* in Kuchenständerformen **(4)**. Für ungünstiges Klima eignet sich Eibe *(Taxus baccata)*. Die Beete sollten stilgerechte Blumen (siehe S. 148) enthalten – hier einheitliche Veilchen. Interessanter, wenn auch zeitraubender, wäre eine Mischung aus Stauden, Ein- und Zweijährigen. Damals pflanzte und pflegte man jede erhältliche Art von Blütenpflanzen. Kletterpflanzen wie Geißblatt und Rosen überwuchern den Zaun, doch lassen sich auch selbstaussäende Einjährige wie Baldrian, Akelei, Jungfer-im-Grünen, Katzenminze und Mohn verwenden. Jenseits des Zauns stehen ein Fliederstrauch **(5)** und zwei *Cornus mas* **(6)**. Ein Judasbaum *(Cercis acacia)* oder eine *Robinia pseudoacacia* schmücken gleichfalls den Frühling mit attraktiven Blüten.

DER GEMÜSEGARTEN
Vom Vorgarten aus betritt man den Garten durch ein Tor im Lattenzaun **(7)**. Auf der Nordseite schließt ihn eine Kirschlorbeerhecke *(Prunus laurocerasus)* **(8)** ab, parallel dazu verläuft eine Reihe niedriger Spalierapfelbäume **(9)**, stilgemäß wäre auch eine Johannisbeerreihe. Darunter blühen Vergißmeinnicht, die später im Jahr durch Ringblumen oder Kapuzinerkresse ersetzt werden können. Kies bedeckt die Fläche **(10)**, die in leicht erhöhte, ziegelgefaßte, geometrische Beete **(11)** unterteilt wird. Darin wachsen Gemüse und Kräuter. Die Gemüseauswahl der damaligen Epoche war beschränkt, immerhin gab es Grundnahrungsmittel wie Zwiebeln, Kartoffeln,

Oben. Dieser alternative Entwurf für den Vorgarten bezieht sich auf das Haus von Powell-Waller in Williamsburg. Ein kreisrunder Ziegelweg wird von zwei Wegen gekreuzt, einer davon mit jeweils einer Bank als Abschluß. In den äußeren Spandrillenbeeten liefern kegelförmig beschnittene Bäume dem Entwurf die erforderliche Höhe.

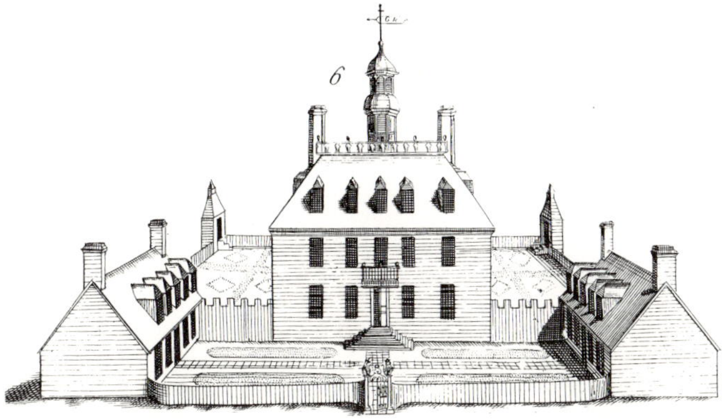

Links. Das Haus des Gouverneurs in Williamsburg (Virginia) um 1740 – eine der seltenen Darstellungen eines Gartens in den amerikanischen Kolonien. Eine Mauer mit Gartenhäusern an den Ecken umgibt den Garten, der mit Beeten im Schachbrettmuster angelegt wurde. Damit hinkte er dem europäischen Stil um ein Jahrhundert hinterher, ein Ausdruck auch des konservativen Geschmacks.

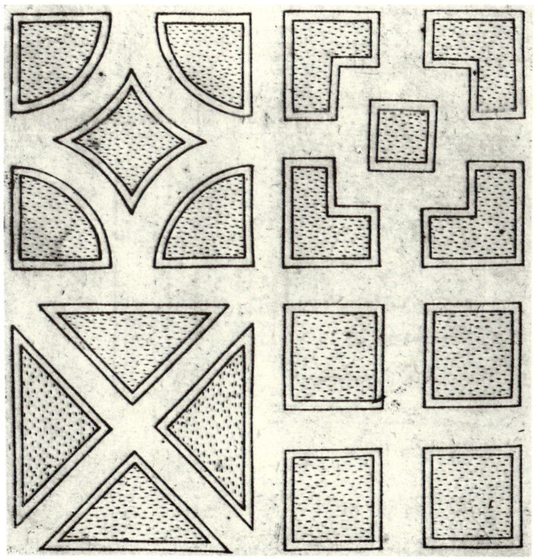

Spinat, Blumenkohl und Weißkohl, Riesen- und Gartenkürbis, Artischocken, Knoblauch, Spargel, Möhren, Bohnen, Erbsen und Kopfsalat. Wahrscheinlich werden Sie das Angebot um heute erhältliche, etwas exotischere Gemüse bereichern wollen. Die Liste zeitgenössischer Kräuter ist sehr lang – sie dienten als Küchengewürze wie als Medizin –, und viele von ihnen sind zudem noch sehr attraktiv. Die auffallende Eibe im Zentrum wird zu einer prägnanten Form geschnitten **(12)**. Die Bank **(13)** erhält denselben grauweißen Anstrich wie der Zaun.

Oben. Der Fellow's Garden im Jesus College (Oxford, 1675). Die englischen Universitäten waren konservativ, daher bewahrten sie den Gartenstil des frühen 17. Jahrhunderts: isolierte Quadrate mit geometrischen, buchsgefaßten Beeten. Dieser Gartenstil hielt sich in Neuengland sogar noch bis nach der amerikanischen Unabhängigkeitserklärung, obwohl er damals bereits ein Eigenleben führte.

Oben links. Beetmuster aus Leonard Meagers Buch *The English Gardener* (1670), das elf Auflagen erlebte und für die Gartengestaltung in den Kolonien wohl ein typisches Handbuch darstellte.

Links. Titelseite aus Meagers *The New Art of Gardening* (1697), das in Neuengland verbreitet war. Viele der typischen Züge des Kolonialstils sind hier gezeigt.

Das Zeitalter der Eleganz, 1720-1820

Standen die Gärten des 16. Jahrhunderts unter dem Einfluß Italiens und die des 17. unter dem Einfluß Frankreichs, so zeugt das 18. Jahrhundert vom Siegeszug des englischen Landschaftsgartens, der sich über Europa und schließlich die Neue Welt ausbreitete. Für die Gartengestaltung hatte diese Umwälzung viel weitreichendere Folgen als ihre Vorgänger. Durch sie verschwanden nicht nur Meisterwerke der Gartenkunst, deren Verlust wir heute bitter beklagen, sondern auch die gärtnerischen Fähigkeiten, die sie möglich gemacht hatten. Der Landschaftsstil geht auf Schriften und Ideen des späten 17. Jahrhunderts zurück, zum Beispiel auf Sir William Temples (1628–99) Beschreibungen der chinesischen Gärten, deren Vollendung sich in der Unordnung *(sharawadgi)* äußerte. Der Philosoph Earl of Shaftesbury (1671–1713) trug durch die Verehrung der »erschreckenden Grazie der Wildnis« das Seinige dazu bei. Sie und andere zeugen für eine neue Wahrnehmung der Gärten, die einheitlich dem Geist und Gefühl entsprang.

Die Anlage dieses großen englischen Stadtgartens in Bristol ist typisch für die letzten Jahre des 18. Jahrhunderts mit seinem lockeren *gardenesque style.* Ein Mitglied der Familie Pole ließ um 1806 mehrere Ansichten malen, der Garten wurde jedoch mindestens zehn Jahre früher angelegt. Gewundene Kieswege verbinden die Nebengebäude, darunter ein Raum zum Entkeimen der Erde, und dienen als Spazierwege. Die Blumenbeete im Rasen sind verschieden geformt und die Bäume ebenso wie das einzige Zierelement – eine klassische Urne – asymmetrisch verteilt.

Ziel der Gartengestaltung war nun nicht mehr, einem bestimmten Standort eine feste Ordnung aufzuzwingen, sondern den vorhandenen Geist eines Ortes, den *genius loci,* möglichst getreu zu beschwören. Der Dichter Alexander Pope (1688–1744) begann als erster, mit solchen gewandelten Gartenkonzepten zu spielen. Sein Garten in Twickenham wurde zum Wallfahrtsort für Gartenliebhaber. Geometrische Anordnungen wurden vollständig verbannt; statt dessen schuf er eine Reihe von Garten-›Bildern‹, inspiriert von Gemälden Claude Lorrains. Pflanzweise, Gartengebäude und Ornamente sollten Geist und Gefühl des Betrachters anregen. Der Architekt und Maler William Kent (1685–1748) entwickelte in mehreren Gärten, die er zwischen 1720 und 1730 anlegte, diese revolutionären Ideen weiter. Er war der erste einer Reihe von überragenden Persönlichkeiten, allen voran Lancelot ›Capability‹ Brown (1716–83) und Humphrey Repton (1752–1818), die zum nächsten Jahrhundert überleiten. Der Stil überquerte, leicht abgewandelt, den Ärmelkanal und wurde im vorrevolutionären Frankreich als *jardin anglo-chinois* zur Mode. Etwa gleichzeitig wurde er in Deutschland bekannt.

Keine Epoche der Gartengeschichte ist so schwierig zu analysieren, denn der Stil der Landschaftsgärten durchlief mehrere Phasen. Der Anlage kleiner Stilgärten im Landschaftsstil steht jedenfalls ein unüberwindliches Hindernis entgegen: auf kleinem Raum läßt sich ein Landschaftsgarten kaum zufriedenstellend gestalten. Solche Gärten waren schlichtweg gewaltig – riesige, großzügig ausgestattete Parks um Landhäuser und fürstliche Schlösser. Die Planer legten große, künstliche Seen, Wäldchen, Gehölze, Kaskaden, Wasserfälle, Lichtungen und idealisierte Äcker an, ganz zu schweigen von Gebäuden wie künstlichen Burgruinen, Wassermühlen, Pagoden oder Einsiedeleien. Trotz allem lassen sich natürlich auch aus diesen Gärten Lehren für kleine Räume ziehen, betreffend z. B. die Weise, eine einzelne Statue in einer Lichtung aufzustellen oder der Gebrauch

Links. Dieser in den dreißiger Jahren entstandene Blumengarten im Stil des 18. Jahrhunderts (Charleston, South Carolina) belegt, wie die formale Tradition in Amerika fortlebte. Symmetrische Beete in üblicher Anordnung werden von beschnittenem Buchs und Ziegeln eingefaßt und von Kieswegen umgeben. Die hübsche Frühlingsbepflanzung mit modernen, rosa Tulpen und einer Kamelie als Blickpunkt ist allerdings anachronistisch: Kamelien tauchten erst im 19. Jahrhundert in den Gärten der Reichen auf, während die blockhafte Bepflanzung mit Tulpen eine viktorianische Idee ist.

Rechts. Dieser Stadtgarten in Bath (Avon) wurde nach historischen Vorbildern 1990 restauriert. So etwa dürfte er 1775 ausgesehen haben, obwohl er im wesentlichen bis 1836 unverändert blieb. Die Gestaltung ist streng geometrisch, und die Plattenwege entlang den buchsgefaßten Beeten zu Füßen der Mauern sollen vom Haus aus den Eindruck erwecken, der Garten sei nicht trapezförmig, sondern rechteckig. Der Mittelteil wurde mit Kies belegt und enthält drei Blumenbeete – ein zentrales, ovales wird von zwei kleineren, runden flankiert. Ursprünglich hätte man den Kies durch Kübelpflanzen belebt. Die Gitterwand und die Bank sind überzeugendes Beiwerk in diesem seltenen Fall einer peinlich genauen Restauration.

Links. Ein Blumengarten des kolonialen Amerika (um 1760), der auf dem Gelände der Pennsylvania Horticultural Society in Philadelphia 1966 neu angelegt wurde. Er zeigt, wie stark die formale Tradition in Amerika fortlebte, aber auch, wie einheimische Pflanzen die Anlagen bereicherten – hier heimischer Wacholder als Formschnittbäume. Die Beete heben sich von steinernen Einfassungen und Kieswegen ab. Bepflanzt wurden sie anachronistisch mit Beetpflanzen des 19. Jahrhunderts.

Der Orangengarten des Chiswick House (London) wurde als Teil der Gärten des dritten Earl von Burlington von William Kent und Charles Bridgeman etwa 1715–25 angelegt und in den achtziger Jahren restauriert. Mit seiner asymmetrischen, von Durchblicken gekreuzten Anlage war dieser Garten eines der Flaggschiffe des neuen, naturnahen Stils. Der Orangengarten selbst wurde von Kent als Amphitheater im italienischen Stil gestaltet. Die Rasenstufen stellte er im Sommer mit Orangenbäumchen in Kübeln zu (dreimal mehr als hier sichtbar). Der klassische Tempel und der Obelisk spiegeln sich im ruhigen Wasser des Teiches. Zusammen mit den umstehenden Bäumen wurden so jene malerischen Qualitäten erzeugt, die die Wegbereiter des Stils anstrebten: eine Vision des ländlichen Arkadiens wie in den vielbewunderten Gemälden eines Claude Lorrain.

jeglicher Art von Gebäuden, um das Erscheinungsbild des Gartens aufzuwerten.

Wie jedoch die Gestaltungsbeispiele dieses Kapitels zeigen, gab es kleine Gärten. Ihnen müssen wir uns nun zuwenden, um das Überleben der Blumengärten bis ins viktorianische Zeitalter hinein zu verfolgen. Außerdem entstanden zu jener Zeit die ersten kleinen Stadtgärten. In beiden Fällen ist die Auswahl an Bildmaterial im Vergleich zum Übermaß der erhaltenen Beispiele und bildlichen Zeugnisse für die Entwicklung des Landschaftsgartens nur deprimierend gering. Die erste Entwicklungslinie, der sogenannte *gardenesque*-Stil, geht auf Claudius Loudon (1783–1843) zurück. Trotz der Triumphe, die der Landschaftsgarten feierte, waren die Engländer des 18. Jahrhunderts sehr an Blumen interessiert. Dies steigerte sich noch im Laufe des Jahrhunderts, als die großen Entdeckungsreisenden wie Captain Cook ihre Schätze nach Hause brachten. Bereits um 1730 gab es Gärten, die sich ausschließlich den Blumen widmeten, nicht nach Art der geordneten, barocken Pflanzweise, sondern in einem gänzlich anderen Stil: eine Reaktion auf das neumodische *sharawagdi*. Um 1730 legte Richard (Dickie) Bateman den wahrscheinlich ersten nicht-symmetrischen Blumengarten auf Grove House (Windsor) abseits des Hauses an, den er mit einem Zaun umfriedete. Blumenbeete in verschiedenen Formen, die er in den Rasen schneiden ließ, umgaben eine hölzerne Laube auf einem kleinen Hügel. Bateman war mit Joseph Spence (1699–1768) befreundet, einem Professor für Dichtkunst an der Universität Oxford, der für seine Freunde zahlreiche kleine Gärten anlegte, alle im *gardenesque*-Stil und die meisten von ihnen mit Blumen bepflanzt.

Spence beeinflußte ganz entscheidend Sir William Chambers (1723–96), der für Prinzessin Augusta zwischen 1757 und 1763 in Kew einen geometrischen Blumengarten um einen zentral gelegenen Teich gestaltete. Einen wirklichen Fortschritt sah jedoch erst das Jahr 1771, als der Dichter William Mason (1725–97) den berühmten Blumengarten für Lord Harcourt in Nuneham Courtenay anlegte. Abseits des Parks schuf er einen durch Sträucher und Bäume abgeschlossenen, von gewundenen Pfaden durchzogenen Garten, der den Hintergrund für köstliche Blumenarrangements bildete: In asymmetrischen, in den Rasen eingelassenen Beeten wuchsen Blumen in gestaffelten Höhen. Diese neue, naturnahe Pflanzweise im Blumengarten beruhte maßgeblich auf dem Einfluß des französischen Philosophen Jean-Jacques Rousseau und seinen Beschreibungen der Blumenanordnungen in *La Nouvelle Héloise* (1761). Im frü-

Links. Ein Gartenhaus stand in fast allen amerikanischen Gärten des 18. Jahrhunderts. Dieses ist eine ansprechende Rekonstruktion in Gunston Hall (Virginia). Die Gärten legte George Mason ursprünglich um 1750 an (seine Bibliothek enthielt eine reiche Auswahl englischer und französischer Gartenbücher des vorangegangenen Jahrhunderts). Sie wurden kurz nach 1913 restauriert, unglücklicherweise noch vor der wissenschaftlichen Gartenforschung.

Rechts oben. Die Gärten auf Rousham House (Oxfordshire) – zwischen 1720 und 1730 angelegt – demonstrieren meisterlich William Kents Gespür für den *genius loci.* Hier beseelt eine Statue Pans, des heidnischen Waldgottes, ein Waldgelände. Solch eine Wirkung läßt sich auch in viel kleinerem Maßstab erzielen.

Rechts unten. Thomas Jefferson entwarf diese wellenförmige Mauer um 1819 für die Gärten der Universität von Virginia. Sie wurden ab 1817 angelegt und zwischen 1948 und 1951 restauriert. Wellenförmige Mauern sind seit der Mitte des 18. Jahrhunderts für manche englische Küchengärten überliefert. Sie verliefen von Ost nach West, um maximales Sonnenlicht auf die an ihnen wachsenden Bäume abzustrahlen.

hen 19. Jahrhundert vereinigte H. Repton alle diese Entwicklungslinien als Bestandteile in seinen Blumengärten, die ihrerseits die Gärten des viktorianischen Zeitalters ankündigten.

Da Blumengärten ihrer Natur nach klein sind, sollten wir uns von dort die Inspirationen für unsere heutigen Gärten holen. Um 1800 gab es sie in zwei festgelegten Formen. Entweder waren sie geometrisch wie in Kew oder, wie beispielsweise in Nuneham Courtenay, unregelmäßig locker angelegt. Die geometrischen Elemente beziehen sich auf die französische Tradition. Dort lebten bereits nach den napoleonischen Kriegen die geometrischen Gärten des *ancien régime* wieder auf. In den neu entstandenen Vereinigten Staaten überdauerte die formale Tradition ohne Unterbrechungen die gesamte Revolution und setzte sich bis ins nächste Jahrhundert fort.

Die Anlage von Gärten war immer noch weitgehend das Privileg der Reichen. Sie waren es auch, die zu Beginn des 19. Jahrhunderts auf der Suche nach ungezwungener Lebensweise und engerer Gemeinschaft mit der Natur die Vorzüge ›entdeckten‹, ihr Leben auf kleinerem Raum zu gestalten. Während die einfachen Landbewohner in entsetzlicher Armut lebten, erbaute der Hoch- und Landadel *cottages ornés* als Refugien für Studium, Wissenschaft oder Muße in klassischem und gotischem Stil. Ausgeschmückt mit Veranden und Kletterpflanzen, waren sie von kleinen Blumengärten umgeben, die unmittelbar von solchen des 18. Jahrhunderts abstammten. Gewundene Wege durchzogen Rasenflächen und Strauchbeete. Blumenbeete wurden nahe den Wohnräumen in den Rasen geschnitten; so konnten die Blumen in ihrer ganzen Pracht bewundert werden.

Parallel zu den *cottages ornés* entwickelten sich die Stadtgärten als schmale, rechteckige Parzellen hinter den Häuserreihen und -blocks, die damals in London und Bath entstanden. J. C. Loudon deutet den Wert an, den sie für den Besitzer haben können: »[Er] sollte seine Parzelle mit einem ovalen Pfad umgeben, auf dem man ohne Ende und ohne spürbare Änderung der Körperrichtung spazieren kann.« Wichtigster Bestandteil dieser Gärten war eindeutig der Kiesweg. Da man die Häuser nur zu bestimmten Jahreszeiten nutzte, sah die Planung selten mehr als eine zentral gelegene, grüne Rasenfläche und eine umgebende Rabatte mit Bäumen und Sträuchern vor. Die Gärten mußten mit starker Luftverschmutzung kämpfen, die vom Rauch der Kohlefeuer herstammte, was die Beliebtheit von Kübelpflanzen für Haus und Garten erklärt. Erst mit dem fortschreitenden Jahrhundert entwickelten sich wirkliche Stadtgärten mit architektonischen Elementen als Blickfängen, mit Blumenbeeten und anderen schönen Einzelheiten zur Vergrößerung der Annehmlichkeit.

Langfristig vielleicht noch wichtiger war der Pflanzenaustausch mit Amerika, der die Blumengärten tiefgreifend veränderte. Schlüsselfigur war der Quäker John Bartram (1699–1777), bei dem englische Gärtner jährlich etwa 100 verschiedene Samen bestellen konnten. Er verschickte die ersten amerikanischen Rhododendren und Magnolien sowie eine große Zahl von Astern- und Phloxarten. Dieser Zustrom wurde durch die Lieferungen einer rasch wachsenden Zahl kommerzieller Gärtnereien verstärkt. Am Ende des 18. Jahrhunderts waren alle Voraussetzungen vorhanden, die riesige Nachfrage für eine steigende Zahl von Gärten zu befriedigen.

Gegen 1820 erreichte die langandauernde Vorherrschaft des naturnahen Stils ihr Ende und wurde von der ausgeprägten Künstlichkeit des 19. Jahrhunderts abgelöst. Wesentlich wichtiger sollten die gewaltigen sozialen Veränderungen in der Folge der Französischen Revolution werden: Breitere soziale Schichten konnten einen gewissen Wohlstand erlangen, und damit endete das Vorrecht einer kleinen Gesellschaftsschicht, Ziergärten anzulegen. Das 18. Jahrhundert mit seinen reichen Kaufleuten sah den Anfang eines neuen Phänomens: die Verbrauchergesellschaft entstand. Diese aufstrebenden Schichten hatten sowohl Muße wie die Mittel, Gärten anzulegen, und suchten sich anzueignen, was sie in den großartigen, aristokratischen Parks sahen. Es entstand die Vorstadtvilla, und gleichzeitig erschienen erstmals zahlreiche Bücher und Zeitschriften, die sich unserem Kleingarten widmeten.

EIN STADTGARTEN DES 18. JAHRHUNDERTS

Die Stadtgärten des 18. Jahrhunderts waren erfolgreich konzipiert, auf sehr kleinem Raum reizvolle Wirkungen zu erzielen. In diesem Garten gibt es Kieswege, Sitzplätze, dekorative Bauteile und Pflanzen für das ganze Jahr, darunter kleine Bäume, Sträucher, Blumen, Kletterpflanzen und Küchenkräuter. Dieser Gartenstil war perfekt an die kleinen, schmalen Grundstücke angepaßt, die sich hinter den Reihenhäusern – einer Erfindung des frühen 18. Jahrhunderts – erstreckten.

Gärten dieser Art wurden stets nach formalen Prinzipien angelegt. Sehr reiche Leute legten sie mit Steinplatten aus, umgaben sie mit Ziegelmauern und nutzten einen architektonisch wirksamen Blickfang – Obelisk oder Bogen –, um den Durchblick abzuschließen. Die meisten Gärten waren jedoch wesentlich bescheidener. Holzzäune (etwa 1,50 Meter hoch) umgaben geometrisch geplante Anlagen, in denen Kieswege die Stelle des heutigen Rasens einnahmen. Besonders großen Wert legte man auf Spazierwege: Der tägliche, der Gesundheit förderliche Spaziergang wurde hoch geschätzt, eine der wenigen körperlichen Betätigungen, die den damaligen Damen vertretbar erschien. Kieswege waren nicht nur preiswert, sie ließen sich auch regelmäßig harken, so daß die Verfärbungen versteckt werden konnten, die bei der entsetzlichen Luftverschmutzung durch die Kohlefeuer auftraten.

Auf Plänen der Epoche sind zahlreiche Grundrisse von Stadtgärten des 18. Jahrhunderts erhalten. Daraus geht hervor, daß in diesen Gärten die Aufteilung des Raumes auf ähnlichen Grundprinzipien beruhte: Ein breiter Kiesweg führte um eine Abfolge zentral gelegener Beete herum; unterhalb der Mauer oder des Zauns schlossen ringsum verlaufende Beete den Garten nach außen ab. Gartenhäuser oder Pergolen waren sehr beliebt, genauso oft stellte jedoch ein Toilettenhäuschen das einzige Gartengebäude dar. Über die Bepflanzung wissen wir nur sehr wenig, erwiesen ist aber, daß nur bestimmte Bäume und Pflanzen die rußbeladene Atmosphäre überlebten. Damit Bäume auf solch winzigen Flächen gediehen, mußten sie kräftig ausgelichtet werden – bis sie ausgewachsen waren. Danach ersetzte man sie durch neue. Besonders geschätzt wurden Obstbäume, süß duftende Blumen und Kletterpflanzen.

Der vorgestellte Entwurf bezieht sich auf Pläne von Reverend Joseph Spence (1699–1768), Professor für Dichtkunst an der Universität von Oxford und Amateur-Gartengestalter. Der Garten vereinigt Elemente seines Entwurfs für ein Haus in der Bond Street (1743) und eines weiteren für Lady Falmouth (1744). Obwohl für die Gärten nur Abmessungen von 15,20 x 6,10 beziehungsweise 15,20 x 12,20 Meter vorgesehen waren, brachte Spence Wein, Ulmen, Goldregen, Mandeln, Flieder und eine Auswahl von Blumen unter. Weiterhin schlug er vor, rankende Kletterpflanzen an der Rückfront des Hauses hochzuziehen, um den Garten optisch auszudehnen. Im Sommer kamen Kübelpflanzen hinzu: auf Fensterbrettern, entlang den Geländern, auf hölzernen Bänken, Aurikelständern oder einfach lokker auf den Kieswegen verteilt. Die Gebäude, der zentrale Pavillon und die gotisierende Laube, wurden von den Aquarellen Thomas Robins (1716–70) inspiriert.

Ein formaler Blumengarten des 18. Jahrhunderts wie dieser ist weder mit entmutigenden Kosten noch großem Arbeitsaufwand verbunden. Zudem können wir heute aus einer weit größeren Zahl von stilgerechten Pflanzen unsere Auswahl treffen, da die Verbesserung der Luftqualität seit dem letzten Weltkrieg große Fortschritte gemacht hat. Dieser Gartentyp veränderte sein Gesicht bis gegen Ende des 18. Jahrhunderts kaum. Erst dann hatte sich die Landschaftsgärtnerei auch im Bereich der Hausgärten durchgesetzt, und die formale Gestaltung wurde zugunsten eines zentralen Rasens aufgegeben, den Strauchbeete und ein gewundener Pfad umgaben.

Spalierobstbäume, die an hölzernen Rahmen gezogen werden, beleben die Mauern. Das schmale Beet wird von Brettern eingefaßt und erlaubt gerade noch die Pflanzung von zwei Blumenreihen, hier *Iris* 'Florentina', *I. germanica, I. pallida* und *I. variegata* mit niedrigwüchsigen Blumen (Primeln und Veilchen) zu ihren Füßen. Heute ist die Auswahl stilgerechter Blumen viel reichhaltiger, in der rußgeschwängerten Atmosphäre des 18. Jahrhunderts hätten sie wohl kaum überlebt.

Dieser kleine rückwärtige Garten (15,20 x 6,10 Meter) eignet sich für ein umfriedetes, rechteckiges Stadtgrundstück, typisch für das 18. Jahrhundert. Die Rückfront des Hauses weist nach Norden.

Rechts oben. Grundriß eines Stadtgartens (7,60 x 16,10 Meter) aus dem Jahr 1791. Die Mitte nimmt ein buchsgefaßtes Beet ein, das von einem breiten Kiesweg umgeben wird. Außen dehnt sich ein Staudenbeet aus, das von einer dichten, beschnittenen Pappelhecke abgeschlossen wird. Im zentralen Beet stehen Rosen wegen des Duftes, hinzu kommen blühende, laubwerfende und immergrüne Sträucher und Bäume. Die hausnahe Terrasse mit Mäuerchen und Geländern ist völlig bedeckt von Johannisbeeren, Liguster, Ilex,

Zu Füßen der äußeren Mauer oder des Zauns **(1)** ziehen sich schmale Beete **(2)** entlang (60 Zentimeter breit), die die Süd-, Ost- und Westseiten begrenzen. Dank ihrer Einfassung sind sie leicht erhöht und können je nach Standort mit Spalierobstbäumen auf grün gestrichenen, hölzernen Gittern **(3)** bepflanzt werden. Die Wahl des Obstes hängt vom persönlichen Geschmack ab. Für ehrgeizige Gärtner bieten sich dekorativer wirkende, zu stilgerechten Fächern oder Palmetten gezogene Pflanzen an. Wenn Sie jedoch die Arbeitsbelastung reduzieren wollen, eignet sich statt dessen genausogut silber- und goldpanaschierter Efeu, um die Mauern zu bedecken. Die Beete bieten Raum für isoliert gepflanzte Blumen der Epoche, etwa gängige Varietäten von Schwertlilien (*Iris* 'Florentina', *I. germanica, I. pallida* und *I. variegata*), Lavendel, Nelken und Veilchen (siehe S. 148). Für das nördliche Ende habe ich Küchenkräuter wie Rosmarin und Salbei **(4)** vorgesehen. Die Kieswege **(5)** sind etwa 1,20 Meter breit – damals eher 1,80 bis 2,40 Meter. Wer es mag, kann die Wege auch pflastern, Kies ist jedoch in der Tat das stilechtere Material. Ein 30 Zentimeter tiefes Kiesbett erleichtert die Pflege. Am Nordrand des Gartens steht eine einfache Pergola **(6)** mit gotisierender Verzierung in gebrochenem Weiß. Ein hochgezogener Wein spendet Schatten im Sommer und prangt im Herbst mit seiner Laubfarbe. Die gepflasterte Pergola ist leicht erhöht, unter ihr steht eine bequeme Holzbank **(7)**, wenn möglich in gotisierendem Stil (sofern zu finden), die gebrochen weiß angestrichen wird. Der zentrale Pavillon **(8)** im chinesischen Stil, der damals so beliebt war, lehnt sich an Vorbilder von Thomas Robins an, dessen Aquarelle eine erstaunliche Sammlung von Pavillons und Lauben in exotischen und modischen Stilen verewigten. Damals hätte wohl niemand gezögert, zwei solcher Gebäude in eklektischen Stilrichtungen direkt nebeneinanderzustellen. Die Holzteile werden wie die Pergola gebrochen weiß angestrichen und das Gebäude mit einer vergoldeten Kreuzblume bekrönt. Ähnliche Gartenhäuser sind auch heute noch erhältlich, auch wenn die Dächer aus Fiberglas bestehen. Gartenmöbel im Chippendalestil wie Tisch und Stühle sind auf jeden Fall zu bekommen. An zwei Stützpfeilern windet sich Geißblatt *(Lonicera x italica)* empor. Die beiden ebenfalls eingefaßten Zentralbeete **(9** und **10)** messen nur 3,90 x 2,40 Meter und werden in einfacher, symmetrischer Anordnung mit Immergrünen, graublättrigen Pflanzen und blühenden Bäumen bepflanzt. Zwei Paar Goldregen *(Laburnum anagyroides)* **(11)**, die im Frühling mit prachtvollen, gelben Blütentrauben überzeugen, den Rest des Jahres aber weniger interessant sind, betonen die Ecken. Möglich wären auch Mandelbäumchen – die Lieblingsbäume von Spence – mit schönen, hellrosa Blüten, Judasbäume oder, wegen ihrer fedrigen Blätter, sogar Robinien. Für welche Bäume man sich auch entscheidet, sie müssen ausgelichtet werden, damit sie den Raum nicht sprengen, und gelegentlich ausgetauscht werden. Die spiegelbildliche Bepflanzung der Beete setzt sich mit zwei Paar *Ilex aquifolium* **(12)**, zwei Paar *Phlomis fruticosa* **(13)** und vier Paar *Lavandula angustifolia* **(14)** fort. Dazu kommen zwei Rosen *Rosa x damascena versicolor* **(15)** und *Rosa x centifolia* 'Muscosa' **(16)**. Die Zwischenräume lassen sich mit stilgerechten Blumen punktförmig bepflanzen. An der Rückwand des Hauses sollten, wie von Spence beschrieben, *Clematis viticella* und *Jasminum officinale* hochgezogen werden. Im Sommer dürfen Sie Pflanzengefäße mit Blumen nicht vergessen. Die Farbgestaltung, hier in grauen, gelben, rosa und grünen Tönen, kann abgewandelt werden, wobei die Höhe der Pflanzen nach der Mitte zu ansteigen sollte. Während des Jahrhunderts nahm die Zahl der verfügbaren Varietäten und die Pflanzdichte zu.

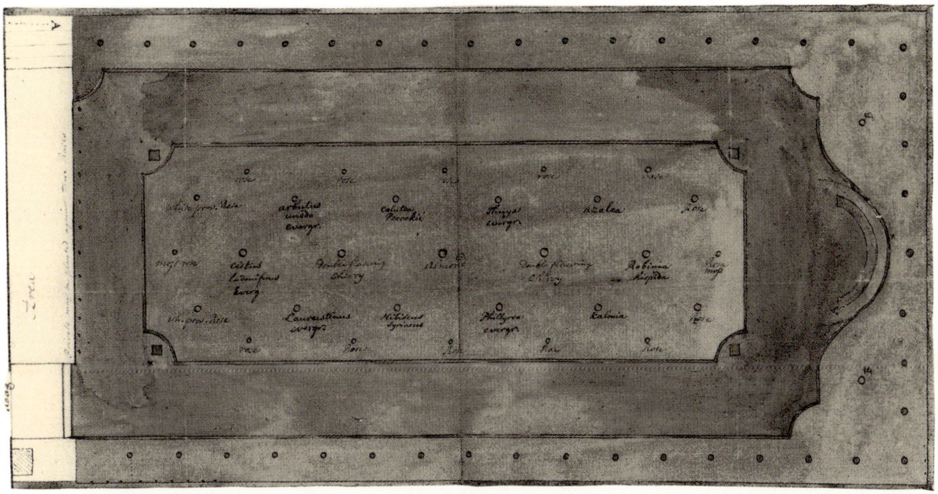

Lorbeer, Geißblatt, Efeu und Waldrebe. Den Abschluß des Gartens bildet eine Gartenbank in einer Laube, die ebenfalls von Kletterpflanzen überwuchert wird.

Unten. Dieses Gartenhaus stammt aus *Gothic Architecture Restored and Improved* ... (1759) von Paul Decker, ein typisches Beispiel für die wunderlichen hölzernen Gartengebäude aus Musterbüchern. Ein Bauschreiner könnte es kopieren und an einen gegebenen Standort anpassen.

Links. Der Durchblick im Stadtgarten eines Arztes, der um 1740 in Gloucestershire angelegt wurde, zeigt eine verschwenderische Verwendung modischer Holzdekorationen sowie Bäume und Sträucher in Kübeln. Selbst auf so kleinem Raum kann die immergrüne Architektur noch ›Räume‹ und Durchblicke bilden.

EIN FRÜHER LANDSCHAFTSGARTEN

Dieser Garten ist der Vergangenheit wie der Zukunft zugewandt. In ihm verschmelzen die Prinzipien der *formal gardens* des vorangegangenen Jahrhunderts (in Form der langen Allee als Hauptachse) mit einem Vorgeschmack auf den kommenden, revolutionären Landschaftsstil (in Form des gewundenen Weges). Diese Mischung aus Tradition und Neuheit ist auch deswegen besonders günstig, weil sich der Garten so gut wie allen Grundrissen und Bodenformen anpassen läßt.

Der Entwurf basiert im Kern auf dem berühmten Garten des Dichters Alexander Pope an der Themse bei Twickenham, der als Vorbote des englischen Landschaftsgartens gilt. Pope begann seinen Garten 1719. Innerhalb eines etwa zwei Hektar großen Geländes plante er, die Gartengestaltung mit den bildenden Künsten zu vereinigen: Die Pflanzen fügten sich zu ›Landschaftsbildern‹ zusammen, die er als erster genau wie ein Gemälde komponierte. Horace Walpole nannte es »eine einzigartige Bemühung, Kunst und Geschmack auf vielfältige und bühnenhafte Weise« auf bescheidenem Raum zu komprimieren. Pope lehnte nicht nur die Symmetrie und Regelhaftigkeit der späten Barockgärten ab, sondern verbannte auch künstliche Zutaten wie Parterres und Formschnittbäume aus seinem Repertoire. Sein Freund und Zeitgenosse William Kent entwickelte dieselben Ideen, fühlte sich aber den italienischen Vorbildern, ländlichen Adelssitzen, stärker verpflichtet.

Für die Verhältnisse des 18. Jahrhunderts war Popes Garten klein, nach unseren Maßstäben jedoch recht groß. Zum Glück übernahm sein Freund Joseph Spence dessen Grundzüge für seinen eigenen, 1736 geplanten Garten, der den vorliegenden Entwurf unmittelbarer inspirierte. Spences Plan war mehr der Vergangenheit zugewandt als der von Pope, da er immer noch einen geometrischen Durchblick als wesentliches Gestaltungsmerkmal verwandte. Der hier vorgestellte Gartenentwurf ist janusköpfig: Die mäandrierenden Spazierwege und der Rasen nehmen die Arbeiten von Lancelot ›Capability‹ Brown vorweg, während die geometrische Allee und die beschnittenen Hecken auf George London und Henry Wise zurückverweisen. In einem gänzlich abgetrennten Blumengarten hätten sich wohl ebenfalls geometrisch-formale Elemente erhalten. In unserem Beispiel sind eingestreute Blumen als formale Akzente für den zentralen Durchblick vorgesehen. Wenn Sie Ihren eigenen Garten stilistisch moderner gestalten und gleichzeitig den Pflegeaufwand vermindern wollen, sollten Sie alle beschnittenen Hecken weglassen. Pope hätte wahrscheinlich ebenfalls darauf verzichtet.

Von zwei *Cupressus sempervirens* eingerahmte sommerliche Ansicht. Der Blick fällt vom Mittelweg über das Strauchbeet auf die Urne im gewundenen Weg. Die *plate-bande* im Vordergrund wird von Bohlen begrenzt und ist in der Bepflanzung noch der Zeit vor dem Landschaftsgartenstil verpflichtet, die Pflanzen – hier Fingerhut, blaue *Veronica longifolia* und Wiesenbutterblume *(Ranunculus acris* 'Flore Pleno') – daher mit deutlichem Abstand eingesetzt.

Eine großzügige Grünfläche in Hausnähe (Popes *bowling-green*) kann von einer Bank in der eingenischten Eibenhecke betrachtet werden. Vom Rasen aus ergibt sich ein großartiger Durchblick, der von Zypressen gesäumt und durch eine Urne abgeschlossen wird. Gleichermaßen eindrucksvoll wäre von hier aus der Blick auf das Haus. Das Strauchbeet enthält vorwiegend immergrüne Sträucher, und der gewundene Weg wird durch eine niedrige Hainbuchenhecke betont, die sich im Winter rostbraun verfärbt. Eine kreisförmige Erweiterung pointiert die Wegführung. Solche Spazierwege mit gelegentlichen Bänken oder ornamentalem Schmuck in einer kleinen Lichtung lassen sich der Gestalt jedes Gartens anpassen.

Nach heutigen Maßstäben erfordert dieser Garten wenig Pflege: Mähen, ein jährlicher Heckenschnitt, das jahreszeitliche Auslichten der Sträucher und die Arbeit in den kleinen Blumenbeeten. Die wenigen Schmuckelemente – sie sind in Stein nachgebildet stilecht erhältlich – erfordern zunächst eine beträchtliche Ausgabe, sind aber notwendig, um den Erfolg dieses Gartenkonzepts zu gewährleisten.

Die Hauptallee in diesem etwa 51 x 20 Meter großen, unregelmäßigen Garten verläuft genau nach Osten. Das Konzept kann durch Ausweitung der Strächerfläche an verschiedenste Umrißgestalten angepaßt werden. Das Gelände ist leicht geneigt (abfallend oder ansteigend).

DER RASEN

Der Rasen **(1)** mißt 11 Meter im Quadrat und wird im Westen vom Haus **(A),** im Süden von einer Mauer oder einem Zaun **(2)** und auf den beiden übrigen Seiten von 2,40 Meter hohen Eibenhecken umgeben **(3).** Angrenzend an das Haus könnte eine Terrasse gebaut werden, die auch das Gras völlig ersetzen kann. Sollten Mauer oder Zaun fehlen, kann die Eibenhecke auf die Südseite ausgedehnt werden. In der seitlichen Apsis **(5)** steht eine Steinbank **(4);** eine zweite Apsis öffnet sich zum Hauptweg hin, flankiert von zwei Steinobelisken **(6).**

DER HAUPTWEG

Der Hauptweg **(7)** ist 24,30 Meter lang, 2,40 Meter breit und mit Kies belegt. Er wird von schmalen, durch Bohlen begrenzten Blumenbeeten **(8)** gesäumt. In dieser nach Art einer *plate-bande* bepflanzten Rabatte sollten, jahreszeitlich wechselnd, eine Vielzahl von stilgerechten Pflanzen wachsen (siehe S. 148). Den Hintergrund der Beete nimmt eine Allee aus Zypressen *(Cupressus sempervirens)* ein **(9),** inspiriert vom Garten Popes, in dem ein ähnlicher Weg zum Grabmal seiner Mutter führte. Hier mündet der Weg in einen Kreis **(10)** von 5,50 Metern Durchmesser, der in der Mitte eine große Urne (2,40 Meter hoch) **(11)** enthält und von einer beschnittenen Eibenhecke **(12)** eingefaßt wird. Statt Urne und Hecke könnte ein kleiner klassischer Tempel in das Strauchbeet gesetzt werden. Solche nachgebauten, stilechten Tempel sind in verschiedenen Formen erhältlich, allerdings nicht billig.

DER GEWUNDENE WEG UND DIE GEHÖLZE

Der mäandrierende Hauptweg **(13)** bietet einen erfrischenden Kontrast zu der geraden Mittelallee. Ein weiterer, kleinerer Kreis von 3,60 Metern im Durchmesser **(14)** betont diesen Unterschied noch. In seiner Mitte steht eine andere Urne (etwa 1,80 Meter hoch). Der Pfad könnte auf ein Tor **(15)** am anderen Ende des Gartens zulaufen. Ein kürzerer Weg **(16)** führt zum Gartenschuppen **(17).** Spence legte seine Wege mit Sand an, hier tut es auch Kies. Ich habe niedrige Hainbuchenhecken *(Carpinus betulus)* von etwa einem Meter Höhe vorgesehen **(18),** die typisch für die »Wildnisse« und Gehölze der früheren *formal gardens* waren. Zwar könnte man darauf verzichten, sie liefern jedoch ein markantes Strukturelement und verhindern den Eindruck eines unordentlichen Weges durch ein Gebüsch. Der Pfad windet sich durch ein Strauchbeet **(19),** das an den Grenzen vorwiegend mit Immergrünen und höheren Büschen (etwa Lorbeer) bepflanzt wird, die als Hintergrund dienen. Diese Gehölze wurden unglaublich dicht gepflanzt: Ulmen, Kastanien und andere kräftige Bäume pflanzte man im Abstand von nur 90 Zentimetern, mit 1,80 Metern Freiraum zwischen den Reihen. Da der Raum hier begrenzt ist, schlage ich vor, ihn mit Sträuchern und kleineren Bäumen zu füllen: Pfaffenhütchen, Faulbaum, Hasel und Hartriegel *(Cornus mas),* die schon zur Anlage der Boskette und Wildnisse des 17. Jahrhunderts verwendet wurden, sind immer noch erhältlich. Am besten pflanzt man ein Grundgerüst aus Immergrünen, das mit wenigen laubwerfenden Sträuchern angereichert wird: Flieder oder Pfeifenstrauch wegen des Duftes und der Farben. Zur Steigerung der Wirkung lassen sich hohe Blumen wie Türkenbundlilien, *Campanula latifolia* und Fingerhut an den Rändern zwischenpflanzen.

Rechts oben. Teil des Gartens von Claremont (um 1742–45), dem Meisterwerk von William Kent. Ein reizvoller Spazierweg führt den Hang zu Gruppen junger Bäume hinab. Immergrüne Hecken, die zu Obelisken und Buchten beschnitten

wurden, begleiten den Spaziergänger. Kent komponierte seine Gartenbilder in einer Mischung aus neuer, asymmetrisch-lockerer Bepflanzung und formalen Elementen aus dem vorangegangenen Jahrhundert.

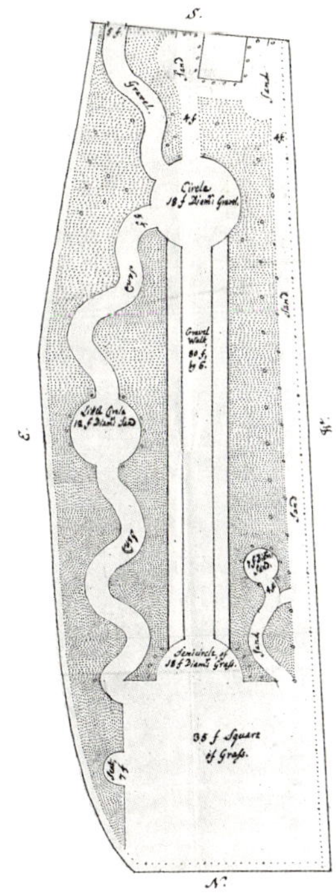

Zwei große, hübsche Gartenurnen, die William Kent für Alexander Pope um 1735 entwarf. Beide sind wie die Plinthen als Steinreproduktionen heute erhältlich. Ihre Gesamthöhe betrug 2,40 bis 2,70 Meter.

Oben. Lageplan von Joseph Spence für einen Garten in Birchanger (Surrey), auf den sich mein eigener Entwurf bezieht. Der ursprüngliche Garten maß 51,20 x 15,80 Meter. Links. Die »Wildnis« im Trinity College (Oxford, um 1720) bestand aus beschnittenen Hecken um dicht gepflanzte Sträucher (damals wahrscheinlich 30 Jahre alt), die um 1720 schon altmodisch wirkten. Wäre der Garten erst 1720 geschaffen worden, hätte man den Lageplan wohl asymmetrischer und die Wege gewundener angelegt.

EIN BLUMENGARTEN AUS DER NEUEN WELT

Amerikanische Blumengärten des späten 18. Jahrhunderts entwickelten ein Eigenleben, das schließlich in einem Stil mündete, der uns heute außerordentlich anspricht. Die formale Tradition des europäischen 17. Jahrhunderts blieb in Amerika lebendig, da man dort weder die Mittel hatte noch die Neigung verspürte, die komplizierte Pracht der Landschaftsgärten nachzuahmen. Mit dem fortschreitenden Jahrhundert entwickelte sich auch die Gartenkunst weiter, und als die neue Nation 1776 unabhängig wurde, entstand eine eigene Gartentradition. Die Blumengärten behielten eine gewisse geometrische Grundstruktur bei, die jedoch auf besonders reizvolle Weise aufgelokkert erschien. Von der Größe her eher häuslich, strahlten sie eine Bescheidenheit und Einfachheit aus, die ein zeitgenössischer Europäer wohl als hinterwäldlerisch oder provinziell bezeichnet hätte. Demgegenüber treffen sie recht genau unser heutiges Lebensgefühl. Durch ihre kleinen Ausmaße und den bescheidenen Pflegeaufwand – der Blumengarten blieb traditionell die Domäne der Hausfrau, die sich kaum zu gut war, selbst Hand anzulegen – sind sie für den Gärtner des 20. Jahrhunderts so realisierbar wie praktisch.

Der Plan lehnt sich an ein Vorbild an, das der Skipwith-Sammlung im College of William and Mary (Williamsburg, Virginia) entstammt. Von Aufzeichnungen begleitete Pläne für zwei Blumengärten befinden sich hier unter einer Anzahl von Gartenbaupapieren aus den Jahren 1785 bis 1805 (allerdings handelt es sich um spätere Kopien aus demselben Jahrhundert). Sir Peyton Skipwith, der 1788 zum zweiten Mal geheiratet hatte, nahm seine neue Frau in die Vereinigten Staaten mit. In Prestwold (Mecklenburg County) baute er ein prachtvolles neues Haus. Währenddessen überwachte Lady Jean Skipwith die Anlage der Gärten. Wie die langen Pflanzenlisten unter ihren Papieren belegen, war sie passionierte Gärtnerin. Das große *Gardeners Dictionary,* das von Philip Miller zusammengestellt wurde und erstmals 1731 erschien, war ihre Bibel. Daneben scheint sie das *Botanical Magazine* von William Curtis gelesen zu haben, die erste Zeitschrift, die sich mit Gartenthemen befaßte. Sie pflanzte nicht nur Blumen der Alten Welt, sondern nutzte auch die einheimischen amerikanischen Arten, nach denen die europäischen Gärtner so sehr verlangten. Fast während des ganzen Jahrhunderts herrschte ein fieberhafter Austausch von Samen und Pflanzen über den Atlantik.

Eine der bemerkenswertesten Eigenschaften solcher Gärten war das vollständige Fehlen prätentiöser Bauwerke oder Statuen. Ihre Aufgabe übernahmen zu Formen geschnittene Buchs- und Ilexbäumchen, die zu dieser Zeit in England längst außer Mode, in Amerika aber noch beliebt waren. Hier liefern sie den hübschen, immergrünen Hintergrund für die farbenprächtige Entfaltung der vorwiegend einheimischen Stauden: Sonnenhut, *Achillea millefolium,* Kokardenblume und *Galega officinalis.* Die vier buchsgefaßten Spandrillenbeete enthalten alte Rosen, die der Komposition Höhe verleihen und sich im Frühsommer mit weißen und rosa Blüten schmücken. Dieses Thema wiederholt sich in der Begrenzungshecke aus Wacholder und Weinrosen. Das Hauptbeet erstrahlt erst im Spätsommer und Herbst in höchster Pracht, wenn die vorwiegend gelb blühenden Pflanzen dem Ganzen ein einheitliches Farbthema geben.

Obwohl sich die Wirkung des Gartens vorwiegend später im Jahr entfaltet, kann durch Hinzufügen von Zwiebelgewächsen auch der Frühling seinen Reiz haben. Wenn eines der Beete im Sommer ausschließlich mit Einjährigen bepflanzt wird, ist es im Frühling frei für Tulpen oder Hyazinthen. Möglichkeiten, von der vorgeschlagenen Bepflanzung abzuweichen, gibt es viele: Die Rosen lassen sich beispielsweise durch beschnittene Buchskegel, Hochstammgeißblatt oder *Kalmia latifolia* ersetzen, eine Pflanze, die George Washington genauso schätzte wie Thomas Jefferson.

Jeder Blumengarten verlangt enthusiastische Hingabe. Der Umfang dieses Gartens ist jedoch so gering, daß der Aufwand für seine Unterhaltung kaum übermäßig groß sein kann. Auf jeden Fall müssen die Beete ausreichend mit Kompost angereichert und die Stauden von Zeit zu Zeit geteilt werden, damit sie wüchsig bleiben und sich nicht allzusehr ausbreiten. Hohe Pflanzen und Kletterpflanzen wie Wicken und Purpurwinde brauchen Unterstützung. Damit besteht die Möglichkeit, hübsche rustikale Elemente wie Stangenzelte oder Bienenkörbe aus gebogenen Zweigen einzufügen.

Soweit wir wissen, lagen die Blumengärten der amerikanischen Ostküste stets etwas abseits des Hauses und waren üblicherweise von Buchs- oder Fliederhecken umgeben. An ihrer Stelle halten hier vier kleine *Crataegus-crus-galli*-Bäumchen die Komposition an den Ecken zusammen und kündigen den Garten schon von weitem an. Solche Gärten aus dem alten Virginia übernahmen zwar ihre Grundmuster aus der Alten Welt, verbannten jedoch jeglichen Bombast und ersetzten ihn durch eine neuartige, lockere Eleganz. Alle Mühen, die wir für die Neugestaltung dieses Gartens auf uns nehmen, zahlt er reichlich zurück – auf welcher Seite des Atlantik auch immer.

Der Garten mißt 10,40 Meter im Quadrat. Die Laube aus Gitterwerk blickt nach Norden und spendet in dem ansonsten offenen, sonnigen Garten etwas Schatten. Diese Gärten wurden traditionell abseits vom Haus angelegt und waren stets eingefriedet, um unerwünschtes Weidevieh fernzuhalten.

Eine etwa ein Meter hohe Hecke **(1)** umgibt den Garten. Sie ist gerade hoch genug, um vor Frost und Wind zu schützen, gestattet der Sonne jedoch vollen Zutritt. Ich habe mich für *Juniperus virginianum* und die wilde Weinrose entschieden, die einen guten Kontrast abgibt und zur Blütezeit prachtvoll wirkt. Genauso geeignet wären Buchs oder Flieder. An den Ecken stehen vier kleine *Crataegus crus-galli* **(2),** die höchstens 7,60 Meter hoch werden, durch Rückschnitt aber deutlich niedriger gehalten werden können. Im Frühling tragen sie weiße Blüten und leuchtendrote Früchte im Herbst. Durch die Hecke führt ein weiß gestrichenes Lattentor **(3)** in den Garten; eine hübsche Ergänzung wäre ein von Geißblatt überwucherter Bogen. Um die Blumenbeete verläuft ein 1,20 Meter breiter Kiesweg **(4).** An der Südseite spendet ein elegantes, in die Hecke gebautes Gartenhaus **(5)** Schatten. Drei schmale, kreisförmige Ziegelwege **(6)** von nur 60 Zentimeter Breite trennen vier Eckbeete (Spandrillen) ab, die von *Buxus sempervirens* 'Suffruticosa' **(7)** eingefaßt werden. Die beiden konzentrischen Blumenbeete **(8 und 9)** sind nur 90 Zentimeter breit, das zentrale Rundbeet **(10)** hat einen Durchmesser von 2,40 Meter. Genau in der Mitte steht ein kegelförmig beschnittener, 1,50 Meter hoher Buchsbaum *Buxus sempervirens* **(11),** der den Beeten ebenso wie die vier kuppelförmigen *Ilex verticillata* **(12)** ganzjährig architektonische Struktur und Höhe verleiht. Als Alternative bieten sich *Ilex opaca* oder amerikanischer Ilex an. Der Formschnitt kann beliebig sein, doch sollte der zentrale Blickpunkt die Blumen möglichst überragen. Da Buchs und Ilex langsam wachsen, lohnt es sich, Geld für größere Exemplare auszugeben, damit die Anlage von Anfang an wirkungsvoll ist. In den Spandrillen **(7)** stehen in symmetrischer Anordnung Rosen aus der Alten Welt, die damals in Amerika gut eingeführt waren: die weiße Jakobiter-Rose (*Rosa 'Alba Maxima'*) und eine rosa Damaszenerrose *(Rosa x damascena bifara)*. Schneeglöckchen und andere Zwiebel- und Knollenpflanzen als Unterpflanzung bereichern die Beete im Frühling. Die beiden inneren Beete sind vorwiegend mit Stauden bepflanzt, wobei Gelb als verbindendes Element gewählt wurde: Sonnenhut, *Achillea millefolium, Helianthus annuus* und zitronengelbe Stockrosen. Um die Lükken aufzufüllen, sind andere Stauden wie Geißraute, Kokardenblume, Nelken und Veilchen aber auch Türkenbundlilien geeignet. Über Stangenzelte wachsende Edelwicken oder andere blühende Kletterpflanzen verleihen der Komposition Höhe. Der Buchskegel **(11)** in der Mitte wird von Reseden umgeben, womit ein Gartenensemble vollendet wird, das seinen überwältigenden Höhepunkt im Spätsommer erreichen soll. Selbstverständlich kann die Bepflanzung variiert werden, Sie sollten aber darauf achten, stets eine dominierende Grundfarbe zu verwenden. Silbergrau eignet sich gut, etwa mit Stauden wie Lichtnelke, *Salvia officinalis,* Nelken und Lavendel. Historisch genauso stimmig wäre es, den Garten in Form eines Malteserkreuzes anzulegen, das in den Blumengärten des alten Virginia sehr beliebt war. Früher bestanden solche Gärten häufig aus mehrfach wiederholten Grundmustern. Wenn Sie daher über mehr Platz verfügen, sollten Sie mit Wiederholungen spielen, wobei jeweils andere Varietäten derselben Art verwendet werden, etwa Rosen und Päonien.

Unten. Ein moderner Grundriß, der einen Teil des oberen Gartens in Mount Vernon (Washington D. C.) zeigt (um 1780 für George Washington angelegt). Die schmalen Viertelkreisbeete werden durch Kieswege getrennt und von hochkant gestellten Ziegelsteinen eingefaßt. Bepflanzt sind sie mit einer Mischung aus Sträuchern, Stauden und Einjährigen.

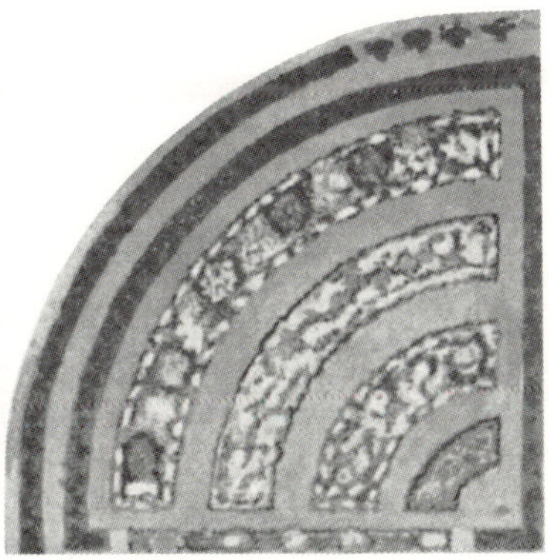

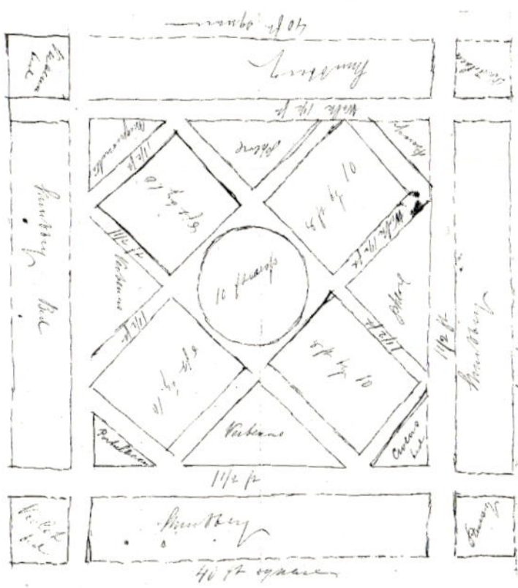

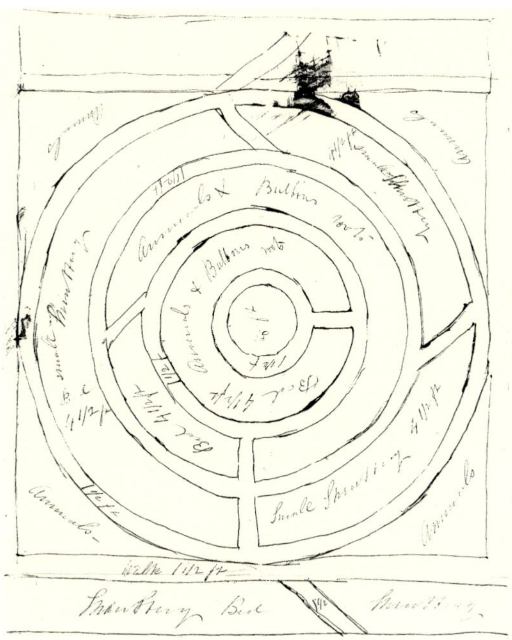

Oben und rechts. Diese Skizzen wurden unter den Papieren von Lady Jean Skipwith gefunden. Wahrscheinlich entstanden sie zwischen 1785 und 1805, sich auf bestehende oder geplante Blumengärten beziehend. Die äußeren Beete enthielten Sträucher, die inneren Einjährige, Zwiebel- und Knollenpflanzen. Die Wege waren nur 50 Zentimeter breit.

Oben. Diesen Entwurf zeichnete William Kent etwa 1730–33, wahrscheinlich für den Blumengarten von Lady Burlington auf Chiswick House (Twickenham, Middlesex). Er verdeutlicht, in welcher Form solche Anlagen die Ära der Landschaftsgärten überlebten: als kleine, in Senken versteckte Bereiche, die nur dem Genuß der Blumenpracht dienten. Hier spiegelt sich ein ländlicher Tempel in der ruhigen Wasseroberfläche eines kleinen Teiches, der gleichzeitig der Bewässerung dient. Die Blumen stehen in schmalen, halbkreisförmigen Beeten, die immer noch der *plate-bande* des vorangehenden Jahrhunderts verpflichtet sind. Ein schwarzer Diener bringt eine neue Kübelpflanze, ein wichtiger Bestandteil der Gärten des 18. Jahrhunderts.

EIN BLUMENGARTEN DES REGENCY

In diesem Garten leben Eleganz und kultivierte Lebensweise des Englands der Zeit Jane Austens im Kleinen wieder auf. Er vereinigt in sich architektonischen Charme, ländliche Einfachheit und eine Überfülle von Sträuchern und Blumen, die alle so angepflanzt wurden, daß sie von einer schützenden, hübschen Gitterveranda, einer Baumbank oder einer gotisierenden Laube aus betrachtet werden können. Dieser Gartenstil eignet sich hervorragend für Häuser auf dem Land. Damals trafen zwei veränderte Sichtweisen zusammen, die in einer Wiederbelebung des Blumengartens resultierten. Erstens entdeckte die Oberschicht ihre Vorliebe für die Ungezwungenheit des Landlebens. Die Furchtlosesten unter ihren Mitgliedern gaben ihre zugigen Hallen zugunsten seltsamer und gemütlich idealisierter Nachahmungen von Hütten armer Landbewohner (sogenannte *cottages ornés)* auf. Darum herum wollten sie passende, pittoreske Gärten sehen. Gleichzeitig, als Reaktion auf ein zunehmendes Interesse an der Natur, begannen Architekten und Gartengestalter wie Humphry Repton die Grenzen zwischen Haus und Garten durch reizvolle Kunstgriffe zu verwischen: Wintergärten, Flügelfenster, Terrassen, Veranden mit verschwenderischen Blumenvasen und Pflanzgefäßen drinnen und draußen.

Bis zum Beginn des 19. Jahrhunderts waren geometrische und ungezwungene, frei gestaltete Blumengärten gleichermaßen beliebt. Die Tradition der Blumengärten war ungebrochen, hatte allerdings ihren Zenit bereits überschritten. Die Beliebtheit der frei gestalteten Anlagen verdankte viel dem gefeierten Blumengarten in Nuneham Courtenay, den William Mason um 1770 anlegte. Repton nahm ihn sich zum Vorbild für seinen eigenen, kleinen Garten in Essex (1816). Mein eigener Entwurf bezieht sich eher auf Knowle Cottage in Devon (siehe S. 85). Im Zentrum habe ich ein Beet im Stil William Reptons vorgesehen mit korbartigem Gitter, das von zwei tränenförmigen Beeten flankiert wird. Sie beruhen auf Plänen in Maria Jacksons Buch *The Florist's Manual* (1822). Wie von Repton vorgesehen, sind die Beete zu etwa 30 Zentimeter hohen Hügeln aufgeschüttet und von außen nach innen mit Pflanzen zunehmender Höhe bepflanzt.

Das umgebende Strauchbeet beruht auf einem außergewöhnlichen Plan in J. C. Loudons *Encyclopaedia of Gardening* (1822), der Frühlingsblumen im Vordergrund vorsieht. An ihrer Stelle lassen sich später blühende Zwiebelgewächse, Stauden und selbst Einjährige verwenden. Da dieser Stil asymmetrisch ist, läßt er sich durch einfaches Verschieben oder Ausdehnen der Bäume, Sträucher oder Beete an jeden Standort anpassen.

Der Garten ist etwa rechteckig (18,30 x 24,40 Meter), liegt hinter oder neben dem Haus – genausogut könnte er als Vorgarten dienen – und fällt vom Haus her leicht ab. Die Veranda blickt nach Süden. Damit ein Blumengarten gedeihen kann, sollte er grundsätzlich nach Süden ausgerichtet sein.

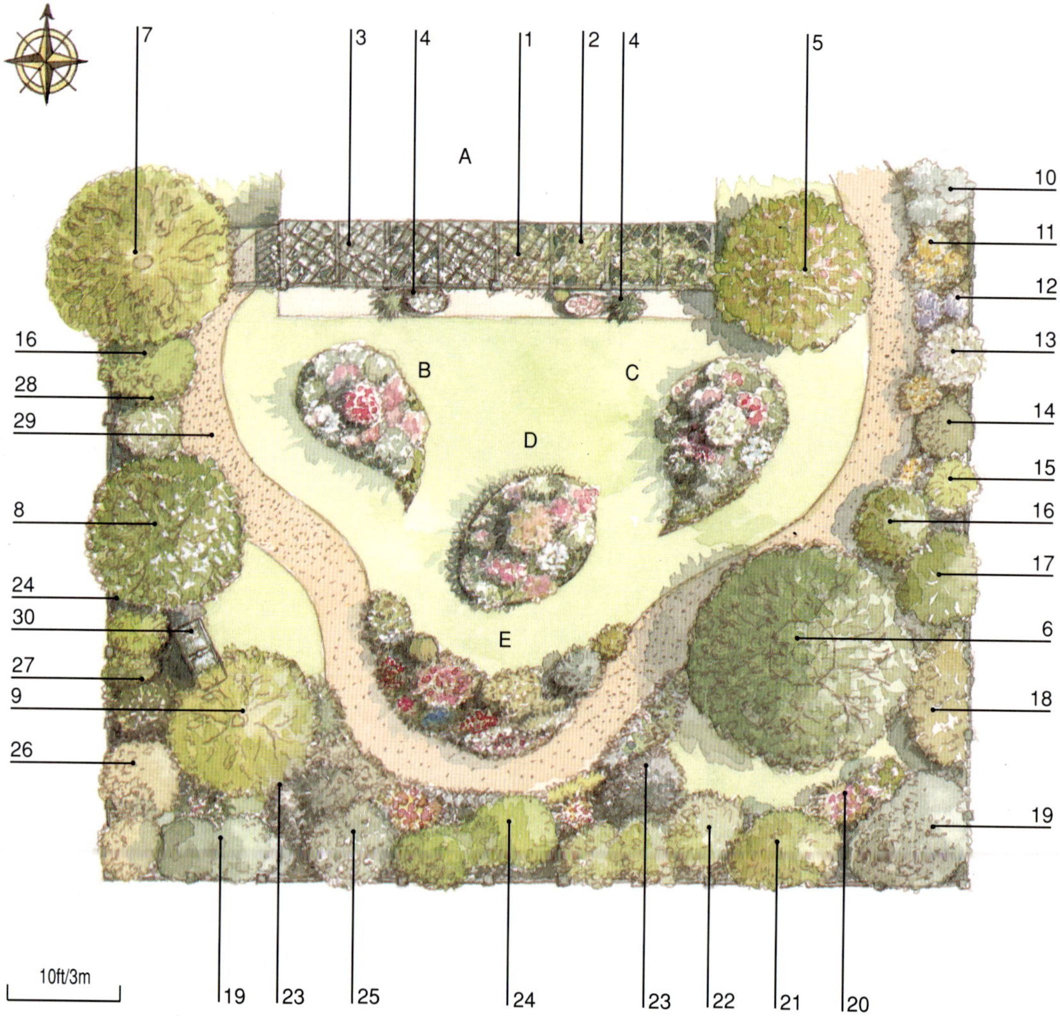

DIE VERANDA
Die einfache Gitterkonstruktion **(1)** wird Sommer wie Winter durch Wein *(Vitis vinifera)* **(2)** und Jasmin *(Jasminum officinale)* **(3)** reizvoll belebt. Repton, auf den die enorme Beliebtheit des Gitterwerks zurückgeht, schlug Geißblatt vor. Eine Reihe von Pflanzengefäßen **(4)**, hier mit *Agapanthus africanus* und Fuchsien, tragen zu der zauberhaften Wirkung bei. Nahe am Haus **(A)** steht ein Judasbaum **(5)** mit Büscheln rosafarbener Blüten.

DAS STRAUCHBEET
Die Bäume sollen auf kleinem Raum einen Eindruck von Vielfalt vermitteln: Walnuß *(Juglans regia)* **(6)**, Kronenapfel *(Malus coronaria)* **(7)** mit weißen und rosa Blüten sowie gröngelben Früchten, Eberesche *(Sorbus aucuparia)* **(8)** mit weißen Blüten und roten Früchten und eine Hängebirke *(Betula pendula)* **(9)** mit silbriger Borke. Im Vordergrund von Strauchbeeten des Georgian und Regency-Stils wuchsen die Blumen der Jahreszeit: Knollen- und Zwiebelpflanzen, Stauden und Einjährige; Topfpflanzen und vorgezogene Beetpflanzen dienten zum Füllen der Lücken. Wenn Sie Ihre Auswahl treffen (siehe S. 149), denken Sie an die damalige Vorliebe für Stockrosen, Türkenbundlilien, Akelei und Fingerhut, die in Tuffen, und für Rosen, die in Gruppen gepflanzt wurden. Im Plan sind vorgesehen: *Rosmarinus officinalis* **(10)**, *Phlomis fruticosa* **(11)**, *Lavandula angustifolia* **(12)**, *Syringa x persica* **(13)**, *Buxus sempervirens* **(14)**, *Genista tinctoria* **(15)**, *Crataegus monogyna* **(16)**, *Prunus lusitanica* **(17)**, *Cornus alba* 'Sibirica' **(18)**, *Taxus baccata* **(19)**, *Daphne mezereum* **(20)**, *Pyracantha coccinea* **(21)**, *Prunus laurocerasus* **(22)**, *Ilex aquifolium* **(23)**, *Viburnum tinus* **(24)**, *Viburnum opulus* **(25)**, *Aucuba japonica* **(26)**, *Rhamnus alaternus* **(27)** und *Arbutus unedo* **(28)**. Der feste Kiesweg **(29)** führt an zwei bequemen Bänken vorbei. Die erste steht in einer gotisierenden Laube **(30)**, über die Geißblatt und *Clematis viticella* ranken, die zweite wurde rund um den Walnußbaum errichtet. Beide sind im Handel erhältlich und werden wie das Gitterwerk gestrichen.

DIE BLUMENBEETE
Die drei Inselbeete **(B** bis **D)** messen höchstens 3–4,50 Meter in der Längsrichtung und brauchen etwa 1,50 Meter Abstand voneinander, so empfiehlt es Maria Jackson in *The Florist's Manual*. Sie sollten von den Fenstern des Hauses aus sichtbar sein und im Zentrum etwa 30 Zentimeter hoch aufgeschüttet werden. Die Mitte von Beet B und C nimmt jeweils eine Hochstammrose ein: die alte Rosa Mundi, die gleichalte 'Frankfurt' *(Rosa x francofurtana)* oder die rot überlaufene, weiße 'Félicité Perpétue' (1827). Darum herum gruppieren sich andere Rosen: die alte

Unten. Eine gotisierende Laube wie diese eignet sich gut für Gärten der Zeit von 1730 bis 1830. Als Anstrich käme verwaschenes Weiß, Grau oder Salbeigrün in Frage. Blühende Kletterpflanzen steigern ihre Wirkung.

'Blush Damask', 'Tuscany' (1596), *R. x centifolia* 'Mucosa' (bekannt im späten 17. Jahrhundert) und *R. centifolia* 'Cristata' (erstmals um 1820 erwähnt). Nach außen schließen sich mit abnehmender Höhe rosa Marienglockenblumen, weißer Fingerhut, Baldrian, weiße *Lychnis chalcedonica alba,* weiße Lupinen, rosa und weiße Stockrosen, *Santolina chamaecyparissus, Lilium candidum, Astrantia major, Artemisia pontica, Campanula trachelium* 'Alba Flore Pleno', *Veronicastrum virginicum album* und weiße Veilchen an. Das grün gestrichene, korbartige Eisengitter um Beet D muß speziell angefertigt werden und ist nicht unbedingt erforderlich, obwohl seine Wirkung entzückend ist. Dieses Beet enthält die gleichen Blumen wie B und C, in der Mitte wächst jedoch *Rosa* 'Blush Noisette'. Beet E wurde so angelegt, daß es von Haus und Weg aus bewundert werden kann. Dort wachsen immergrüne Hintergrundpflanzen wie *Juniperus communis, J. viriginiana* und *Euonymus americanus,* Immergrün als Bodendecker, der blühende Strauch *Daphne mezereum* und andere Pflanzen wie Bartnelken, Grasnelken, Jungfer-im-Grünen, Reseden, Glockenblumen und Löwenmäulchen, die auf Narzissen, Schachblumen, Schneeglöckchen und Träubelhyazinthen folgen.

Oben. Knowle Cottage in Sidmouth (Devon, um 1834) hat meinen Entwurf maßgeblich inspiriert. Die Rasenflächen fallen vom Haus her etwas ab und werden durch Beete in der Manier Reptons geziert. Im Wintergarten wachsen empfindliche Pflanzen, Kletterpflanzen überwuchern die Hauswände, und ein Pfad windet sich durch das Strauchbeet.
Rechts. Die gekrümmten Beete wurden in diesem Garten aus dem *Florist's Manual* (1822) auf der Rasenfläche angelegt und von Bäumen und Sträuchern umgeben.

Rechts. Das Auftauchen des Wintergartens gegen Ende des 18. Jahrhunderts bezeugt das riesige Interesse für Kübelpflanzen, die auch Haus, Terrasse und Garten schmückten. Diese Gruppe von Henry Repton besteht aus Tontöpfen, einem hölzernen Pflanzenkübel und den exotischeren Weidenkörben.

Das Zeitalter des Überflusses, 1820-1890

Die englische Führungsrolle in der Gartengestaltung hielt auch mit dem Fortgang des 19. Jahrhunderts an. Dafür waren vorwiegend soziale Gründe verantwortlich: England erlebte als erstes Land der Welt die Industrielle Revolution, die alle Schichten der Gesellschaft schmerzlich betraf. Fabrikschornsteine und Elendsquartiere, die sich über das Land ausbreiteten, riefen ein allgemeines Entsetzen hervor. Aus dieser Krise erwuchs der Kleingarten. In keinem anderen Land in Westeuropa entstanden jene Stadtlandschaften, die für große Teile Großbritanniens typisch werden sollten: Reihenhäuser, Doppel- und freistehende Einzelhäuser, jedes mit einer kleinen Parzelle für Blumen und Nutzpflanzen. Als Folge davon erschien in England erstmals eine entsprechende Gartenliteratur über die Anlage und Pflege kleiner Gärten. Pflanzenzüchter wie

Ein Ausschnitt aus dem Gemälde *The Rector's Garden: Queen of the Lilies* (1877) von Atkinson Grimshaw. Es zeigt den Garten auf Yew Court in Scalby (Yorkshire). Das Bild stellt exemplarisch einen sogenannten »altmodischen« Garten dar, der jedoch in der Tat in spätviktorianischer Zeit sehr modern war. Er vereinigte einen nostalgischen Rückgriff auf die Formalität – wie am Beispiel der beschnittenen Buchshecken zu sehen – mit einer gemischten Bepflanzung, die als Reaktion auf die Mode entstand, vorgezogene Beetpflanzen zu Farbblöcken zusammenzusetzen.

Gärtner reagierten damit auf die unermeßlich ansteigende Zahl von Gärten, die vorwiegend der Mittelschicht gehörten.

John Claudius Loudon (1783–1843), der die gesamte erste Hälfte des Jahrhunderts prägte, war die alles überragende Persönlichkeit dieser Strömung. Er brachte während seines Lebens ungefähr 60 Millionen Worte über Gartengestaltung und ähnliche Themen zu Papier. Wie die Umwälzung, die im Stil der Landschaftsgärten mündete, wurde auch die darauffolgende, neue Richtung durch eine Neubewertung der Einstellung zur Natur eingeleitet. Am Ende seiner Karriere (er starb 1818) behauptete Humphrey Repton: »Gärten sind eher Schöpfungen der Kunst denn der Natur.« Diese Einstellung schlug sich in seinem Werk in einer wiederauflebenden Formalität und der Schaffung unterschiedlicher Gartentypen nieder, verbunden mit deutlich historisierenden Tendenzen. Damit legte er den Grundstein für die Hochform des viktorianischen Stils. Loudon, der mit missionarischem Eifer Repton in der Führungsposition ablöste, übersetzte dessen Konzepte in eine Form, die in den neuen städtischen Kleingärten ihre Erfüllung fand.

Die betrachtete Epoche reicht von etwa 1820 bis 1890. Danach begann dieser Stil zu schwinden, da er durch William Robinson und seine neue, naturalistische Schule unter Druck geriet. Von 1820 bis 1860 jedoch war seine Anziehungskraft ungebrochen, und die geometrischen *formal gardens* breiteten sich aus. In der Tat war der Stil nicht neu, sondern er bestand aus einer Reihe von Nachahmungen der Gestaltungselemente verschiedener Länder und Epochen, neu interpretiert durch zeitgenössische Bepflanzung. Wie in der bildenden Kunst griffen die viktorianischen Zeitgenossen auch hier auf historische Formen zurück. Sie übernahmen freudig die ansprechendsten Elemente der französischen Barock- und Rokokoparterres, elisabethanische und jakobinische Knotengärten ebenso wie Villenterrassen im italienisierenden Stil und den Statuenschmuck. Obwohl sich diese Gärten unvermeidlicherweise stilistisch unterschieden, bildeten sie dank ihrer Vorliebe für Formalität eine Einheit. Gleichzeitig waren sie das ideale Vehikel für eine Entwicklung, die seit etwa 1850 dank der Pflanzenrevolution für jedermann zugänglich wurde: die im Gewächshaus vorgezogenen Beetpflanzen.

Die Massenkultur neu entdeckter und starkfarbiger, wenn auch empfindlicher Pflanzen, vorwiegend aus Süd- und Mittelamerika, lieferte die erforderlichen Blumen. In den gerade entstandenen Gewächshäusern konnten sie in riesiger Zahl unter Glas vorgezogen werden, bis sie im Mai ins Beet gepflanzt wurden. Ihre prachtvolle Vorherrschaft über den Blumengarten dauerte etwa vier Monate an, bis man sie im Herbst komplett entfernte. Pelargonien, Verbenen, Dahlien, Pantoffelblumen und eine lange Reihe heute vergessener Pflanzen mit prachtvollen, farbenfrohen Blüten oder Blättern wurden blockhaft in geometrischen Mustern im glatten, grünen Rasen ausgepflanzt. Verblüffende Farbkombinationen und Muster innerhalb der Beete prägten den Gesamteindruck und trugen ebenfalls zu der aufsehenerregenden Wirkung bei, die wir immer noch als Quintessenz des viktorianischen Stils erkennen.

Die Tradition des *gardenesque-style* des vorangegangenen Jahrhunderts setzte sich jedoch fort. Staudenbeete und Rabatten wurden das ganze 19. Jahrhundert hindurch angelegt, traten aber erst in dessen letzten Jahren wieder ins Rampenlicht. Gebräuchlicher war sicher bis zur Jahrhundertmitte der »gemischte« Blumengarten, der mit seinen Sträuchern und Stauden die Tradition des späten 18. Jahrhunderts aufnahm. Oftmals pflanzte man sie in gänzlich geometrisch angelegten Beetgruppen. Als dieselben Beete später mit vorgezogenen Beetpflanzen gefüllt wurden, änderten sie ihr Erscheinungsbild vollständig. Das dünne Rinnsal der auch im 19. Jahrhundert fortlebenden Tradition gemischter Blumengärten ist besonders wichtig, belegt es doch, daß William Robinson und Gertrude Jekyll die Staudenrabatte nicht erfanden, sondern sie nur wiederentdeckten und für ihr Jahrhundert neu gestalteten.

Eine andere Entwicklungslinie, die unter Repton begann, ihre volle Ausprägung aber erst mit dem fortschreitenden Jahrhundert erreichte, war die Zunahme verschiedener Gartentypen. Jeder von ihnen sollte als isolierte Einheit betrachtet werden. Neben dem Blumengarten gab es den Rosengarten, der seine Entstehung der explosionsartigen Vermehrung von Varietäten – buchstäblich Hunderte – und der Zucht von wiederholt blühenden Varietäten verdankte, die die sonst begrenzte Blütezeit lange ausdehnten. Gleichzeitig etablierte sich der Steingarten infolge der eingeführten Alpenpflanzen als selbständiger oder abgetrennter Teil eines größeren Gartens. Der »amerikani-

Der Rosengarten auf Warwick Castle (Warwick) wurde von Robert Marnock (1800–1889) im Jahr 1869 gestaltet und in den achtziger Jahren rekonstruiert. Bäume und immergrüne Sträucher frieden den abseits des Schlosses liegenden Garten ein. Er ist ein klassisches Beispiel für den Typus: Die Rosen, die an Säulen, Bögen und Festons emporwachsen, heben sich von frischem, grünem Rasen und Buchseinfassungen ab.

Links. Der Blumengarten auf Audley End House (Cambridgeshire) wurde ursprünglich 1832 von William Sawrey Gilpin angelegt. Um dem Stil des barocken Hauses zu entsprechen, nahm er bewußt den formalen Stil wieder auf. Diese Rekonstruktion aus dem Jahre 1990 beruht auf genauen historischen Studien und auf Archivarbeit (zum Teil originalen Pflanzenlisten). Mit seiner Bepflanzung setzte der Garten, der seine Glanzzeit um 1860 hatte, die Tradition des 18. Jahrhunderts fort, Rosen, Stauden und Einjährige zu vermischen.

Rechts. Diese Rabatte – ein Plan von 1840 verzeichnet ein Rabattenpaar – auf Arley Hall (Cheshire) zeigt, wie sich die viktorianischen Staudenbeete aus den gemischten Rabatten der Zeit Reptons entwickelten. Dieser fortlebenden Tradition gab die ›Wiederentdekkung‹ durch William Robinson und Gertrude Jekyll neuen Schwung. Auf Arley beleben hübsche Eibensäulen die Komposition.

sche« Garten kam auf, der Sträuchern, insbesondere Rhododendren aus Nordamerika, vorbehalten war; um 1850 erreichte die Farn-Manie ihren Höhepunkt.

Die Bedeutung der neuen Gartenzeitschriften für die Ausgestaltung kleiner Gärten kann kaum hoch genug eingeschätzt werden. Wieder war Loudon mit dem *Gardener's Magazine* (1826–1844) wegweisend. Es folgten regelrechte Massenblätter, die monatlich als illustrierte, preiswerte Zeitschriften erschienen. Dasselbe wiederholte sich auf dem Kontinent, und seit 1859 gab Andrew Jackson Downing (1815–52) – von Loudon inspiriert – das *Gardener's Monthly* in den Vereinigten Staaten heraus. Bücher über die Gestaltung und Pflege kleiner Gärten wurden zu Bestsellern. Einer der ersten und einflußreichsten dieser Gartenschriftsteller war Shirley Hibberd (1825–1890), der die Begeisterung Loudons erbte, die Mittelschicht in gärtnerischen Angelegenheiten weiterzubilden.

In den Vereinigten Staaten wurde die Gartengestaltung erst im 19. Jahrhundert mündig. In Andrew Jackson Downing fand sie ihren ersten wichtigen Vertreter, der seine Aufgabe allerdings vorwiegend in der Übertragung der Arbeit Loudons auf die amerikanischen Verhältnisse sah. Downing kreierte drei Stilrichtungen: die altmodische oder »geometrische« für öffentliche Gebäude und alte Häuser; die »schöne«, in der die kunstvoll gezähmte Natur vorherrschte, und schließlich die »malerische«, bei der die ungestümen, unregelmäßigen und ungebändigten Aspekte der Natur im Vordergrund standen. Damit endete die Geschichte der alten, umfriedeten Blumengärten. An ihrer Stelle entstanden unregelmäßige Beete zwischen gewundenen Pfaden vor einem Hintergrund aus Sträuchern und Bäumen: eine in der Tat verspätete Version des *gardenesque-style*.

Die nachhaltigste Auswirkung auf die Gestalt der kleinen amerikanischen Gärten hatte jedoch Frank J. Scotts Buch *The Art of Beautifying Suburban Home Grounds of Small Extent* (1870). Darin formulierte er ein Prinzip, in dem sich kleine amerikanische und europäische Gärten noch heute unterscheiden: Der Vorgarten sollte als durchgehende, nicht eingefriedete Rasenfläche von den Vorübergehenden bewundert werden können, während das Haus selbst von immergrünen Sträuchern umge-

Links. Das massenhafte Auspflanzen empfindlicher Pflanzen für die Sommermonate ist eine Neuerung gegen Mitte der viktorianischen Epoche. Städtische Gärten huldigen dieser Tradition noch immer. Öffentliche Parkanlagen sind ebenfalls eine viktorianische Erfindung. Im Lister Park in Bradford (Yorkshire) wurde die Pflanzung im Stil des vergangenen Jahrhunderts beibehalten: in Mustern angeordnete Massen von leuchtend gefärbten Pflanzen wie Leberbalsam, grauer *Senecio bicolor cineraria* und rote und rosa Pelargonien.

Rechts oben. Ein modernes Beispiel derselben viktorianischen Tradition im Badeort Cheltenham (Gloucestershire): Grünlilien umgeben scharlachroten Salbei, während Schönmalven und Hochstammfuchsien der Komposition Höhe verleihen.

Rechts unten. Diese Rekonstruktion einer teppichartigen Beetbepflanzung im Royal Horticultural Society Garden in Wisley (Sussex) entstand 1990. Die Einführung neuer, schönblättriger Zwergpflanzen aus Südamerika machte diese Neuerung um 1870 möglich. Die Erde wurde zu einem leichten Hügel aufgeschüttet und in Mustern bepflanzt. Gegen einen Hintergrund aus Fetthenne füllen Papageienblatt, *Echeveria* und Hauswurz die Muster aus. Diese Teppichbeete beeindrucken durch ihre Flachheit, wodurch sich ein Muster auf ideale Weise präsentieren läßt, und durch die fein abgestimmten Farbnuancen – vor allem im Vergleich zu den schreienden Farben der vorgezogenen Beetpflanzen.

ben war. Als Amerika begann, eine eigenständige Identität in der Gartengestaltung zu entwickeln, näherte die Erfindung der Dampfschiffe die beiden Kontinente wieder einander an. Als Folge davon gelangte eine riesige Menge von Pflanzen in die Alte Welt.

Praktische Vorteile werden leicht vergessen, für die Entwicklung eines Stils waren sie jedoch stets von ganz entscheidender Bedeutung. Zunächst wurde in dieser Epoche der Rasenmäher erfunden, der bereits um 1850 fabrikmäßig hergestellt wurde. Damit rückten die Rasenflächen erneut ins Zentrum der Gartengestaltung (eine Position, die sie seit damals nie wieder räumen mußten), im Idealfall ein makelloses Stück kurz geschnittenes, frischgrünes Gras. Mit dem Aufkommen der Wasserschläuche stellte nunmehr das Bewässern auch der größten Flächen zum ersten Mal kein Problem mehr dar. Die verbesserten Produktionsmethoden sorgten für die Belieferung des Gartenmarktes mit Strukturelementen aus Gußeisen, künstlichen Steinen und Terrakotta. Statuen, Urnen, Ziegel, Springbrunnen und Beeteinfassungen waren zu erschwinglichen Preisen als Zierde für das »geschmackvolle Haus« erhältlich. Die Produktion vorgefertigter rustikaler Möbel, Zäune und Gebäude aus behandeltem und gestrichenem Holz stieg gleichfalls an. Auch Draht kam sowohl für Gärten wie Wintergärten in vielerlei hübschen Formen auf den Markt, darunter Volieren, Lauben, Bögen, Pflanzenstützen und Blumenständer.

Gewächshäuser setzten sich durch. In England lag dies vor allem daran, daß nunmehr Tafelglas hergestellt werden konnte und die Glassteuer abgeschafft wurde. Damit hörten sowohl Wintergärten wie Gewächshäuser auf, ein Privileg der großen Häuser zu sein. In Gewächshäusern ließen sich Südfrüchte wie Weintrauben kultivieren, gleichzeitig dienten sie der Voranzucht der benötigten Beetpflanzen. Zunehmend stellten »Pflanzenjäger« in den Gewächshäusern ihre exotischen Beutestücke aus, die aus allen Kontinenten der Erde stammten. Daß nun Blumen ganzjährig aus den geheizten Gewächshäusern für das Haus zur Verfügung standen, wurde sogar noch mehr geschätzt.

Dies war auch das goldene Zeitalter des Küchengartens, der im 18. Jahrhundert so weit vom Haus verbannt worden war, daß sich niemand durch den Anblick profaner Nützlichkeit der dort arbeitenden Diener beleidigt fühlen konnte. Jetzt rückte der Küchengarten wieder ins Zentrum des Interesses und der Arbeit. Die Früchte der Erde, darunter viele exotische Varietäten, standen im wesentlichen ganzjährig aus hochentwickelter Produktion für den Verbrauch zur Verfügung. Wenn Loudon

Links. Die Tradition des *jardin-potager,* Obst, Gemüse und Blumen zu vermischen, geht bis auf die Renaissance zurück. Der Gemüsegarten des Château de Saint-Jean-de-Beauregard (Isle-de-France) stammt ursprünglich aus dem 17. Jahrhundert und wurde nach Art des *potager du roi* in Versailles angelegt. Die Fläche wurde geviertelt und jeder Abschnitt noch einmal in vier Teile geteilt. Spalierobstbäume bilden die ›Mauern‹ der Viertel und dienen als Kulisse für ein Staudenbeet des 20. Jahrhunderts. 1985 gestaltete man den Gemüsegarten mit einigen Veränderungen neu.

Gestaltungsmöglichkeiten selbst für den kleinsten Stadtgarten vorstellte, gab er stets Ratschläge, wie Obst und Gemüse integriert werden konnten. In Gärten einer angemessenen Größe waren sie ohnehin vorgesehen. Die Zucht neuer, verbesserter Varietäten, die nicht nur über längere Zeit geerntet werden konnten, sondern auch qualitativ bessere Produkte lieferten, förderte die enorme Zunahme des Gemüseanbaus.

Die Gartenarbeit, insbesondere auf kleinem Raum, genoß in der Gesellschaft des 19. Jahrhunderts einen hohen moralischen Stellenwert, weil zum Anbau von Gemüse und Blumen viel ehrliche, zermürbende Arbeit erforderlich war. Gemüse schätzte man wegen seines Nährwerts und Blumen wegen der sentimentalen Bedeutung, die ihnen die viktorianischen Zeitgenossen zuschrieben. Dieses Streben vereinte alle Teile der Gesellschaft, vom Lord in seiner Burg bis zum ärmsten Dörfler. In einer Epoche, in der das Stimmrecht eingeführt wurde, kam diesem einigenden Faktor mehr als nur schwärmerische Bedeutung zu. Im Garten gab es weder Herrn noch Knecht, er sollte die Gedanken der Menschen himmelwärts richten – zum Paradies und zum Garten Gethsemane – und ließ nur wenig Zeit und Energie für revolutionäre Politik übrig. Auch Frauen fanden ihre Aufgabe im Garten, gab es doch hier einige der wenigen Beschäftigungen, für die sich auch die zartesten Finger nicht zu schade waren. Trotz dieser frommen Lippenbekenntnisse zur Moral reden wir hier von einer Epoche, die sich dem Mammon verschrieben hatte, und der prahlerische, üppige und gepflegte – um nicht zu sagen übertriebene – viktorianische Garten demonstriert dies auf eindrucksvolle Weise.

Rechts. Haus und Garten von Malleny House in Balerno (Schottland) gehen auf das 16. Jahrhundert zurück, der Garten wurde jedoch erst gegen Ende des letzten Jahrhunderts restauriert. Damals lebte die Tradition der schottischen Gemüsegärten wieder auf. Kieswege verlaufen zwischen steingefaßten Beeten mit einer überquellenden, aber geordneten Mischung aus tief-mauvefarbenem Lavendel, blauem Borretsch, pastellnuancierten Edelwicken, die eine blühende Mauer bilden, Kopfsalat als Einfassung und Stangenzelten als Kletterhilfe für grüne Bohnen.

Oben. Ein Blick auf die Staudenbeete von Malleny House, von denen ein Eibenbogen zu dem jenseits liegenden Gemüsegarten führt. Die Stauden wuchern über den Weg, der gerade einem einzelnen das Durchkommen erlaubt.

EIN SÜDSTAATENGARTEN DES 19. JAHRHUNDERTS

Der Blumengarten, hier von der Pergola auf der Ostseite gesehen, mißt 9,10 x 12,20 Meter. Die zweite, hier nicht sichtbare Pergola auf der Nordseite führt zu einem Küchengarten und einem Geräteschuppen.

Dieser verführerische, umschlossene Garten mit seinem Kontrast aus schattigem Laubwerk und leuchtenden Blütenfarben demonstriert deutlich, daß in den Vereinigten Staaten die Tradition der *formal gardens* ungebrochen blieb. Nirgendwo war diese Tradition ausgeprägter als in den Südstaaten, wo spanische und französische Einflüsse bereits vor dem Eintreffen angelsächsisch inspirierter Ideen aus dem Norden Fuß faßten. Dank der exotischen Bäume, Sträucher und Blumen, die in dem feuchtheißen Klima üppig gediehen, nahmen die Gärten einen eigenständigen Charakter an. In New Orleans (Louisiana) mußten bei jedem Grundstücksverkauf detaillierte Pläne angefertigt werden – nicht nur vom Haus, sondern auch vom Garten. Daher bergen die notariellen Archive eine einzigartige Sammlung von Ideen für Gartenanlagen. Der hier vorgestellte Entwurf basiert auf einem Plan von 1844 für den kleinen Garten eines bescheidenen kreolischen Hauses.

Dieser Garten eignet sich nur für warmes Klima, kann allerdings durch andere Pflanzen kühleren Landstrichen angepaßt werden. Besonders bemerkenswert ist die von Glyzinen überwucherte Pergola, die vor der Veranda zwei der Blumenbeete überspannt. Die Veranda ist der Angelpunkt der gesamten Anlage, deren Schönheit von ihr aus genossen werden kann. Dazu gehört ein reicher Durchblick über rosafarbene Hibiskussträucher, deren Farbe durch beschnittene Immergrüne gedämpft wird, bis zu einer jasminumrankten Laube. Dahlien waren bis zur Jahrhundertmitte überaus beliebt. Dieser Garten wurde bewußt in intensiven Farben geplant, die im starken Sonnenlicht pulsieren. Die Symmetrie der Anlage wird durch eine farbenprächtige, lockere Pflanzweise aufgehoben.

Rechtwinklig zur ersten Pergola, die sich im Frühsommer mit lilafarbenen Glyzinenblüten schmückt, erstreckt sich eine ebenfalls weißgestrichene zweite, die von einem Weinstock umrankt wird. Diese Pergola erinnert daran, daß Louisiana im 18. Jahrhundert von den Franzosen gegründet wurde, denn die Ursprünge des *berceau,* der den Blumen- vom Gemüsegarten trennt, reichen drei Jahrhunderte weit zurück: bis zu den Gärten, die in *La Maison Rustique* beschrieben werden.

Bis auf die anfänglichen Anlagekosten ist dieser Garten nicht teuer. Die ursprünglichen Wege haben wahrscheinlich aus zerstoßenen Muschelschalen bestanden, Pflaster oder Ziegelsteine sind aber gute Alternativen. Der Pflegeaufwand hält sich ebenfalls in Grenzen: Großen Raum nehmen Bäume, Sträucher und Stauden ein, und zusätzliche Zwiebel- und Knollenpflanzen sowie Einjährige können die Blühsaison verlängern.

DER BLUMENGARTEN

Der Blumengarten wird durch einen Zaun mit *claire-voyée* **(1)** teilweise von der Straße abgeschirmt. Man betritt ihn durch ein schmiedeeisernes Tor **(2)**. Er ist viergeteilt mit einem runden Beet **(3)**von 3,60 Meter Durchmesser im Zentrum. Die vier umgebenden Spandrillenbeete müssen 2,40 x 3,70 Meter **(4)** bzw. 1,80 x 3,70 Meter sein **(5)**. Zu Füßen der Süd- **(6)** und Westbegrenzung **(7)** liegen schmale Beete (90 Zentimeter breit), die von weißgestrichenen, schräg-hochkant stehenden Ziegelsteinen eingefaßt werden. Die Wege **(8)** sind gepflastert, obwohl Ziegel oder feiner Kies gute Alternativen wären. Im mittleren Beet steht eine *Yucca filamentosa* **(9)** als Blickpunkt, die im Frühling von Tulpen und im Spätsommer von Dahlien eingerahmt wird (Tulpenzwiebeln müssen vor dem Auspflanzen in heißen Klimaten sechs bis acht Wochen im Kühlschrank vorbehandelt werden). Ein mögliches und ebenso wirkungsvolles Mittelstück wäre eine *Agave americana;* als vielfarbige Staude für die Einfassung eignet sich die Wunderblume *(Mirabilis jalapa)*. Die Spandrillenbeete **(4** und **5)** werden von vier prächtigen, rosafarbenen Hochstamm-*Hibiscus syriacus* **(10)** beherrscht. Den meisten restlichen Raum nehmen Hortensien und eingestreute Zinnien ein – im Schatten die Wedel von *Nephrolepis exaltata*. Jede Lücke sollte im Frühling mit Zwiebelgewächsen, im Sommer mit Einjährigen aufgefüllt werden. Die Randbeete werden je nach Lage unterschiedlich bepflanzt, mehrere kugelig beschnittene Buchsbäumchen **(11)** halten die Komposition zusammen. Aus dem innen nach Norden gerichteten Eingangsbeet erheben sich Palmen **(12)** *(Livistonia chinensis)* über Gardenien und Taglilien. Die innen nach Westen gerichtete Rabatte **(13)** im Schatten der Veranda enthält Efeu. Die nördliche Rabatte **(14)** vor der Pergola ist mit Tuffs von Taglilien und *Agapanthus* bepflanzt. An der ostwärts weisenden Wand steht eine Bank in einer Laube **(15)**, die von süßduftendem Jasmin umrankt wird. Die Beete **(7)** sind mit Sonnenblumen *(Helianthus annuus)* gefüllt (vorher *Eschscholzia californica*). Die an die Veranda angrenzende Pergola **(16)** wird von Glyzinen überwuchert. Die Pergola oder der *berceau* im Norden **(17)** mißt 12,10 x 2,40 Meter, wird von einem Weinstock umrankt *(Vitis rotundifolia)* und bildet einen Raum im Freien, geziert von einer Bank am Ende **(18).**

DER KÜCHENGARTEN

Der Küchengarten mit vier Beeten **(19)** von jeweils 4,60 x 1,50 Meter und einem schmalen, 90 Zentimeter breiten Beet **(20)** zu Füßen des Zauns mißt etwa 12 x 6 Meter. Weißgestrichene, schräg-hochkant gestellte Ziegelsteine fassen (wie im Blumengarten) das schmale Beet ein. Die vier Beete in der Mitte werden ebenfalls von weißen, allerdings flach ausgelegten Ziegeln eingefaßt. Schmale Wege ermöglichen den Zugang für die Bearbeitung. In diesen vier Beeten lassen sich Kräuter und eine bescheidene Auswahl an wechselnden Nutzpflanzen ziehen. Entlang der innen nach Süden weisenden Wand **(21)** werden Feigenbäume gepflanzt, die seitlichen Zäune tragen Spalierpfirsiche und -apfelbäume. Die Beete zu ihren Füßen bieten Raum für weitere Nutzpflanzen oder Blumen.

Oben. Anstelle des Küchengartens läßt sich auch ein schattiger Weg durch ein Strauchbeet anlegen. Hier ist es ein Kiesweg, während die Beete einmal mehr mit weißen, schräg-hochkant gestellten Ziegelsteinen eingefaßt wurden. Im Blickpunkt des Mittelbeetes steht ein Maulbeerbaum *(Morus alba multicaulis).* (Zwischen 1826 und 1841 – den Jahren des Seidenbooms – wurden in dieser Region wahrscheinlich mehr Maulbeerbäume als sonstige Bäume gepflanzt). Ein blühender Mandel- oder ein Granatapfelbaum wären attraktive Alternativen. Beidseitig davon stehen Rosen: *Rosa foetida* und *R. rugosa.* Die Spandrillen werden mit zwei hübschen *Myrica cerifera,* zwei Tannen und einer Mischung aus immergrünen und blühenden Sträuchern wie Gardenien, Oleander und Schneeball bepflanzt, die das ganze Jahr über reizvoll sind. Im Vordergrund verbleibt Platz für weitere Pflanzen.

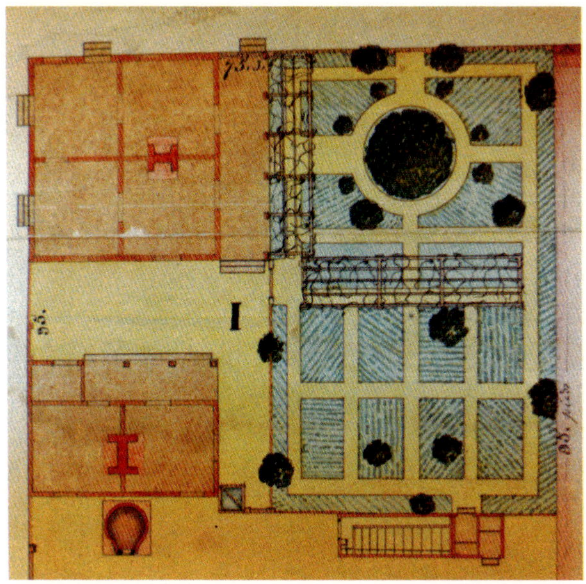

Oben und rechts. Dieses winzige kreolische Haus in New Orleans und sein Grundriß von 1844 bilden die Vorlage für meinen Entwurf. Die geometrische Struktur dieser Gärten und die Wertschätzung schattiger Pergolen ist auffallend. Durch ein Tor im hübschen Gartenzaun gelangt man direkt auf die Straße.

Links. Ausschnitt aus dem Grundriß eines anderen Besitzes in New Orleans (1847). Der *formal garden* für Blumen wurde anders angelegt, hinzu kommt ein Weg durch ein Strauchbeet – ein Überbleibsel aus dem 17. Jahrhundert mit einem Hauch englischen Landschaftsstils, der damals bereits in die geometrische, französische Tradition Louisianas einzudringen begann.

EIN VIKTORIANISCHER ROSENGARTEN

Die Ansicht eines von Girlanden umkränzten Rosengartens, der in voller Blüte steht, ist atemberaubend und als Gartenschauspiel unvergleichlich. Daher fehlten um die Mitte des 19. Jahrhunderts die Rosen in keinem Garten. Gefördert durch die beeindruckende Zunahme der Varietäten in der ersten Jahrhunderthälfte, wurden Rosen – bis dahin im Vordergrund der Strauchbeete – in eigenständigen Gärten angepflanzt. Auch heute sind Rosen im kleinen Garten, der sogar ein Rosengarten sein kann, durchaus lohnend, da die Blühperiode der modernen Zuchtformen deutlich verlängert ist.

Der berühmteste aller frühen Rosengärten wurde zwischen 1804 und 1809 von Kaiserin Josephine in Malmaison angelegt. In England verband sich die zunehmende Beliebtheit von Rosengärten mit einer Rückkehr zur Formalität. Dies kündigte sich im kreisförmigen Rosarium von Ashridge (Hertfordshire) an, das Humphry Repton 1813 anlegte: Blumenblattförmige Beete strahlen von einem zentralen Springbrunnen aus und werden von Rosenbögen eingerahmt. 1812 erschienen zwei Entwürfe für Rosengärten von J. C. Loudon im Druck – einer oval, der andere oktogonal –, die beide die geometrischen Prinzipien Reptons widerspiegelten. Das Schlüsselwerk der Epoche ist jedoch *The Rose Garden* (1848) von William Paul, in dem bekräftigt wird, daß Rosen in geometrischem Rahmen ideal zur Geltung kommen: »In Parallelogrammen, Quadraten, Kreisen, Ovalen und anderen regelmäßigen Formen ... stellen sich die Rosen zu ihrem besten Vorteil dar.« Dazu kam noch seine Vorliebe für Beete, die in den Rasen geschnitten wurden, »wovon sich die blühenden Pflanzen viel besser abheben als von Kies«.

Mein Entwurf beruht jedoch auf dem einflußreichen Werk *How to Lay out a Garden* (1850) von Edward Kemp, in dem er einen Garten inmitten eines immergrünen Gehölzes aus Koniferen beschreibt. Als direkte Umgebung wählte er jedoch verschiedene Ilexarten, die durch kontrastierendes Laubwerk und kräftiggefärbte Beeren die Komposition bereichern. Ein gelungener viktorianischer Rosengarten hängt entscheidend von einem markanten und symmetrischen Grundriß ab. Zudem müssen ausreichend vertikale Strukturelemente vorhanden sein, entlang derer die Rosen nach oben streben. Den größten finanziellen Aufwand erfordern die Säulen, Ketten und Bögen, die im Idealfall vorgefertigt und in Beton eingelassen werden sollten. Lärchenpfosten und Seile eignen sich als ansprechende, rustikale Alternative, sind aber weniger dauerhaft. Zur Pflege gehört das Auslichten, Hochbinden, Düngen, Unkrautjäten und das Säubern der Wege.

Ein Rosengarten verlangt nach einem sonnigen und geschützten Standort. In der viktorianischen Epoche lag er traditionell innerhalb eines lockeren Strauchbeetes, das vorwiegend aus Immergrünen bestand (die einschließende Eibenhecke ist eine Neuheit, die auf die Zeit Gertrude Jekylls zurückgeht). Dieser Garten mißt 12,20 Meter im Durchmesser, etwas mehr Größe bekäme ihm aber gut, da dann die Grasfläche in der Mitte und die vier ovalen Beete erweitert werden könnten.

DIE ROSEN
Der Plan sieht 36 Rosen in Weiß, Rosa und Rot/Rotbraun vor (Gelb erschien erst gegen Mitte des Jahrhunderts), die alle, wie von Loudon vorgesehen, typmäßig geordnet sind. Je nach den lokal erhältlichen Rosen wird das Pflanzschema verändert werden müssen, wichtig ist jedoch stets die Beschränkung auf wenige Farben. In Katalogen mit alten Rosen weichen mitunter die Jahreszahlen der Einführung bestimmter Rosen voneinander ab. Da viele dieser Rosen nur für kurze Zeit blühen, können Sie auch moderne, wiederholt blühende verwenden, wie sie zum Beispiel heute von David Austin gezüchtet werden. Sie gleichen den alten Varietäten und haben sich deren zarte Farben bewahrt.

DER RINGWEG
Der Garten wird von einem ringförmigen Kiesweg **(1)** umgeben. Er ist 1,50 Meter breit und wird von Ziegelsteinen eingefaßt. Die vier Zugänge mit jeweils einem Bogen **(2)** von etwa 1,80 Meter Breite und 2,40 Meter Höhe werden von der gefüllten weißen Noisette-Rose 'Aimée Vibert' (1828) hoch umrankt. Einer oder mehrere dieser Bögen ließen sich in eine Laube mit Sitzplatz verwandeln. Die Säulen und Girlanden **(3)** bilden einen durchgehenden Fries aus der tief rosafarbenen Bourbon-Rose 'Zéphirine Drouhin' (1868), der die Komposition zusammenhält.

DAS ZENTRALE BEET
Das zentrale Beet hat einen Durchmesser von 3 Meter. Die etwa 1,80 Meter hohe Urne **(4)** in der Mitte wird erhöht aufgestellt, so daß sie auch aus der Entfernung durch die Eingangsbögen wahrgenommen werden kann. Glücklicherweise gibt es steinerne Nachbildungen im entsprechenden Stil zu kaufen. Die Urne läßt sich durch eine Gruppe Hochstammrosen ersetzen – dafür trat Loudon ein – allerdings auf Kosten eines ganzjährig architektonischen Effektes. Die Urne wird von vier weißen Alba-Rosen **(5)** umgeben: 'Alba Maxima', die Jakobiter-Rose (eine alte Varietät), 'Mme Legras de Saint Germain' (vor 1848), 'Mme Plantier' (1835) und 'Alba Semiplena' (alt).

DIE RUNDBEETE
Vier weiße Trauerstammrosen 'Félicité Perpétue' (1827) stehen, wie von Kemp empfohlen, in separaten Beeten **(6),** die hier einen Durchmesser von 90 Zentimeter haben und mit Lavendel unterpflanzt werden (Veilchen wären auch möglich).

DIE OVALBEETE
Jedes mißt etwa 2,40 x 1,20 Meter und enthält Rosen eines einzigen Typs in gleichen Farbtönen. Wenn mehr Platz zur Verfügung steht, kann jedes Beet mit weiteren Rosen gleichen Typs und gleicher Farbe bepflanzt werden. In einem Beet **(7)** stehen Moosrosen in Schattierungen von Karmesinrot, Braunrot und Purpur: 'Capitaine John Ingram' (1854) und 'Nuits de Young' (1845), im Beet daneben **(8)** die rosa Damaszenerrosen 'Celsiana' (vor 1750) und 'La Ville de Bruxelles' (1849), möglich wären auch 'Marie Louise' (Malmaison 1813) oder 'Quatre Saisons' (alt). Das Beet **(9)** gegenüber den dunklen Moosrosen ist ebenfalls mit in Karmesinrot, Braunrot und Purpur gehaltenen Gallica-Rosen bepflanzt: 'Tuscany Superb' (vor 1845) und 'D'Aguesseau' (1823), Sie können aber auch 'Cardinal de Richelieu' (Lafayette 1840) oder 'Président de Sèze' (um 1836) verwenden. Das vierte Beet **(10)** spie-

Oben. Ein alternativer Gestaltungsvorschlag sieht nur zwei Eingänge vor. Ein zentraler Teich wird von vier langen Beeten umgeben. Sie sind buchsgefaßt und enthalten jeweils nur einen Rosentyp. Dazwischen stehen an Pfeilern gezogene Rosen.

gelt sein rosa Gegenüber wider, allerdings mit Zentifolien: *Rosa x centifolia* 'Cristata' (Chapeau de Napoléon, 1827) und *R. x centifolia* (alt). Wenn der Rosengarten Ihr einziger Garten ist, werden Sie sich sicher bereits im Frühling und auch noch im Spätsommer an ihm erfreuen wollen – was in der Tat völlig stilgerecht wäre. William Paul von der Landschaftsgärtnerei Major & Son in Leeds gibt folgenden Rat: »... die Beete können mit Gruppen von früh blühenden Knollen-und Zwiebelpflanzen besetzt werden, um die Blütenpracht der Rosen vorwegzunehmen. Nach der Blüte können die Zwiebeln und Knollen entfernt werden. Ihren Platz nehmen nun verschiedene Formen von Einjährigen ein, die die Rosenblüte ausklingen lassen. Daher käme zunächst die Blüte der Frühblüher, dann die großartige Entfaltung der Rosen und schließlich das Schauspiel der Einjährigen.«

Oben. Dieses Aquarell von Thomas Hunn zeigt den Rosengarten von Clandon (Surrey) in spätviktorianischer Zeit. Der zentrale Teich spiegelt die Blüten auf den umgebenden Bögen wider. Die flankierenden Beete enthalten Strauch- und Hochstammrosen neben Kletterrosen, die an Säulen hochgezogen werden. Die Anlage ist typisch geometrisch und symmetrisch, sie nutzt Bögen und Stützen, um die Blüten in der Höhe zur Entfaltung zu bringen.
Unten. Vier Rosenstützen, die von Pyghtle um 1910 angeboten wurden. Sie bestanden aus Eisen und grün gestrichenem Holz. Ähnliche Formen kommen heute langsam wieder in den Handel.

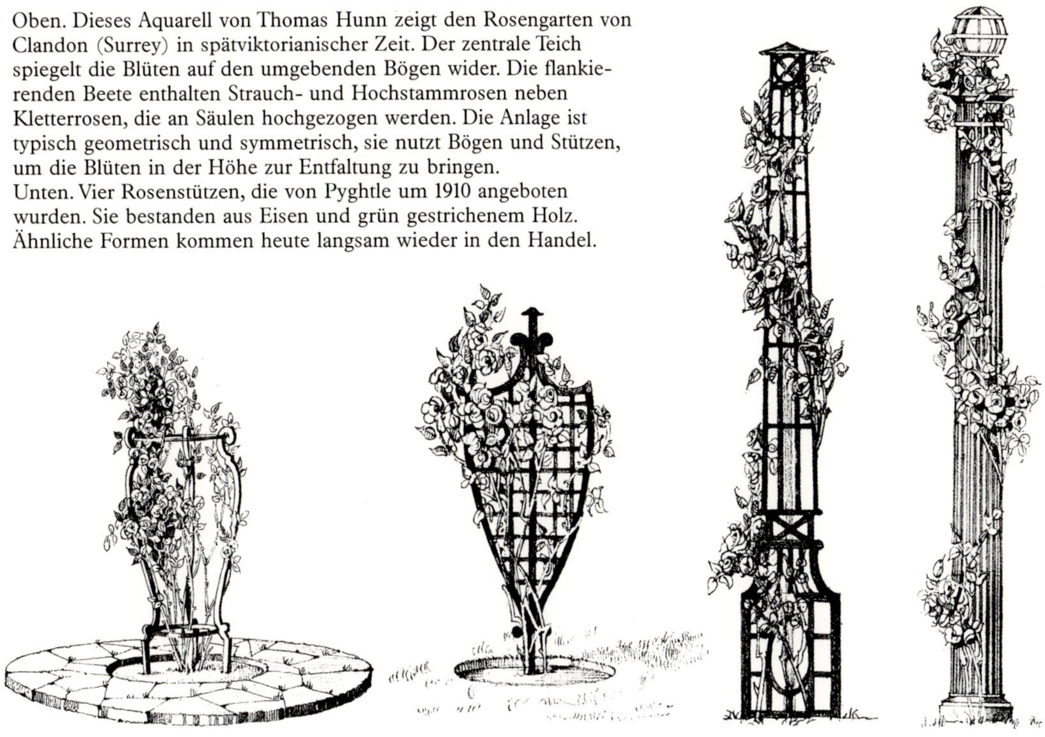

EIN VIKTORIANISCHER HINTERGARTEN

Dieser Garten, sofern in kunstvoller Ordnung gehalten, wird Sie mit einem Anblick häuslicher Schönheit belohnen, der es wert wäre, auf einer viktorianischen Valentinskarte zu erscheinen. Mit seiner merkwürdigen Mischung aus Ordnung und Unordnung, Licht und Schatten, Puritanismus und Sinnesfreude spiegelt er die Mentalität einer Epoche wider, in der strenge moralische Werte mit einer ziemlich gefühlvollen Empfindsamkeit kombiniert waren. Die Rekonstruktion eines solchen Gartens bereitet nur wenige Schwierigkeiten, da die Bestandteile dieses Stils nie vollständig verschwanden. Die Grundstruktur vieler ursprünglicher Gärten läßt sich noch aufspüren, stilgerechte Pflanzen – oder ihre modernen Nachfahren – sind noch erhältlich und ebenso viele der sonstigen Ausstattungselemente als Originale oder Reproduktionen.

Winzige, häufig rechteckige Gärten waren während des Baubooms in den Städten der Epoche durchaus üblich. Zu den produktivsten und besonders einflußreichen Autoren, die über kleine Stadtgärten schrieben, gehörte Shirley Hibberd (1825–90), dessen überall beliebtes *Rustic Adornments for Homes of Taste* 1856 erstmals erschien und mehrmals aufgelegt wurde.

Mein Vorschlag ließ sich von Hibberds Vorstellung eines idealen Entwurfs für »selbst den kleinsten Vorstadt- oder Stadtgarten, der vielleicht 60 bis 90 Fuß lang und 20 bis 30 Fuß breit war«, inspirieren. Der Stil gibt zwar vor, Kunst und Natur in sich zu vereinen, ist aber in Wirklichkeit eine vollständige Kunstform. Loudon taufte ihn *gardenesque,* und er erreichte in den fünfziger und sechziger Jahren des 19. Jahrhunderts seine höchste Popularität. Wir sollten Hibberd selbst zu Wort kommen lassen: »In der Mitte liegt ein Rasen, in den ein zentrales ovales und zwei kleine runde Beete eingeschnitten werden. Ringsum an der Mauer verläuft eine schmale Rabatte, die vom Rasen durch einen durchgehenden Weg getrennt wird. Efeu, Clematis, Jasmin und andere Kletterpflanzen verkleiden die Mauern … Zu Füßen der Rückwand wird die Rabatte böschungsartig erhöht … Zwischen den Steinen muß genügend Raum für Pflanzen verbleiben. In einer Ecke sollte ein einzelner Flieder oder Ilex, in einer anderen ein paar Rhododendren gepflanzt werden. Eine seitlich plazierte Weißpappel, Birke oder jeder andere Baum steigert noch die Wirkung.«
Die Rückwand sollte von Jasmin, Efeu oder Wildem Wein bedeckt werden, in der Tat eignet sich alles ›Dunkle‹. Die Böschung selbst ist mit Frühlingsblumen übersät, die im Sommer von »leuchtenden Verbenen, Heliotrop, Habichtskraut, gelbem und weißem Steinkraut abgelöst werden. Efeu überzieht in

Markante Farben und Muster gehören als zentrales Gestaltungsmerkmal zu jedem viktorianischen Blumengarten: Hier erheben sich die weißen Hochstammrosen 'Félicité Perpétue' über einen Teppich aus roten Pelargonien, die von Lobelien und Steinkraut eingefaßt werden.

einer Ecke als Kontrast zu den nebenstehenden Blumen einen Stein als üppig wuchernde Kuppe.« Das gilt für eine nach Süden weisende Wand, während unsere gartenwärts nach Norden gerichtet ist. Hibberd hätte wohl geschrieben »ein dunkles laubenartiges Fleckchen, das Licht benötigt«. Daher empfehle ich weiße Steine, denen ich eine Anzahl von Farnen – typisch viktorianisch – und einige andere schattenverträgliche Pflanzen zugesellt habe.

Im Hauptrasen liegen zwei asymmetrische Blumenbeete, die die Kurven des umgebenden Weges wiederaufnehmen. Blumenbeete der viktorianischen Epoche führten entweder die *gardenesque-style-*Tradition lockerer, zwangloser Formen mit gewundenen Wegen weiter oder bauten auf symmetrischen, geometrischen Mustern auf, die in rechteckige oder quadratische Rasenflächen geschnitten wurden. Die Beete erscheinen in typisch viktorianischer Gestalt mit starkfarbigen, vorgezogenen Einjährigen, blockhaft zu Mustern zusammengestellt.

Vorgesehen sind weiterhin eine Laube mit einem rustikalen Sitzplatz, Keramikziegel mit Kordelmuster als Beeteinfassung, Terrakottaurnen, ein Eingangsbogen und eine stimmungsvolle Statue, die ruhig die Szene überblickt. Alle diese Zutaten sind als Reproduktionen erhältlich und können selbstverständlich nach Belieben angeordnet werden.

Dieser nordwärts gerichtete Steingarten bildet den Abschluß eines typischen rechteckigen Stadtgartens (18,30 x 7,60 Meter).

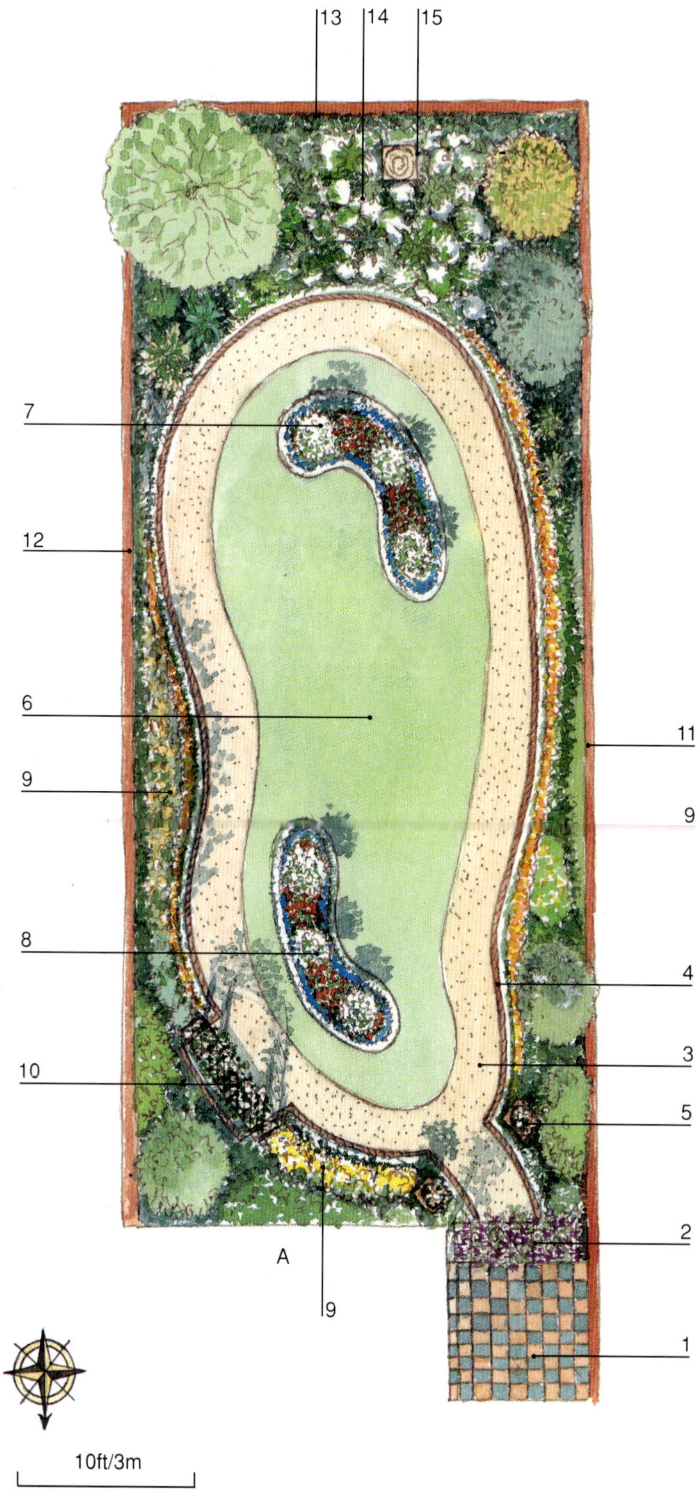

Von der Terrasse **(1)** aus betritt man den Garten durch einen Drahtgitterbogen **(2),** über den eine *Clematis x jackmannii* wuchert, die während des Sommers blauviolette Blüten trägt. Er führt zu einem schmalen, 90 Zentimeter breiten Kiesweg **(3),** der von Keramikziegeln mit Kordelrand **(4)** eingefaßt wird. Nachbildungen sind zwar erhältlich, allerdings nicht unbedingt notwendig. Statt dessen können schräg-hochgestellte, alte Ziegelsteine verwendet werden. Den Eingang zum Garten flankieren Terrakottaurnen **(5)** mit kriechenden weißen Pelargonien. Der Weg läuft rings um eine Rasenfläche **(6)** in der Mitte, in die zwei geschwungene Beete **(7 und 8),** bepflanzt mit roten, weißen und blauen Einjährigen (siehe S. 104), eingelassen werden. Wer mehr Wert auf eine möglichst große Rasenfläche legt, könnte nach typisch viktorianischer Art den Rasen rechteckig anlegen und ihn mit geraden Wegen und schmalen Rabatten längs der Einfriedung umgeben. Statt der asymmetrischen Inselbeete sorgen dann schmale, bandförmige Beete am Rasenrand – unterbrochen durch runde Beete für Hochstamm- oder Säulenrosen in den Ecken – für Blütenfülle. Die Rabatten **(9)** werden ebenfalls von weißem Steinkraut eingerahmt, dahinter steht jedoch eine Mischung verschiedenster Pflanzen wie gelbe Löwenmäulchen, weiße Madonnenlilien *(Lilium candidum)*, zartgelbe Stockrosen und *Elaeagnus angustifolia,* die im Frühsommer cremige Blüten zieren. Als weitere, typisch viktorianische Blumen könnten *Dicentra spectabilis,* Japanische Anemonen, Salomonssiegel (das sich auch zwischen den Farnen wohlfühlt), Nelkenwurz, Päonien, *Phlox paniculata* 'Alba' und *Iris germanica* gepflanzt werden. Am Haus **(A)** steht eine rustikale Bank **(10)** unter einer weißen Laube (je nach Vorliebe auch aus einfachen Lärchenstämmchen), über die eine cremigweiße Rose *R.* 'Climbing Sombreuil' und ein Geißblatt klettern. Dahinter berauscht der Flieder *(Syringa x persica)* im Frühling mit seinem Duft. Nachbildungen von viktorianischen Lauben und Bögen sind im Handel erhältlich, Sie sollten aber auf Stilechtheit achten.

DIE MAUERN

Mit Hilfe von Gittern, die mit Holzschutzmittel behandelt werden, lassen sich die Mauern auf 2,30 Meter erhöhen. Ein üppiger Bewuchs mit Kletterpflanzen schafft eine intime Atmosphäre. An der Westmauer stehen ein Feuerdorn **(11)** und ein panaschierter Efeu; die Ostmauer **(12)** ziert Wilder Wein *(Parthenocissus quinquefolia)* und die Südmauer **(13)** dunkelgrüner Efeu sowie ein Jasmin *(Jasminum officinale)*, die angeordnet werden, als würden sie die Statue einrahmen.

DER STEINGARTEN

Die Steine **(14)** sollten von vorne bis zur Wand auf 1,10 bis 1,20 Meter ansteigen und wegen der Nordexposition hell gefärbt sein. Als Blickpunkt im Zentrum dient eine stimmungsvolle Statue **(15).** Sie wird auf der einen Seite von einer Silberbirke *(Betula papyrifera)* flankiert, auf der anderen von einem goldrandigen *Ilex aquifolium* und einer gelben Azalee *(Rhododendron luteum)*. Zwischen den Steinen wuchern kriechender Efeu, Hauswurz, Funkien und Farne. Einen reizenden Frühlingsaspekt erzielt man mit locker verteilten Krokussen, Hyazinthen, Osterglokken und Schneeglöckchen, während später im Jahr Maiglöckchen und Türkenbundlilien diese Aufgabe übernehmen. Wird kein Steingarten gewünscht, eignet sich ein dichtes Strauchbeet – vorwiegend mit Immergrünen – als alltäglichere, aber dennoch stilechte Alternative.

Oben. Ein seltener, früher Farbdruck, der den Steingarten der Horticultural Society um 1850 zeigt. Bepflanzt ist er mit einer Mischung von Zwergkoniferen, einer Yucca-Palme und Einjährigen wie Fingerhut, Salomonssiegel und kleinen Alpenpflanzen.
Unten. Ein viktorianischer Hintergarten in seiner Glanzzeit (1875). Dichte Hecken aus Immergrünen, Hintergrund für das musterartig bepflanzte Beet in vorwiegend Rot, Weiß und Grau, schirmen ihn von den Blicken der Nachbarn ab. Damit eine möglichst große, unberührte Rasenfläche verbleibt, zieht sich der von einer eisernen Pergola überwölbte Gartenweg nur auf einer Seite entlang. Am Ende des Gartens stehen die Gewächshäuser.

Oben und unten. Hölzerne und eiserne Gartenmöbel sowie ein dekorativer Eisenbogen waren gegen Ende der viktorianischen Epoche überall erhältlich – hier aus einem Warenhauskatalog von Harrods (1895). Ähnliche Stilmöbel bietet der Handel heute wieder an.

EIN VIKTORIANISCHER BLUMENGARTEN

Die spektakulären, oft höchst komplizierten Blumenmosaiken aus der Mitte des 19. Jahrhunderts verdeutlichen das viktorianische Gespür für Farbe und die Wertschätzung des dekorativen Details und sind eine geeignete Ergänzung zum architektonischen Gepräge der Epoche. Heute eignen sie sich bestens für Vorgärten, die häufig kleiner sind, aber mehr beachtet werden.

Die viktorianische Ära war die Glanzzeit des Blumenbeetes, das die Gärten der Epoche im Unterschied zu allen Vorgängern maßgeblich bestimmte. Das neue Interesse für Blumen bezeugt eine umwälzende Veränderung in der Art der Gartengestaltung: weg von den dominierenden Formen und Linien des 18. Jahrhunderts und hin zur Vorherrschaft der Farbe. Von den vielen Phasen, die der Blumengarten im Laufe seiner Geschichte durchlief, war die Verwendung vorgezogener Beetpflanzen besonders typisch für das viktorianische Zeitalter. In den neuen Gewächshäusern konnten kommerzielle Gärtnereien Tausende empfindlicher Einjähriger anziehen, die in den Sommermonaten auf das Auspflanzen warteten. Mit ihren leuchtenden Farben eröffneten neue Blumen wie Pantoffelblumen, Salbei und Lobelien aufregende Möglichkeiten, Muster im Garten anzulegen. Kräftige, heute nicht mehr moderne Farben waren damals neu und anregend. Diese Vorliebe für starke Effekte beschränkte sich selbstverständlich nicht auf den Garten. Sie fällt genauso in der Innendekoration auf und erreichte ihre vielleicht stärkste Ausprägung in den Gemälden der Präraffaeliten.

Die Mode, Pflanzen mit kräftiggefärbten Blüten und Blättern in allen Schattierungen von Grün, Gelb, Rot und Purpur gruppenweise zu arrangieren, entstand in den großen Landhausgärten während der dreißiger Jahre des 19. Jahrhunderts. Voraussetzung war unter anderem die seit 20 Jahren andauernde Einfuhr von halbwinterharten und empfindlichen, meist amerikanischen Einjährigen. Über Details gab es hitzige Kontroversen zwischen den Gartenautoren der Epoche, einig waren sie jedoch, wenn es um den Idealplan für einen Blumengarten ging: Er sollte nach Süden exponiert sein und in glattem, grünem Rasen angelegt werden – eine zusätzliche Neuheit, die durch die Erfindung des Rasenmähers ermöglicht wurde. Die Muster waren unverändert geometrisch, beim Entwurf neuer Anlagen galt es nur darauf zu achten, daß der Rasenmäher zwischen den Beeten geführt werden konnte. Viele Gartenbücher der Epoche bieten Anregungen für Entwürfe und Pflanzweisen. Eines der einflußreichsten war Shirley Hibberds *The Amateur Flower Garden* (1871), das als Reprint erhältlich ist. Der vorliegende Entwurf bezieht sich in vereinfachter Form auf *Plans for Flower Gardens, Beds, Borders, Rosaries, and Aquariums* (etwa 1874), herausgegeben vom *Journal of Horticulture*.

Im Spätsommer werden die Beete am Rande mit grauem *Senecio bicolor cineraria* bepflanzt. Dazwischen stehen rote *Begonia semperflorens* und purpurrote *Verbena rigida*. Als vertikaler, zentraler Blickpunkt dient ein roter *Phormium tenax*.

Für die viktorianischen Zeitgenossen hatten solche Blumengärten nur einen Nachteil: von Oktober bis Mai waren sie verwaist. Um dies auszugleichen, bepflanzte man die Beete selbst im Winter. Laubwerfende und immergrüne Sträucher mit attraktiven Blattfarben, Beeren und Blüten, die zusammen mit Knollen und Zwiebeln für den Frühling im Oktober ausgepflanzt wurden, bereicherten Winter und Vorfrühling. Danach wurden sie den Sommer über, wenn farbenprächtigere und exotischere Pflanzen die Szene beherrschten, in einen anderen Gartenbereich verbannt. Da heute kaum jemand über den Platz verfügt, solche jahreszeitlichen Pflanzen unterzubringen, sieht mein Entwurf einen Mittelweg vor. Ausdauernde Immergrüne liefern vertikale Akzente und dienen als Einfassung, während im Frühling Zwiebelgewächse, dann im Sommer Einjährige (und einige Stauden) und im Herbst schließlich Stiefmütterchen das Beet zieren. In jedem Fall müssen die Muster prägnant und im Idealfall darf keine nackte Erde sichtbar sein. Der heutige Farbgeschmack bevorzugt eher gedämpfte, sanfte Töne; in einem typisch viktorianischen Beet sollten die Farben jedoch kräftig sein, wenn auch nicht notwendigerweise grell. Zwei Faustregeln sind hier hilfreich: Erstens müssen die dämpfenden Laubtöne von Beet- und Rabattenpflanzen gebührende Beachtung finden; zweitens darf Gelb nur außen und niemals im Zentrum verwendet werden. Dadurch erscheint der Blumengarten größer.

Die Beete (4,50 Meter im Quadrat) werden in den Rasen geschnitten. Steht mehr Raum zur Verfügung, kann die Proportion auf 7,60 Meter im Quadrat erweitert oder die Gruppe doppelt oder vierfach angelegt werden. Jeder Blumengarten sollte südlich gerichtet sein, dieser hier weist nach Südosten.

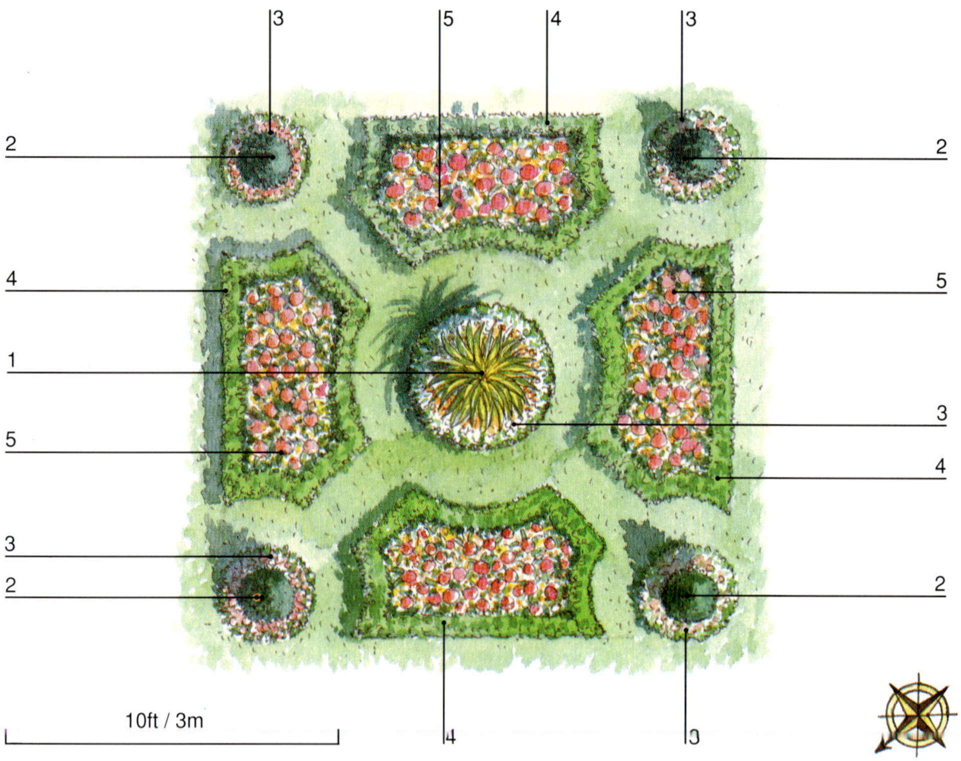

Oben. Wer sich daran versuchen möchte, wirklich stilrein zu gestalten, sollte auf diesen komplizierteren Entwurf zurückgreifen. Der juwelenartige Effekt beruht auf der sommerlichen Bepflanzung mit Einjährigen. Die vier Spandrillenbeete werden von weißen Zwerggeranien gesäumt. Zwei enthalten scharlachrote Pelargonien, die beiden anderen gelbe Pantoffelblumen. Graues *Cerastium tomentosum* rahmt die äußeren vier Sechseckbeete ein, die mit blauen Lobelien bepflanzt werden. Das Mittelbeet fassen wieder weiße Zwerggeranien ein. Im Innern stehen purpurne Zwergfuchsien und in der Mitte eine Hochstammfuchsie. Sie können auch Ihr eigenes Beet entwerfen und es jedes Jahr mit wechselnden Farben und Blumen gestalten, wenn Sie bestimmte Regeln einhalten: Die Randpflanzen müssen niedrig sein; die Beetpflanzen gleich hoch. Es darf keine Erde sichtbar werden. Ein oder mehrere vertikale Akzente sind notwendig. Die Beete müssen vor allem in der Mitte erhöht sein. Streben Sie ausgeglichene Farben an, nicht jedoch spiegelbildlich. Bepflanzen Sie niemals das Zentrum in gelben Farben.

DIE BEETE

Die Liste auf Seite 150 enthält Pflanzen, die sowohl für die Beetfläche wie den Rand geeignet sind. Beete wurden zur Mitte hin noch erhöht, besonders ausgeprägt beim zentralen Beet. Für die Bepflanzung muß die Größe der Gewächse berücksichtigt werden: niedrige am Rand und höhere im Zentrum des Beetes. Als prägnanten Blickpunkt für die Mitte habe ich *Phormium tenax* **(1)** vorgesehen, der während der viktorianischen Epoche als Exot aus Neuseeland eingeführt wurde. Möglich wäre auch eine Hochstammfuchsie für den Sommer (muß im Winter ausgegraben werden). Vier Zwergkoniferen in den Eckbeeten **(2)** halten den Entwurf zusammen und verleihen der Komposition die erforderlichen vertikalen Akzente. Die runden Eckbeete und das Mittelbeet werden von Gänseblümchen *(Bellis perennis)* **(3)** gerahmt, die bei sorgfältigem Schnitt das ganze Jahr über grün bleiben. Stilechter für den Sommer wäre einjähriges *Senecio bicolor cineraria*. Die anderen vier Beete säumen immergrüner *Euonymus japonicus* 'Microphyllus' **(4)**, der im Sommer wiederum durch Einjährige wie blühendes Steinkraut ersetzt werden kann. Reizvoll für den Spätfrühling sind blockhaft gepflanzter Goldlack und rosa Tulpen **(5)**. Ein anderes Konzept sieht auffallend bunte Tulpen und Vergißmeinnicht vor. Diese sollten im Spätsommer durch eine Mischung aus roten Begonien und purpurnen *Verbena rigida* ersetzt werden, um den seidig changierenden Eindruck hervorzurufen, den die Zeitgenossen hoch schätzten. Viktorianische Anlagen strebten Symmetrie und Ausgeglichenheit an. Die Wirkung sollte einem prächtigen Mosaik brillanter Farben entsprechen – typisch für die viktorianische Epoche in ihrer Glanzzeit. Daher ist es sinnvoll, stets mehr Pflanzen zu kaufen als nötig, um einen Ersatz für eventuelle Mißgeschicke zu haben.

Rechts. Ein Blumengarten im Winterzustand in Heckfield Place (1884). Im Winter ersetzte man die Sommerbepflanzung durch Immergrüne, die in Töpfen eingegraben wurden. Ilex, Skimmien, Mahonien, Scheinbeere und Zwergmispel waren besonders beliebt. Hier kann man diese Technik während ihrer Glanzzeit bewundern. Der *Gardener's Chronicle* von 1884 beschrieb »treffliche Entwürfe ... mit goldenem Efeu, Aukuben, kleinen Koniferen, Pfaffenhütchen, Heiden ... Teppichen aus Fetthenne und Bruchkraut«.

PLÄNE FÜR VIKTORIANISCHE BLUMENGÄRTEN

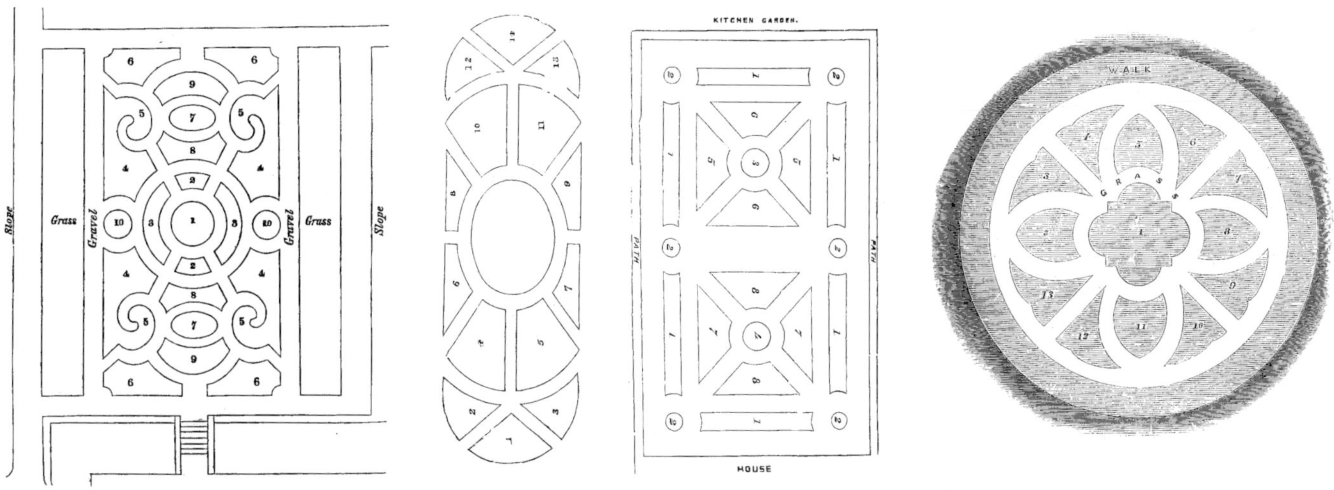

Links ein Plan für einen abgesenkten Garten aus *The Amateur's Flower Garden* (1871) von Shirley Hibberd; die drei Entwürfe rechts stammen von Mitarbeitern des *Journal of Horticulture* (um 1874). Alle Beete sind entweder in den Rasen eingeschnitten oder heben sich gegen Kies ab. Die ausgepflanzten Blumen bildeten symmetrische Farbblöcke, hinzu kamen Randpflanzen und vertikale Akzente wie Säulenrosen oder Fuchsien, manchmal auch ein Rosenbeet in der Mitte. Die häufigsten Pflanzen waren Verbenen, Lobelien, Petunien, Pelargonien, Pantoffelblumen, Heliotrop, dazu Pflanzen mit exotisch gefärbten Blättern wie Amarant, Buntnessel und Randbepflanzungen aus Steinkraut, Lobelien und *Cerastium tomentosum.*

EIN TRADITIONELLER SCHOTTISCHER GEMÜSEGARTEN

Zu seiner Glanzzeit war der Küchengarten der Landhäuser mit seinen Spalier- oder Kordon-Obstbäumen, seinen Gemüsereihen, Gewächshäusern, Komposthaufen und großzügigen Staudenbeeten ein prächtiger, eigenständiger Garten. Zwar gehört er eigentlich zur Geschichte großer Gärten, doch läßt sich mit ihm auch ein kleineres Grundstück besonders ansprechend gestalten, denn er vereinigt die Aspekte eines Zier- und Nutzgartens in sich, statt sie zu trennen. Rabatten voller Blumen oder Alleen aus gezogenen Obstbäumen, die die Gemüsebeete einrahmen, bilden gleichzeitig einen reizvollen Kontrast.

Diese Tradition, Obst, Blumen und Gemüse miteinander zu kombinieren, geht mindestens bis auf die Renaissance zurück. Danach lebte sie in den großen Gärten des nördlichen Europas, die von den wechselnden Moden weitgehend unbeeinflußt blieben, unverändert fort. In Frankreich sind von der Grundkonzeption her geschickt gestaltete Gemüsegärten, die aber gleichzeitig Blumen und Obst enthalten, immer noch weit verbreitet (der sogenannte *jardin de curé*).

Gegen Ende des 19. Jahrhunderts erwarb der Gartengestalter Robert Lorrimer (1864–1929) Schloß Kellie in Schottland und war von den »Blumen, von Obst und Gemüse ... in bunter Mischung« sehr angetan. Er griff die Idee auf und wurde der Wegbereiter eines wiederbelebten traditionellen, gemischten Küchengartens in seiner dekorativen Ausprägung. Gewöhnlich waren solche Gärten quadratisch oder rechteckig und von einer Mauer umgeben. Die Längsachse verlief in Ost-West-Richtung, so daß eine lange, südwärts gerichtete Mauer die Obstreife förderte. Allerdings gibt es Abweichungen: Auf Birkhall (Aberdeenshire), dem Wohnsitz der englischen Königinmutter, wird der gemischte Küchengarten (nicht von Lorrimer entworfen) von Hecken statt Mauern umgeben und hat ausnahmsweise einen halbkreisförmigen bis fast glockenförmigen Grundriß. Mein Entwurf wurde von Birkhall inspiriert, allerdings unter Beschränkung auf deutlich bescheidenere Ausmaße. Er ist für den passionierten Gärtner gedacht, dem die Aufzucht von Obst und Gemüse trotz der erforderlichen Arbeit eine tiefe Befriedigung bereitet. Die Staudenbeete liegen in der Mitte des Gartens. Der teilende Weg, in dessen Zentrum ein Formschnittbaum steht, läuft auf ein Gartenhaus zu. In den Gemüsebeeten wird diese Symmetrie durch unregelmäßige, schmale Wege (je nach Bedarf), durch ein Gewächshaus und ein Drahtgitter über den Beerensträuchern wieder aufgebrochen. Seiner Natur nach ist solch ein Garten im Sommer und Herbst besonders schön, doch bereichern Zwiebeln und Knollen, die im Gras und in den Rabatten gepflanzt werden, den Frühling mit ihren Blüten. Selbstverständlich bietet der Formschnittbaum ganzjährig einen erfreulichen Anblick. Als Windbrecher sollten größere Bäume oder Gebäude in der Umgebung des Gartens vorhanden sein. Die Anlage des Gartens ist nicht besonders kostspielig. Man braucht nur Ziegelsteine, Kies, Hecken und immergrüne Formschnittbäume, das Gewächshaus kann auch entfallen. Ehe die Formschnittbäume ihre endgültige Größe erreichen, sind allerdings etwa zehn Jahre Geduld vonnöten, obwohl bei den nur fünf vorgesehenen Stücken auch direkt größere Exemplare angeschafft werden können. Die umgebende Hecke braucht jedoch fünf bis acht Jahre, ehe sie perfekt wirkt. Wenn Sie nicht wollen, daß Kaninchen sich der Früchte Ihrer Arbeit bemächtigen, sollten Sie Kaninchendraht etwa 60 Zentimeter tief eingraben und 90 Zentimeter hoch stehen lassen.

Solch ein gemischter Gemüse- und Blumengarten lag traditionell abseits des Hauses. Eine Hecke schützte ihn vor dem Wetter und vor wilden Tieren. Er ist jedoch so attraktiv, daß er ruhig direkt am Haus angelegt werden kann. Der Durchmesser dieses halbkreisförmigen Gartens beträgt 48,80 Meter, die gerade Hecke erstreckt sich in Ost-West-Richtung. Daher bleibt ausreichend Platz, um im südwärts gerichteten Garten Obst zu ziehen.

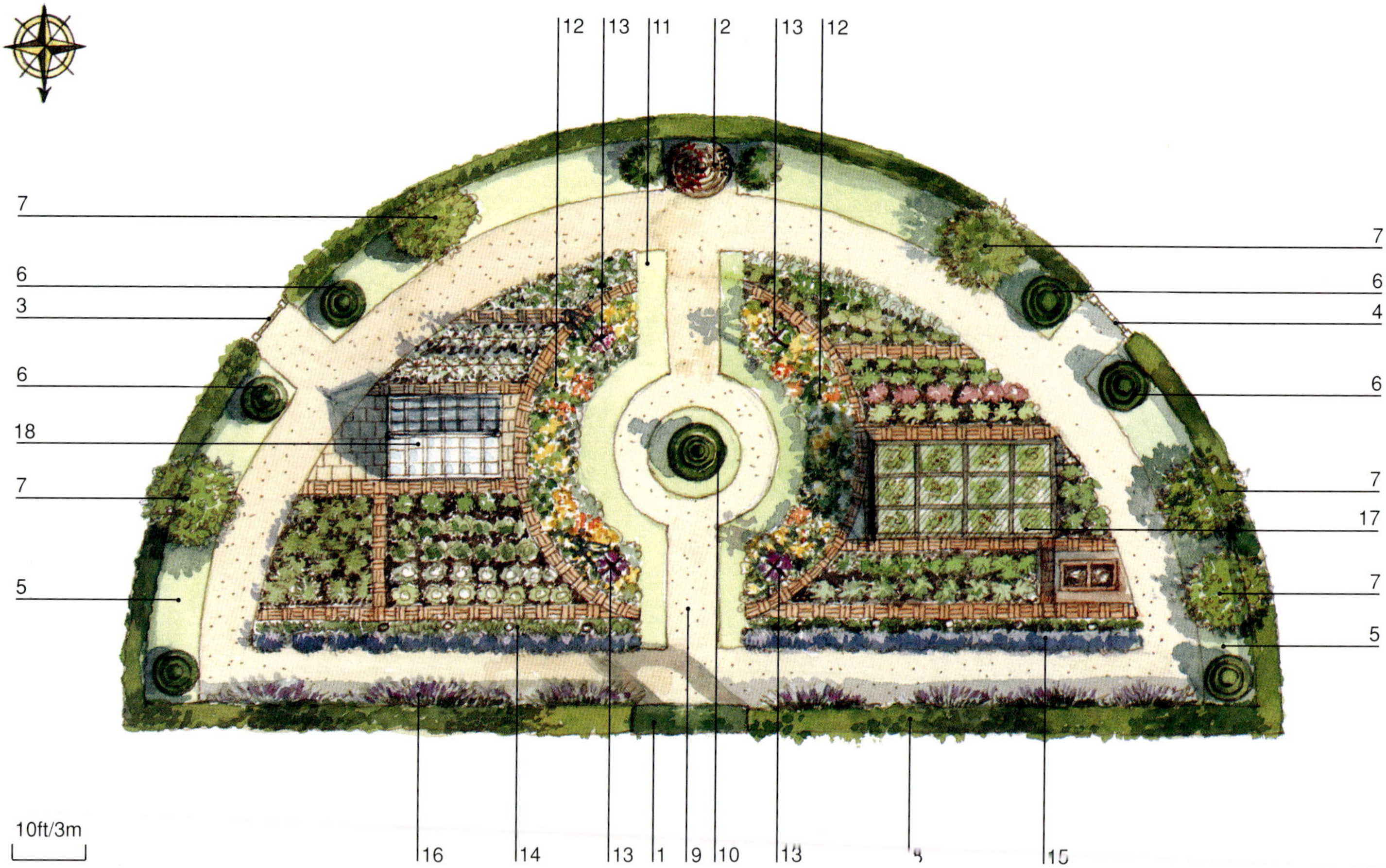

Der Garten wird durch den Haupteingang **(1)** in der gartenwärts nach Süden weisenden Hecke betreten. Noch besser wäre er auf der Gegenseite, da dann der gesamte Raum für sonnenliebende Obstbäume zur Verfügung stünde (ein Austausch mit dem Gartenhaus **(2)** ist einfach). Die anderen Eingänge **(3** und **4)** können auch weggelassen werden, der umlaufende Rasenrand **(5)** verlangt jedoch dringend nach Belebung: Hier schlage ich zur Betonung Formschnittbäumchen **(6)** und einige Obstbäume mit kleinem Wurzelstock **(7)** vor, darunter vielleicht eine Quitte oder Mispel. Das Gartenhaus **(2)** beruht auf einem zeitgenössischen Entwurf. An beiden Seiten wachsen Immergrüne, und Kletterpflanzen überwuchern das Dach. Die teppichartige Heckenumfriedung **(8)** besteht abwechselnd aus Ilex, Eibe, Buche und Weißdorn. Buche, Hainbuche und Eibe wären eine gute Alternative. Die Hecke ist oberseits glatt beschnitten, kann aber durch Pfeiler beidseitig der Tore oder eingeschnittene Festons oder Zinnen belebt werden, deren Formen jedoch einfach und prägnant gehalten werden müssen. Sofern Sie sich eine Mauer leisten können, sollte diese in der Ost-West-Richtung verlaufen. Auf ihrer südwärts weisenden Seite lassen sich Spalierobstbäume ziehen. Zwar habe ich Gras **(5)** zu Füßen der halbrunden Hecke vorgesehen, doch sähe eine riesige Rabatte nicht nur hinreißend aus, sie wäre auch stilgerechter – sofern Sie über die Energie und die Mittel verfügen. Der innere Halbkreis wird von 2,40 Meter breiten Kieswegen **(9)** umgeben und geteilt. Eine Formschnitteibe **(10)** liefert den Blickpunkt. Möglich wäre auch eine Portugiesische Lorbeerkirsche *(Prunus lusitanica),* die wie ein Schirm gezogen wird, oder vielleicht eine steinerne Brunnenfassung. Von dem Rasenband **(11)** beidseitig des Mittelweges heben sich Staudenbeete **(12)** ab, die 2,40 Meter breit sind und in größerer Breite sogar noch besser wirken. Um den Rabatten Höhe zu verleihen, habe ich Stangenzelte für Clematis **(13)** vorgesehen, genausogut können sie durch Rosengirlanden oder -bögen abgeschlossen werden, auch ein Schirm aus Spalierobstbäumen eignet sich gut. Die Farbgestaltung richtet sich nach Ihren Vorlieben, die Pflanzenhöhe sollte jedoch von vorn nach hinten zunehmen. Da die Rabatten auch von den Kreiswegen aus sichtbar sind, muß dieser Blickwinkel mit berücksichtigt werden. Bleibt für weitere Blumenbeete kein Platz mehr übrig, sorgt eine gemischte Rabatte mit immergrünen Sträuchern, Stauden, Zwiebeln und Einjährigen das ganze Jahr über für anhaltendes Interesse. Entlang dem nördlichen Weg wachsen waagerecht gezogene Birn- und Apfelbäume **(14).** Anfänglich ist eine kräftige Unterstützung erforderlich: ein Gatter, das an Lärchenstämmchen befestigt wird, oder, noch einfacher, eine Pfostenreihe mit waagerechten Drähten, an denen die Zweige festgebunden werden. Die Unterpflanzung der vorderen Bäume mit Lavendel **(15)** macht einen Spaziergang zum duftenden Vergnügen. Bei ausreichendem Platz kann die Gegenseite des Weges von einer weiteren Rabatte geziert werden. Hier bleibt nur Raum für sich selbst aussäende Einjährige wie Baldrian und Katzenminze **(16).** Die Gemüseabteilung wird von schmalen Ziegelwegen durchzogen, die den Zugang zu den Beeten, dem Beerenobst unter dem Gitter **(17)** und dem Gewächshaus **(18)** ermöglichen. Die Form dieser Gitter hat sich seither kaum geändert, beim Gewächshaus müssen Sie jedoch unbedingt auf eine stilgerechte Gestaltung achten. Je nach Vorliebe werden Sie wohl unterschiedliche Gemüse, Kräuter und andere Nutzpflanzen anbauen, immer unter dem Gesichtspunkt der Bedürfnisse der Pflanzen. Hier wachsen Artischocken, Blumenkohl, Spinat, Kartoffeln, Porree, grüner Salat und Stangenbohnen.

Links. Staudenbeet auf einem Aquarell von Helen Allingham (1848–1926). Diese breite Rabatte könnte den zentralen Weg in einem gemischten Küchengarten säumen. Die Blumen staffeln sich nach ihrer Höhe und prunken in einer Vielzahl von spätsommerlichen und herbstlichen Purpur- und Gelbtönen: Sonnenbraut, Sonnenblume, Sonnenhut und Astern.

Unten links. Eibenhecken, Formschnittbäume und eine Frühlingsrabatte in Mathern (um 1912) zeugen von der Mode, Eiben zu Skulpturen zu schneiden, und der Überfülle an Blumen, die im frühen 20. Jahrhundert so beliebt wurde. Um diesen Entwurf nachzuahmen, brauchen Sie für eine sofortige Wirkung markante Formschnitt-Eiben (1,20 bis 1,50 Meter Höhe) und niedrigere Heckenpflanzen. Das Beet ist mit Frühlingsblühern – Tulpen und Vergißmeinnicht – bepflanzt. Danach würde man die verschiedensten Stauden und Einjährigen folgen lassen.

Unten. Zwei hölzerne Gartenhäuser. Das achteckige stammt aus dem Katalog von P. J. White's Pyghtle Works (um 1910), das strohgedeckte aus *Garden Planning* (1910) von W. S. Rogers.

Unten. Ein ähnlicher Garten läßt sich auch auf quadratischem oder rechteckigem Grundriß anlegen – gekreuzt von zwei Wegen. Sind weniger als vier Eingänge vorgesehen, sollte ein Blickpunkt mindestens das Ende eines Weges betonen.

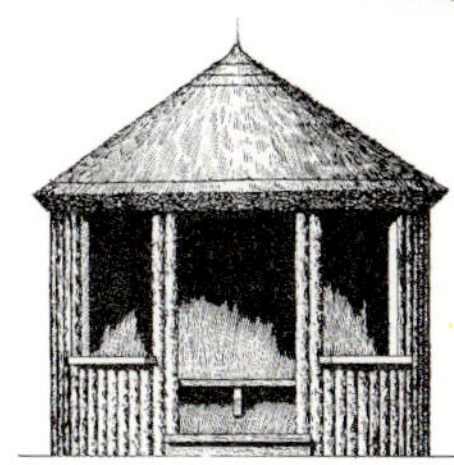

Das Zeitalter der Nostalgie 1890–1940

Die Epoche vom letzten Jahrzehnt des vorigen bis zum Ende der dreißiger Jahre unseres Jahrhunderts wurde von einem einzigen Ereignis geprägt: dem Ersten Weltkrieg. Er beeinflußte tiefgreifend alle Lebensbereiche in Europa, natürlich auch den Gartenbau. Nichts sollte mehr wie früher sein. Der Krieg stellte eine Zäsur dar und – noch wesentlicher – beendete das in hohem Maße hierarchische soziale Klassensystem, das die Gartenanlagen Europas seit der Renaissance bestimmt hatte. Von Königen und dem Adel angelegte Gärten verschwanden oder verkümmerten, da die meisten Throne Westeuropas nach dem Krieg stürzten. Die großartigen Gärten verloren ihre kreative Dynamik. Wo sie überlebten, verkamen sie zu einer

Das goldene Zeitalter der kleinen Vorstadtgärten fing E. A. Rowe in diesem Gemälde aus den dreißiger Jahren ein, das den Garten des Künstlers darstellt. Das Vermächtnis Gertrude Jekylls – eine Mischung aus formaler Grundstruktur und lockerer Bepflanzung – wurde zwischen den Weltkriegen wiederaufgenommen und auf kleine Gärten angewandt, allerdings mit nostalgischem Akzent. Hier sind die Elemente des Countryhouse- und Cottage-Gartens aus der Zeit vor dem Ersten Weltkrieg zu sehen: die Sonnenuhr, eine rustikale Pergola, Kaskaden von Rosen und in lockerer Folge gepflanzte Stauden.

Links. Hier im Parc Floral d'Apremont (La Guerche-sur-l'Aubois, Frankreich) hat Gilles de Brissac seit 1971 die Tradition der romantischen englischen Cottage-Gärten wiederaufleben lassen. Beeinflußt von den englischen Cottage-Gärten in den Cotswolds und in Surrey, den Ideen von Gertrude Jekyll und von Vita Sackville-Wests Garten in Sissinghurst, zeugt Apremont für die Kraft dieser Tradition, deren Zauber auch nach einem Jahrhundert und zwei Weltkriegen ungebrochen bleibt.

Links. Die wiederauferstandene Formalität der Vorkriegsjahre läßt sich auf Parnham House in Beaminster (Dorset) noch betrachten. Der Garten wurde höchstwahrscheinlich ab 1910 von F. Inigo Thomas (1866–1950) angelegt, der auch Zeichnungen für das Buch *The Formal Garden* in England (1892) von Sir Reginald Blomfield beisteuerte. Dieses sehr einflußreiche Werk griff den Naturalismus William Robinsons an. Die Wirkung des Gartens mit einer Grasterrasse und honigfarbener Pflasterung, eingerahmt von einer Brüstung im Stil des 17. Jahrhunderts, ist ausgeprägt architektonisch. Hier blickt man auf eine grüne Rasenfläche mit einer Allee aus dunkelgrünen Formschnittkegeln herab.

Art gärtnerischem Gegenstück der staatlichen Museen. Im Grunde genommen wurden sie zu eingefrorenen Zeitzeugnissen. Von da ab lag die Zukunft neuer, großer Gärten in öffentlicher Hand, wobei die Stadtparks des vorangegangenen Jahrhunderts und die neue Kunst der Landschaftsarchitektur durchaus wegweisend waren.

Die zweitgrößte, direkt von der ersten abhängige Veränderung, soweit sie den Gartenbau betraf, war das buchstäbliche Verschwinden der Gärtner. Die Annäherung der sozialen Schichten, etwa über progressive Besteuerung, die Verlockungen der besser bezahlten Fabrikarbeit und das Verschwinden der Dienstleistungsethik hatten den Untergang einer jahrhundertealten Tradition zur Folge. Vor 1914 war eine kleine Armee von Hilfskräften für große Gärten verantwortlich. Jeder verfügte über besondere Fertigkeiten, die von Generation zu Generation weitergereicht wurden. Selbst die Besitzer von Vorstadtgärten nahmen regelmäßig die Dienste eines Gärtners in Anspruch und, angelernte Hilfskräfte standen für gelegentliche Arbeiten stets zur Verfügung. Nach 1918 mußten sich Gärten wie Gärtner mit den veränderten Bedingungen arrangieren, wobei sie zunächst zögernd reagierten. Es dauerte eine Weile, ehe sich die Erkenntnis durchsetzte, daß die Zukunft des privaten Gartens nunmehr in den Händen seines Besitzers lag.

Um sich einen Eindruck davon zu verschaffen, in welchen Größenordnungen sich der Verlust bewegte, muß man sich nur vergegenwärtigen, daß auf den Britischen Inseln zwischen 1900 und 1970 etwa 1000 Countryhouses verschwanden. Für Gärten sähe die Statistik sicher noch weit trauriger aus. All dies verstärkte den vielleicht entscheidenden Faktor der Gartengestaltung des 20. Jahrhunderts: Nostalgie. Sie trat in zwei Phasen auf. Die erste ging der Katastrophe voraus und beruhte auf der viktorianischen Tradition, Altes wiederzuerwecken. Die zweite Phase nach dem Krieg war ein Verlangen nach einem Gartentypus, wie er vor Beginn des Krieges seinen Höhepunkt erreicht hatte. Die erste dieser Phasen fand ihre wichtigsten Vertreter in England. Die Bewegung, die diese legendären Gärten der Jahre 1890 bis 1914 schuf, ging ursprünglich auf den Protest gegen die ausgeprägte Künstlichkeit des formalen viktorianischen Stils in seiner Glanzzeit zurück. Ihre Schlüsselfigur war William Robinson (1838–1935), der mit zweien seiner Bücher fruchtbaren Einfluß ausüben sollte. Das erste war *The Wild Garden* (1870), das den Widerstand gegen die geometrisch angeordne-

Rechts. Sir Edwin Lutyens plante 1898 für Guillaume Mallet dieses Haus in Le Bois des Moutiers (Varangeville-sur-Mer, Frankreich). Auch die Grundstruktur des Gartens stammt von ihm, bei der Bepflanzung ließ sich Mallet von englischen Gärten inspirieren. Hier umschließt direkt am Haus ein perfekt proportionierter ›Raum‹ aus Eiben mit einer Apsis die buchsgesäumten Beete mit einer Frühlingsbepflanzung aus Tulpen. Der Gedanke, ›Räume‹ zu schaffen, steckt hier noch in den Kinderschuhen, wurde aber in der Gartengestaltung des 20. Jahrhunderts zu einem beherrschenden Motiv.

Gegenüberliegende Seite, oben. Tintinhull (Yeovil, Somerset) entstand zwischen den Weltkriegen. Phyllis Reiss gestaltete den Garten in unmittelbarer Nachfolge Gertrude Jekylls mit markanten Strukturelementen und üppiger Bepflanzung – angeordnet in einer Abfolge von ›Räumen‹, die jeweils eine unter-

ten Beetpflanzen der viktorianischen Zeit in Gang setzte und den Gartenstil des nächsten Jahrhunderts propagierte: etwa Zwiebeln und Knollen in natürlicher Verteilung ins Gras zu setzen. Das zweite und sogar noch mehr gefeierte Buch war *The English Flower Garden* (1883), von dem er selbst 15 Auflagen erlebte und das noch heute erhältlich ist. Darin führte er seine These eines natürlichen Gartenstils weiter aus. Deren Grundzüge nahm eine andere übermächtige Persönlichkeit der Gartengestaltung auf – Gertrude Jekyll (1843–1932). Ihre Bücher werden heute noch aufgelegt, und ihre Position als Hohepriesterin des Gartens wird sie wohl bis ins Jahr 2000 behaupten.

Robinsons Empfehlungen für einen natürlichen Stil fügte Jekyll weitere Elemente hinzu. Zunächst eine von der Malerei inspirierte Farbtheorie, die sie ihrer Karriere als Malerin und ihrer Bewunderung für Turner verdankte. Zarte Farbabstufungen innerhalb einer Rabatte, die Verwendung dunkelgrüner Eiben als Hintergrund und einfarbig bepflanzte Beete, zum Beispiel in Weiß oder Silber und Grau, gehörten zu ihren Stilmitteln, die die Gartengestaltung nachdrücklich geprägt haben. Ihre Pflanzweise war zutiefst nostalgisch, inspiriert von Cottage-Gärten, angefüllt mit traditionellen Stauden, die alle Grenzen der Rabatte überwucherten. Zusätzlich brachte sie die Grundsätze der Arts-und-Craft-Bewegung ein, der sie lange Zeit anhing. Damit verschwanden vor allem Industrieprodukte jeglicher Art zugunsten von natürlichen Materialien, insbesondere Stein und Holz, die auf traditionelle Weise bearbeitet wurden. Sie schrieb nicht nur eine große Zahl von Büchern über alle Bereiche der Gartengestaltung, sondern arbeitete sehr fruchtbar mit dem Architekten Sir Edwin Lutyens (1869–1944) zusammen. Gemeinsam mit ihm schuf sie von 1893 bis zum Ausbruch des Ersten Weltkriegs eine Reihe von Gärten, in denen die Ideale einheimischer Bau- und Strukturformen mit einer naturnahen Pflanzweise verknüpft wurden. Die Entstehung der Gartenphotographie, die uns genaue und detailreiche

schiedliche Auswahl von Pflanzen zeigen, die sich jahreszeitlich bedingt entfalten. Der runde Seerosenteich ist besonders typisch für die zwanziger und dreißiger Jahre. Hier wird er von dunkelgrünen Eibenhecken umschlossen, vor denen sich ausnahmslos weiße und silberne Rosen, Anemonen, Herbstzeitlose, Schwertlilien, Lilien und Sommerhyazinthen abheben.

Unten links. Hestercombe (Cheddon Fitzpaine, Somerset) ist das 1904-1909 entstandene Meisterwerk von Gertrude Jekyll und Edwin Lutyens. Die ursprüngliche Bepflanzung wurde, wenn auch in vereinfachter Form, weitgehend restauriert. Der Ausschnitt verdeutlicht die meisterlichen, durch die Architektur vorgegebenen Pflanzräume, die Lutyens für G. Jekyll schuf. Die Farbkombination aus purpurnen Blüten und silbergrauem Laub ist typisch für die Arbeit von G. Jekyll. (Sie hätte die gelben Blumen wohl entfernt.)

Abbildungen ohnegleichen überliefert hat, darf gleichfalls nicht unterschätzt werden. Jekyll und Lutyens formulierten die Prinzipien, die unter Verkleinerung des Maßstabs die Gestalt der Vorstadtgärten zwischen den Weltkriegen bestimmten: Pergolen, mit Natursteinen gepflasterte Wege, Steinmauern, aus deren Nischen die Pflanzen herauswucherten, abgesenkte Teiche, Staudenbeete und Rosengärten. In den Vereinigten Staaten verbreitete Beatrix Farrand (1872–1959) diese Thesen.

Vor 1914 entwickelte sich die nostalgische Rückbesinnung in verschiedenen Richtungen. Eine war die Wiedererweckung einer Art von Formalität, die in den adeligen, englischen Landhäusern des späten 17. Jahrhunderts vorherrschte. Ihr Vorreiter war der Architekt Sir Reginald Blomfield (1856–1942), dessen Buch *The Formal Garden in England* (1892) als Entgegnung auf William Robinson gedacht war. Betrachtet man es aus heutigem Blickwinkel, scheint es mehr Gemeinsamkeiten mit Robinson als Gegensätze zu enthalten – beide hielten bewährte

Strukturelemente bei der Gestaltung eines Gartens für unentbehrlich. Blomfield und seinen Nachfolgern verdanken wir die Wiederkehr des Formschnitts und der architektonischen Strukturelemente großen Maßstabs: Terrassen, Gartenhäuser und Treppenfluchten. In Frankreich spiegelte sich diese Bewegung bis zu einem gewissen Grade in dem Wunsch wider, den Landschaftsstil zu verbannen und die Gärten um historische Schlösser im Stil Le Nôtres oder sogar seiner Vorgänger neu zu gestalten. Zwar wurde in Villandry (Departement Indreet-Loire) in den Jahren 1906–24 ein großartiger Renaissance-Gemüse- und Blumengarten rekonstruiert, typischer dürften jedoch die Arbeiten von Henri Duchêne (1841–1902) und Achille Duchêne (1866–1947) sein, die viele klassische, historische Gärten restaurierten.

Gleichzeitig wurden die italienischen Renaissancegärten wiederentdeckt und deren ingeniöse Vereinigung des Hauses mit seiner Umgebung erneut bewundert. In Amerika entstand eine ganze Serie italienisierender Gärten, darunter Vizcaya (Florida, 1912–16) und Dumbarton Oaks (Washington D.C., 1921–47). Die wichtigsten Protagonisten dieser Richtung waren in England Sir George Sitwell (1850–1943), der Renishaw Hall (um 1890), und Harold Peto (1854–1933), der eine Reihe von Gärten im gleichen Stil entwarf. In Italien wurden alte Villengärten restauriert und neue im alten Stil angelegt, etwa I Tatti (Florenz, 1909) und La Foce (Cianciano, Siena, 1924–39), eine Arbeit von Cecil Pinsent (1844–1939).

Eines der Hauptprobleme der Gartengestaltung unseres Jahrhunderts ist, daß öffentliche, von Landschaftsarchitekten geplante Anlagen heute die Tradition der historischen Gärten fortführen. Die modernen Gegenstücke alter Gärten um Landhäuser und Adelssitze sind gestaltete Landschaften um städtische Wohnbezirke oder entlang von Autostraßen, an denen sich die Reaktionen auf fortschrittliche Tendenzen in allen ihren Phasen beobachten lassen. Als Folge davon geriet der kleine Privatgarten, so teuer er seinem Besitzer auch sein mag, ins Abseits, das heißt, er entwickelte sich in der Tat kaum weiter. Daher wurden die Privatgärten der heutigen Zeit zu Heimstätten der Nostalgie. Nur wenige Gartengestalter haben es gewagt, private Gärten weiterzuentwickeln. Dazu gehört der Amerikaner Thomas Church (1902–1978), dessen prachtvolle Entwürfe scheinbar mühelos die Ansprüche moderner Lebensweise und den Swimmingpool in einen neuen, lebendigen Stil einbringen – allerdings hatten seine Erfolge kaum Auswirkungen auf Europa.

Die Gestaltung kleiner Gärten hinkte stets derjenigen großer Gärten hinterher, daher dauerte es bis zur Zwischenkriegszeit, ehe sich die Errungenschaften der Vorkriegsjahre auch dort niederschlugen. Als das geschah – und hier endet mein Buch –, stand Europa vor einer weiteren umwälzenden Katastrophe: dem Ausbruch des Zweiten Weltkrieges, der alle Bereiche menschlichen Lebens noch weitreichender beeinflussen sollte.

Die beiden Weltkriege und die sich daraus ergebende soziale Umwälzung, die zu einer stärker ausgeglichenen Gesellschaft führte, hatten weitere, noch immer nachwirkende Schwierigkeiten für die heutigen Gärten zur Folge. Das Fehlen von Arbeitskräften schlug sich auf alle Bereiche nieder. Es zog eine radikale Einschränkung bestehender Gärten, die Anlage von Rasen statt Blumenbeeten, eine vereinfachte Bepflanzung und in vielen Fällen auch das vollständige Verschwinden von Gärten nach sich. Da Bodendecker bei minimalem Pflegeaufwand große Wirkung erzielen, wurden sie zum beherrschenden Element vieler Gärten. Bereits in den zwanziger und dreißiger Jahren konzentrierte man sich auf Gärten mit einem überwiegenden Anteil an Bäumen und Sträuchern, die nach Blattform und -farbe, Blüten und Beeren ausgewählt wurden und nur wenig jährliche Pflege erforderten. Die von Robinson vertretene lockere Bepflanzung aus Zwiebel- und Knollenpflanzen überlebte gleichfalls diese Umwälzung. Vorgezogene Beetpflanzen, Küchengärten, kunstvolle Hecken und Formschnittpflanzen fielen andererseits dem Fehlen von Arbeitskräften zum Opfer.

Links. Der Garten des Impressionisten Claude Monet in Giverny (Frankreich) ist in seiner Bepflanzung ein Gegenstück zur Arbeit von Gertrude Jekyll in England. Zwischen 1883 und seinem Tod im Jahr 1926 verwandelte der Künstler seinen Garten in ein Denkmal impressionistischer Pflanzweise. Eine Überfülle von Blüten und ausgesuchte Farbzusammenstellungen, weniger ausgeklügelte Pflanzenarrangements, sind das Charakteristikum dieses Gartens. Besonderen Wert legte Monet auf Pflanzen, die mit Hilfe verschiedenster Säulen und Bogen emporgehoben wurden. In diesem Ausschnitt des frühsommerlichen Gartens erhebt sich eine rosa Hochstammrose über einen Teppich von Einjährigen und Stauden, darunter Schwertlilien, Schmuckkörbchen, Nachtviolen und Lichtnelken. Seit 1977 wurde der Garten restauriert und beginnt erst jetzt wieder sein Reifestadium zu erreichen. Durch seine kräftige Farbgebung dürfte er die augenblickliche Gartengestaltung maßgeblich beeinflussen.

Rechts. Eines der Staudenbeete in The Priory von Kemerton (Hereford und Worcester) zur prachtvollsten Blütezeit Ende August. Seit Ende des Krieges wurden sie von Peter Healing rekonstruiert, der sich an die Vorgabe Gertrude Jekylls hielt, nur wenige Farben einzusetzen. In diesem kleinen Ausschnitt mit rosaroten Dahlien, weißen Japanischen Anemonen, Astern und *Sedum spectabile,* dessen Blüte eben einsetzt, beginnt sich die Farbe gerade zu intensivieren. Zarte Grüntöne mildern den Effekt. Eine andere Rabatte setzt mit sanften Grau- und Silbertönen an einem Ende ein, um sich über Weiß und Cremefarbe bis zu Rosarot fortzuentwickeln. Dabei nimmt die Intensität der Farben zu, bis sie im Zentrum mit Gelb-, Bronze- und Goldtönen ihren Höhepunkt erreicht, um sich dann wieder abzuschwächen. Solche Rabatten sind Meisterwerke einer bildhaften Gartengestaltung.

Oben. Kleine Teiche wie dieser gehörten zur Grundausstattung der Gärten in der Zeit zwischen den Weltkriegen. Noch immer ist dies eine reizvolle Möglichkeit, einen kleinen Garten um das Element Wasser zu bereichern. Dieser jüngst angelegte Teich mit Seerosen, Schwertlilien und Gräsern liegt inmitten eines grünen Rasens und wird von Strauchbeeten umgeben.

Gegenüberliegende Seite. Zwar ist dieser zwischen den Weltkriegen angelegte Teichgarten in Tintinhull nur Bestandteil einer Reihe von Gartenräumen, zeigt aber, wie ein kleiner Garten erfolgreich angelegt werden könnte. Die Säulen tragen eine Laube, von der aus man über den rechteckigen Teich blickt. Seine Ecken werden durch Terrakottaurnen betont. Die seitlichen Rabatten sind in stark kontrastierenden Farben ungewöhnlich bepflanzt: eine in Schattierungen von Scharlachrot, Gelb und Weiß, die andere in zarten Tönen von Rosarot, Mauve und Blau. Die dunkelgrünen Hecken im Hintergrund beider Beete fassen sie zusammen.

Der soziale Wandel äußerte sich auch in der hemmenden Wirkung auf die Entwicklung kleiner Gärten und hatte sogar deren Rückgang zur Folge. Für die soziale Mittelschicht in viktorianischer Zeit war der Garten Statussymbol und eine der wenigen Möglichkeiten kreativer Entspannung. Nach 1945 mußte man fast von Null beginnen, und es dauerte bis in die siebziger Jahre, ehe einige der Probleme mit Hilfe von mechanischen Gartengeräten gelöst werden konnten und die Gartengestaltung eine Renaissance erlebte. Ironischerweise setzte die Entwicklung nicht mit den bereits vor 1939 in Ansätzen vorhandenen, modernen Strömungen ein – Thomas Church in den Vereinigten Staaten war ihr einzig nennenswerter Protagonist –, sondern beim erträumten goldenen Zeitalter des Englands um die Zeit König Eduards (1901–1910).

Die Grundfläche ist unregelmäßig. Damit wird das wichtigste Prinzip, einen Garten auf diese Art anzulegen, deutlich betont: die Untergliederung des Raumes in Quadrate, Rechtecke, Kreise und Halbkreise, die alle vom Haus ausstrahlen oder sich zu Durchblicken und Querdurchblicken anordnen. Auf geneigtem Gelände müssen Terrassen angelegt werden, damit jeder Abschnitt eine Ebene bildet. Stufen stellen die Verbindungen her. Der Rasen ist maximal 19,80 Meter lang, und die Buchsparterres messen 7,90 Meter im Quadrat.

DIE AUFERSTEHUNG DES *FORMAL GARDEN*

Ein Gefühl von Zeitlosigkeit und Sicherheit verbindet sich mit diesem Gartenstil. Es wird durch die Verwendung vielfältiger architektonischer Elemente aus verwittertem Stein, geometrische Abteilungen, stattliche, beschnittene Immergrüne und eine üppige Fülle nostalgischer Blumen hervorgerufen. Der Beginn des 20. Jahrhunderts war von Nostalgie geprägt. Zum ersten Mal wurde es modern, einen Garten so auszustatten, daß er die Illusion von Alter vermittelte. Man wollte die Adelsgärten des 17. Jahrhunderts wiedererwecken – so, wie man sie zu kennen glaubte. Dieser Stil entstand zur gleichen Zeit, als der gänzlich gegensätzliche Cottage-Garten, der ebenfalls durch die rosarote Brille der Nostalgie betrachtet wurde, einen neuen Höhepunkt erreichte.

Dieser erneute Rückgriff auf die Formalität unterschied sich von dem vorangegangenen der viktorianischen Zeit; damals bezog man sich auf französische Tradition, benutzte starke Farben und schuf etwas nachdrücklich Neues. Grob eingeteilt, trat der Stil in zwei Formen auf: als englischer Herrenhausgarten, wie er von Reginald Blomfield vertreten wurde, und als italienischer Villengarten der Renaissance, der hauptsächlich in Amerika unter der Ägide von Edith Wharton und Beatrix Farrand seine Liebhaber fand.

Mein Entwurf vermischt Elemente aus einigen der berühmtesten Beispiele des klassischen englischen Countryhouse-Gartens: Penshurst Place und Groombridge in Kent sowie Athelhampton in Dorset. Auf den ersten Blick scheint der Garten viel Arbeit zu erfordern, die immergrünen Grundelemente benötigen jedoch nur einen jährlichen Schnitt (durch elektrische Heckenscheren sehr erleichtert), und der Blumengarten kann dadurch vereinfacht werden, daß die Beete mit Lavendel oder Zwergheiligenkraut bepflanzt werden, die, zu kleinen Polstern beschnitten, nur etwa alle fünf Jahre ausgetauscht werden müssen. Die Staudenbeete, so großartig sie auch sein mögen, lassen sich verschmälern und durch eine Allee aus Hochstammrosen ersetzen, die von Lavendel gesäumt und mit *Stachys byzantina* unterpflanzt werden. Heute stehen glücklicherweise Steinimitationen in nahezu vollständiger Auswahl zur Verfügung, von der Vase bis zum Gartenhaus – zum Bruchteil des Preises der Originale. Innerhalb einiger Jahre und mit etwas Nachhilfe durch Bestreichen mit Joghurt verwittern sie so sehr, daß sie von Originalen kaum mehr zu unterscheiden sind. Für Eibenformschnittbäume und Hecken ist etwas Geduld vonnöten; zwar dauert es zehn bis 15 Jahre bis zur Perfektion, doch dann wird man durch ein Meisterwerk belohnt.

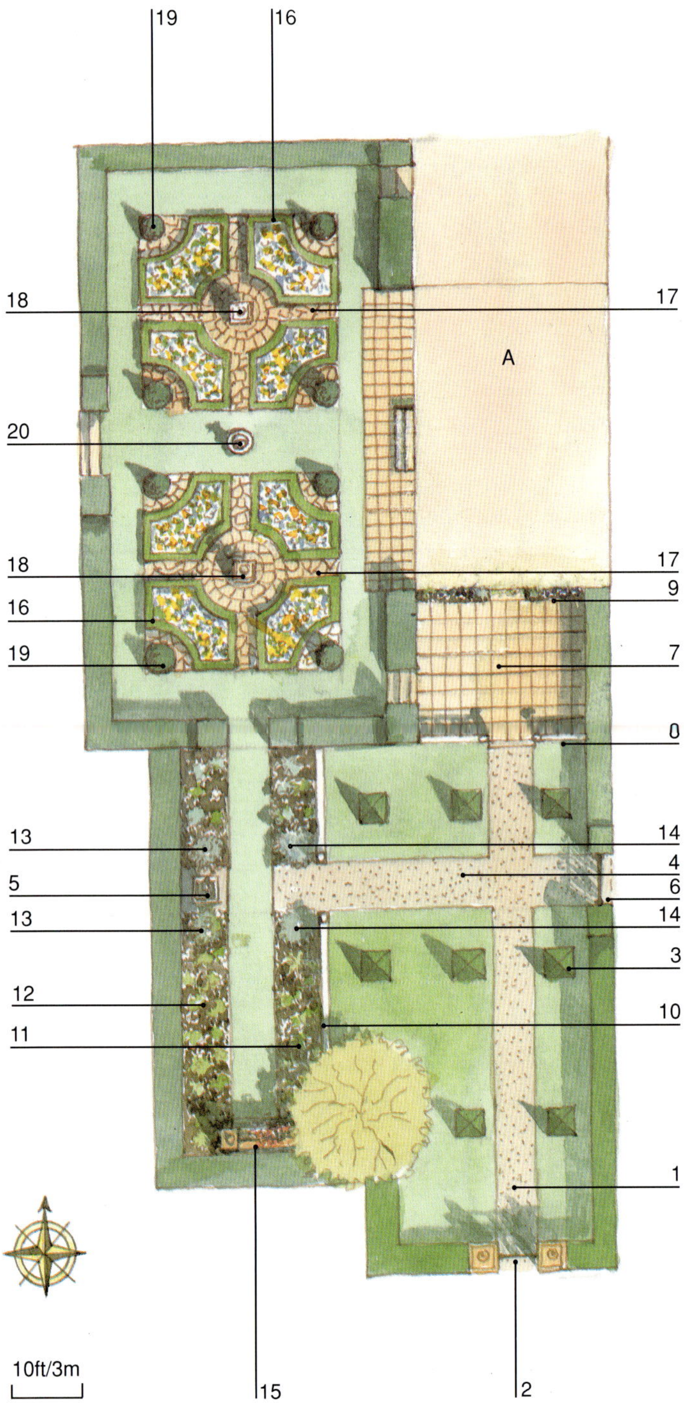

Der Garten wird von 1,20 Meter hohen Eibenhecken eingefaßt. An den Eingängen setzen 1,80 Meter hohe Pfeiler markante vertikale Akzente.

DER ZUGANG
Ein 1,80 Meter breiter Kiesweg **(1)** führt vom schmiedeeisernen Tor **(2)** durch den Rasen zu einer Steinfliesenterrasse vor dem Haus (A). Die flankierenden Eibenobelisken (2,40 Meter hoch) **(3)** bilden einen hübschen Durchblick zum Haus. Ein zweiter Kiesweg **(4),** rechtwinklig dazu, wird an seinen jeweiligen Endpunkten von einer Statue **(5)** und von einem *claire-voyée* **(6)** (schmiedeeisernes Gitter oder Tor, um den Blick zu weiten) begrenzt. Dieser geometrisch gestaltete Zugang zum Haus mit Rasen und beschnittenen Eiben kann praktisch jeder Gegebenheit angepaßt werden. Die Eiben lassen sich zu Kegeln, Kuppeln oder Säulen beschneiden.

DIE EINGANGSTERRASSE
Die Steinfliesenterrasse **(7)** überspannt die ganze Breite des Hauses. Sie wird von steinernen Balustraden, durchbrochenen Mäuerchen **(8)** oder Eibenhecken begrenzt. Die Anhebung der Terrasse um zwei Stufen steigert deren Wirkung beträchtlich. Eine schmale Rabatte direkt am Haus **(9)** bricht die Wirkung der harten Linien; hier werden Rosmarin und Glyzinen verwendet.

DIE STAUDENBEETE
Durch Balustraden oder durchbrochene Mäuerchen **(10)** vom Rasen abgetrennt, messen die Beete **(11** und **12)** etwa 15,20 x 1,80 Meter. Sie werden mit markanten Polstern dauerhafter, graublättriger Pflanzen wie *Senecio* 'Sunshine' und *Phlomis fruticosa* im Stil G. Jekylls bepflanzt. An bevorzugten Stellen wie neben der Statue **(13)** und dem Querweg **(14)** verleihen sie der Komposition Struktur. Über das Gartenhaus **(15)** sollten Kletterpflanzen wuchern; hier habe ich eine Zierquitte *(Chaenomeles japonica)* vorgesehen, die in den Gärten zur Zeit König Eduards (1901–1910) häufig war.

DER BLUMENGARTEN
Zu den maßgeblichen Stilelementen gehört ein geometrisch angelegter Blumengarten, der sich von einer glatten Rasenfläche abhebt. Zwei Parterres mit buchsgefaßten Beeten **(16)** werden von Plattenwegen **(17)** mit zentralen Statuen **(18)** gekreuzt. Eibenkegel **(19)** (1,20 Meter Durchmesser, 1,80 Meter hoch) liefern vertikale Akzente und fassen die Komposition zusammen. Im Grasstreifen, der die Parterres trennt, steht eine Sonnenuhr **(20)** – ein weiteres Element nostalgischer Gärten. Je nach Geschmack und Arbeitsaufwand kann die Bepflanzung variieren. Dargestellt ist die Frühlingsansicht mit gelben Tulpen, unterpflanzt mit blauen Vergißmeinnicht. Eine arbeitssparende Alternative wäre es, die Beete mit Zwerglavendel oder Heiligenkraut zu füllen, die zu Polstern geschnitten werden.

Rechts. Dieser Alternativentwurf für den Blumengarten sieht buchsgesäumte Beete vor, die von einem zentralen Teich nach außen strahlen. Ein kleiner Springbrunnen dient als Blickpunkt. Die Wasserfläche sollte frei von Pflanzen bleiben, um als

Zwei Sonnenuhren aus dem Katalog von J. P. White's Pyghtle Works (Bedford, England ca. 1910), damals einer der führenden Gartenausstatter für Möbel und Ornamente.

Spiegel zu dienen. In den beiden flankierenden Beeten stehen jeweils zwei Eibenkegel. Statt die Beete blockhaft mit den Pflanzen der Jahreszeit zu füllen – was teuer und zeitaufwendig wäre –, kann genauso stilgerecht auch ein »Literaturgarten« angelegt werden: Die Pflanzen beschränken sich dann auf jene, die in Shakespeares Werken oder Shelleys Gedichten erwähnt werden. Bei dieser Bepflanzung entstünde zwangsläufig ein gemischtes Beet mit Pflanzen unterschiedlicher Höhe, woraus ein gesunder Kontrast zu der streng geometrischen Konzeption erwachsen würde.

Links. Dieser Sitzplatz am Ende des Spazierweges ist ein typisches Beispiel für ein architektonisches Zitat. Aus wiederverwendeten Steinsäulen einer Einfahrt und vorzugsweise alten Ziegelsteinen läßt er sich leicht errichten. Ein Anstrich mit saurer Milch zieht Algen an, so daß die Steine bald von der Patina des Alters geschmückt werden. Die Wirkung läßt sich durch wuchernde Kletterpflanzen noch steigern.

Oben. Ein *claire-voyée* ist ein häufig vernachlässigter Effekt der Gartengestaltung. Damit läßt sich ein attraktiver Blickpunkt jenseits der Gartengrenzen einbeziehen, dessen Wirkung durch den Zauber eines Blicks durch Eisengitter noch gesteigert wird. Hier bildet ein Tor den *claire-voyée,* das den geometrischen Teil eines Gartens von den locker bepflanzten Bereichen abgrenzt. Unten. Dieser Holzschnitt aus Reginald Blomfields *The Formal Garden* in England (1892) zeigt genau jenen Gartentyp des 17. Jahrhunderts, den der Autor für ein bedenkens- und nachahmenswertes Beispiel hielt.

Beide wurden aus Zement hergestellt und waren etwa 1,10 Meter hoch. Sonnenuhren nach Art erhaltener Exemplare aus dem 17. und 18. Jahrhundert wurden zu wesentlichen Gestaltungsmerkmalen in den ›altväterlichen‹ Gärten. Sie dienten sowohl in Blumen- wie Rosengärten als Blickpunkte. Heute sind sie in vielfältigen Formen als Reproduktionen erhältlich.

EIN TRADITIONELLER COTTAGE-GARTEN

Das ländliche Idyll eines Cottage, das in einem Meer von nostalgischen, üppig blühenden und süß duftenden Blumen versinkt, ist heute noch genauso wirkungsvoll wie zu Beginn unseres Jahrhunderts. Es ist kaum überraschend, daß sich so viele Menschen von diesen Gärten angesprochen fühlen, scheint es doch einfach zu sein, den gesamten Raum mit Pflanzen zu füllen. Damit jedoch eine wirklich malerische Wirkung erzielt wird, braucht man ein sicheres Auge und eine profunde Pflanzenkenntnis.

Der Cottage-Garten-Kult, der von der bedrückenden Not der Arbeiter und ihren ärmlichen Behausungen keine Notiz nahm, geht zurück auf das 18. Jahrhundert mit seiner Wertschätzung des Pittoresken und erreichte seinen Höhepunkt gegen Ende der viktorianischen Ära. Der Mythos des Cottage-Gartens wurde während der letzten beiden Jahrzehnte des 19. Jahrhunderts durch die sehr einflußreichen Entwürfe und Bücher William Robinsons und Gertrude Jekylls noch gefördert. Beide empfahlen die lockere Staudenbepflanzung der Cottage-Rabatten. In ihren Augen stellten die Cottage-Gärten ein wertvolles Erbe dar, das durch den triumphalen Erfolg der viktorianischen vorgezogenen Beetpflanzen fast der Ausrottung preisgegeben war; beide begannen, den viktorianischen Garten von seinem Sockel zu stürzen. In der Tat waren solche Cottage-Gärten im frühen 19. Jahrhundert durchaus üblich, bepflanzt mit winterharten Stauden, die die Gärtnereien zu angemessenen Preisen anboten. Der ursprüngliche Cottage-Garten sah jedoch gänzlich anders aus, als wir heute glauben. Er begann als kleine Parzelle, auf der die Besitzer mit Gemüse ihre magere Ernährungsbasis etwas ergänzten. Wenn Blumen angepflanzt wurden, dienten sie einem bestimmten Zweck: Rosen, Lavendel, Salbei, Melisse, Nelken, Goldlack, Jasmin, Fingerhut und Levkojen wurden für medizinische Zwecke genutzt oder sollten die Bienen für die eigene Honigproduktion anlocken. Um 1860 setzten die ersten Veränderungen ein. Damals begann auf Betreiben der Landeigner eine Verschönerung an den Häusern der armen Landbevölkerung. Kletterpflanzen wie Wilder Wein und Zuchtformen von Clematis erschienen auf der Bildfläche, und Chrysanthemen, Fuchsien, Pelargonien und andere vermehrten die Zahl verwendeter Pflanzen. Um 1900 galt im Verständnis von Architekten, Gartengestaltern und Pflanzenzüchtern der Cottage-Kult als Ausdruck ursprünglicher, einheimischer Kultur, genauso wie die Cottage-Gärten als die endgültige Form der ›naturnahen‹ Gartengestaltung angesehen wurden. In Wahrheit jedoch ist der Cottage-Garten unserer Vorstel-

Dieser Miniaturgarten vor der Südfront eines Hauses ist 7,60 Meter breit und 4,60 Meter tief.

lung ebenso ein Kunstprodukt wie der geometrischste und großartigste Adelsgarten. Wer einen Cottage-Garten anlegen möchte, wird weniger eine verlorene Realität auferstehen lassen, als die rosarot gefärbte Sichtweise einer Schule von Aquarellisten im Sinn haben. Zu den berühmtesten gehörten Helen Allingham, Arthur Claude Strachan und die Familie Stannard.

In seinem ungeheuer einflußreichen Buch *The English Flower Garden* (1883) schrieb William Robinson, daß einer der Gründe seiner Bewunderung für die Cottage-Gärten ihre Planlosigkeit sei. Obwohl unmittelbar als stilisiert erkennbar, fehlt solchen Gärten jegliche übergeordnete Struktur – außer einer umgebenden Weißdorn- oder Feldhecke, einem Lattenzaun oder einer Steinmauer und dem Prinzip, die Höhe der Pflanzen von vorn nach hinten zunehmen zu lassen. Will man heute einen solchen Garten anlegen, erwachsen daraus Vor- wie Nachteile. Von Vorteil ist, daß sich Cottage-Gärten auf jeder Art von Geländeform einrichten lassen und von unmittelbarer Wirkung sind. Der Nachteil ist, daß solche Gärten sehr arbeitsintensiv sind, da sie auf dicht an dicht stehenden Stauden basieren, die alle geteilt, gestützt, ausgelichtet und zurückgeschnitten werden müssen.

Wer nur das Flair eines Cottage-Gartens anstrebt, aber nicht allzuviel Lust auf mühevolle Pflege hat, sollte eine südliche Partie seines Gartens auswählen und dort eine reduzierte Version anlegen. Der Rest des Gartens ließe sich dann in einen arbeitssparenden Obstgarten oder zu einer Rasenfläche verwandeln. Mein Entwurf nutzt zwar nur eine winzige Fläche, erzielt jedoch die entscheidenden Wirkungen: Die Umrisse hoher Blütenstände zeichnen sich gegen die Hauswand ab, über die einfassende Hecke neigen sich die Blüten, Pflanzen überwuchern den Weg, und Kletterpflanzen ranken an Mauern und Veranden.

Solch ein Entwurf kann kein festes Pflanzschema in Form eines Grundrisses vorgeben – der Stil überzeugt durch seine Bildhaftigkeit. Es kommt mehr darauf an, malerische Kompositionen aus geeigneten Pflanzen zu entwerfen, wobei stets beachtet werden muß, sie zu Gruppen zusammenzustellen und ihnen zu erlauben, sich über feste Strukturen auszubreiten. Dahlien, Chrysanthemen, Pelargonien und Fuchsien können im Sommer als Topfpflanzen punktuell dazwischen verteilt werden. Damit lassen sich die im Jahresablauf entstehenden Lücken schließen. Für passionierte und geduldige Gärtner könnte ein Formschnittbaum das *pièce de résistance* darstellen, etwa ein Pfau oder Eichhörnchen. Die Einfassung der Beete mit Buchs war ebenfalls nicht unüblich. Sie kann einer ansonsten unruhigen Szene eine dauerhafte Struktur verleihen.

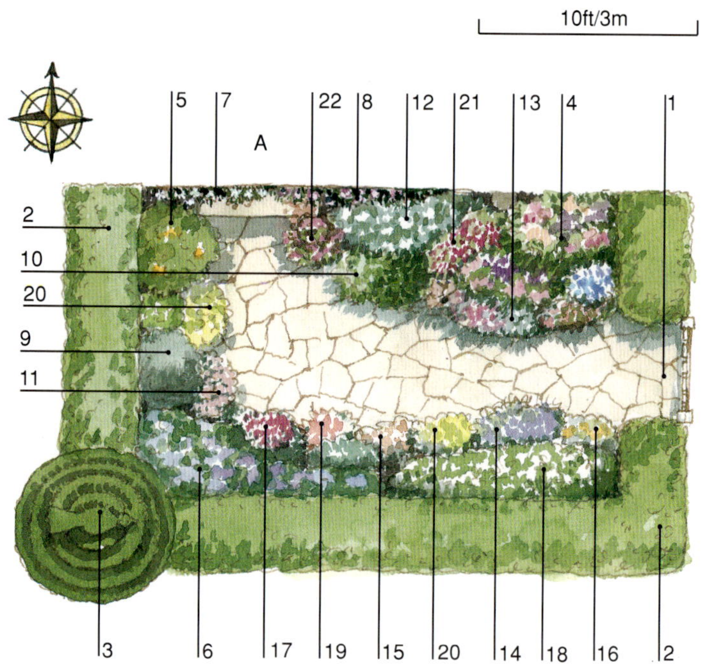

Ein großer Teil des Gartens wird von einem rustikalen Steinweg **(1)** eingenommen, der zur Eingangstür des Hauses führt (A). Als Einfassungshecke **(2)** dient hier Weißdorn, eine andere Möglichkeit wäre eine Hecke aus unterschiedlichen Feldgehölzen. Damit ließe sich ein wundervoller »Heckenteppich« herstellen, beispielsweise eine Mischung aus Ilex, Weißdorn und Buche. Die Hecke sollte etwa 80 bis 90 Zentimeter Höhe nicht überschreiten, damit die Sonnenstrahlen ungehindert einfallen und sich die Pflanzen darüber erheben können. An einer Ecke habe ich eine Formschnitteibe **(3)** vorgesehen, die erst beschnitten werden sollte, nachdem der Baum über die Hecke hinausgewachsen ist. Selbst eine vorhandene alte Eibe ist niemals zu groß, um in Form geschnitten und gezogen zu werden. In weniger als fünf Jahren entsteht so ein spektakulärer und dauerhafter Blickfang, der nur wenig jährliche Pflege erfordert. Gleichgültig, ob eine vorhandene oder eine gänzliche neue Eibe beschnitten wird, wichtig ist eine sichere Hand, damit der Formschnitt zu einem Vogel gelingt. Leichter und fast genauso wirkungsvoll wäre jede Form eines etagenförmigen »Kuchenständers«. Sie sollten nicht vergessen, den Baum jedes Frühjahr mit Knochenmehl zu düngen, damit er gut wächst. Da dies die einzige Eibe im Garten ist, würde ich den Kauf eines ausgewachsenen Exemplars empfehlen, so daß sofort mit dem Formschnitt begonnen und eine unmittelbare Wirkung erzielt werden kann. Der gesamte übrige Raum beidseitig des Weges stellt ein einziges Blumenbeet dar, das je nach Vorliebe mit den Blumen auf Seite 151 bepflanzt werden kann. Darunter müssen stets hohe Pflanzen sein, die schon immer Bestandteil solcher Gärten waren – wie Stockrosen **(4)**, Sonnenblumen **(5)** und Rittersporn **(6).** Kletterpflanzen sollten sich an Mauern und Vordächern emporwinden: hier *Clematis* 'Henryi' **(7)** und eine 'Paul's Himalayan Musk' Rose (1848) **(8),** die mit ihren offenen Blütenzweigen kleiner rosaüber hauchter Blüten sehr anmutig

Rechts. Die Aquarelle von Helen Allingham beschwören ein Ideal, das jeder Besitzer eines Cottage-Gartens anstrebt. Hier fing sie diesen zauberhaften Stil ein, wie er sich in einem einfachen Kiesweg, einem einladenden Gartentörchen und Kaskaden von Frühlingsblumen äußerte – darunter Tulpen, Hasenglöckchen, Osterglocken, Träubelhyazinthen und Stiefmütterchen.

Unten. Dieses Aquarell von Arthur Claude Strachan (1865-1935) bewahrt den wunderschönen, nur durch hohen Arbeitsaufwand zu erzielenden Anblick eines Cottage-Gartens. Eine überaus dichte, üppige Bepflanzung mit Stauden lieferte die Hauptzutaten, insbesondere Rittersporn, Phlox und Stockrosen. Im Vordergrund der Rabatten wuchsen stets niedrige, kriechende Pflanzen wie Nelken und Veilchen.

wirkt. Eine Alternative wäre die Noisette-Rose 'Gloire de Dijon' (1853) – hochgeschätzt in den damaligen Cottage-Gärten (auch 'Old Glory Rose' genannt) –, deren isabellgelb gefärbte Blüten manchmal Rosarot und Gold überhaucht erscheinen. Gleichermaßen wichtiger Bestandteil sind Kräuter, die hier mit Rosmarin *(Rosmarinus officinalis)* **(9),** Salbei *(Salvia officinalis)* **(10)** und Thymian **(11)** vertreten sind. Alle übrigen Flächen sollten mit nostalgischen Blumen gefüllt werden: zum Beispiel mit weißem Phlox **(12),** Nelken **(13),** altem englischen Lavendel **(14),** Reseden **(15),** Stiefmütterchen **(16),** Baldrian **(17),** Madonnenlilien **(18),** Bartnelken **(19)** und *Alchemilla mollis* **(20).** Denken Sie daran, im Sommer Topfpflanzen zu verteilen, die vor Kälte und Frost geschützt überwintern. Hier stehen eine purpurrote Fuchsie **(21)** und eine Pelargonie **(22)** in Blumentöpfen. Blumen in Tongefäßen steigern die Wirkung ganz erheblich, sind allerdings arbeitsaufwendig. Nutzen Sie die Möglichkeit, verblühte Stauden durch solche Topfpflanzen zu ersetzen. In Töpfen vorgezogene Lilien lassen sich an jeder Stelle des Beetes eingraben, um kahle Stellen zu verbergen. Im Laufe der Jahre entstehen in Ihrem Garten die schönsten Effekte durch zufällige Selbstaussaat. Fingerhut sät sich beispielsweise bereitwillig aus und bildet, sofern er nicht versetzt wird, prachtvolle Ähren purpurner und weißer Blüten. Rechnen Sie ruhig mit solchen bezaubernden Überraschungen, die dem Spiel der Natur entspringen.

EIN GARTEN IM STIL GERTRUDE JEKYLLS

Viele der Wirkungen, nach denen wir uns in unseren Gärten sehnen, gehen auf die Arbeit von Gertrude Jekyll zurück, der großartigsten Malerin und Gartengestalterin in der Geschichte der Gartenkunst. Ihre Gärten – die besten schuf sie gemeinsam mit dem genauso berühmten Architekt Sir Edwin Lutyens (1869–1944) – sind die prachtvollsten Zeugnisse eines goldenen Zeitalters von etwa 1900 bis zum Ausbruch des Ersten Weltkrieges, Ära des Abendglanzes der großen Countryhouses und ihrer Gärten. Um einen wirklich authentischen Garten in ihrem Stil neu zu schaffen, bedürfte es eines ganzen Lebens – allerdings wäre das Resultat ein hinreißendes Schauspiel.

Für einen heutigen Gartenbesitzer, der einen Garten im Stil Jekylls anlegen möchte, ist es schwer, mehr zu erreichen als nur Anklänge an ihre Gestaltungsprinzipien, die sie in ihrem Buch *Colour in the Flower Garden* (1908) niederlegte. Sie pflegte Pflanzen, die gleichzeitig blühen, auch nebeneinander zu setzen. Vor allem aber glaubte sie fest daran, daß eine Farbe nie aus sich heraus wirkt, sondern ihre beste Wirkung nur dann erzielt, wenn die Farben der Nachbarpflanzen mitberücksichtigt werden. Daher unterteilte sie einen Garten nach jahreszeitlichen Blühperioden und – noch entscheidender für ihre Einschätzung, wie ein kleiner Raum gestaltet werden sollte – setzte sie die Farben mit dem Geschick und der Sorgfalt eines Malers ein. Dabei half ihr eine Reihe von Farbtabellen und -kreisen, die sie nach den Erkenntnissen des Franzosen Michel Eugène Chevreul zusammenstellte.

Mein Entwurf basiert im Prinzip auf dem einzigen kleinen Garten, den G. Jekyll und E. Lutyens 1904 gemeinsam anlegten: Millmead in Bramley (Surrey). Auf einem langen, schmalen Grundstück teilten sie die Fläche in vier Bereiche unterschiedlicher Höhe ein, die Lutyens durch seine typischen, prägnant architektonischen Elemente noch betonte. Dazu gehörten auch Trockenmauern zur Abstützung der Terrassen, die so angelegt wurden, daß sie Pflanzen Raum boten. Ein Rosengarten am Haus, der von einem Strauchbeet umgeben wurde, leitete zu einem Garten mit Schöpfbrunnen über. Ein darauf folgender Gartenbereich war dicht mit Sträuchern bepflanzt, hinter denen sich Gartengeräte verbergen ließen. Der Garten schloß mit einer kleinen Abteilung ab, die den Durchblick nach außen einrahmte. Auf dieser winzigen Fläche waren nicht weniger als drei Gartenhäuser untergebracht. Deren Entwürfe sind zusammen mit einem detaillierten Pflanzschema in G. Jekylls Buch *Gardens for Small Country Houses* (1912) enthalten. Dieses Paradies quoll von Pflanzen und Laub nur so über.

Der Garten ist T-förmig, in der längsten, der Ost-West-Achse, mißt er etwa 55 Meter, die Rasenflächen sind etwa 18 Meter lang. Der Gesamtentwurf enthält vier verschiedene Gärten, die sich vom Hause aus absenken. Er beruht auf dem Prinzip von G. Jekyll, jeden Teil des Gartens für eine bestimmte Jahreszeit besonders wirkungsvoll zu gestalten: hier ein Rosengarten für den Juni, ein Rasengarten mit Stauden für die Sommermonate, eine Pergola mit Pflanzen für die meisten Jahreszeiten und ein silbergrauer Garten für Juli und August. Der Rasengarten führt auf einen Brunnengarten zu, der mit Frühlings- und spätsommerlichen Blumen bepflanzt wird.

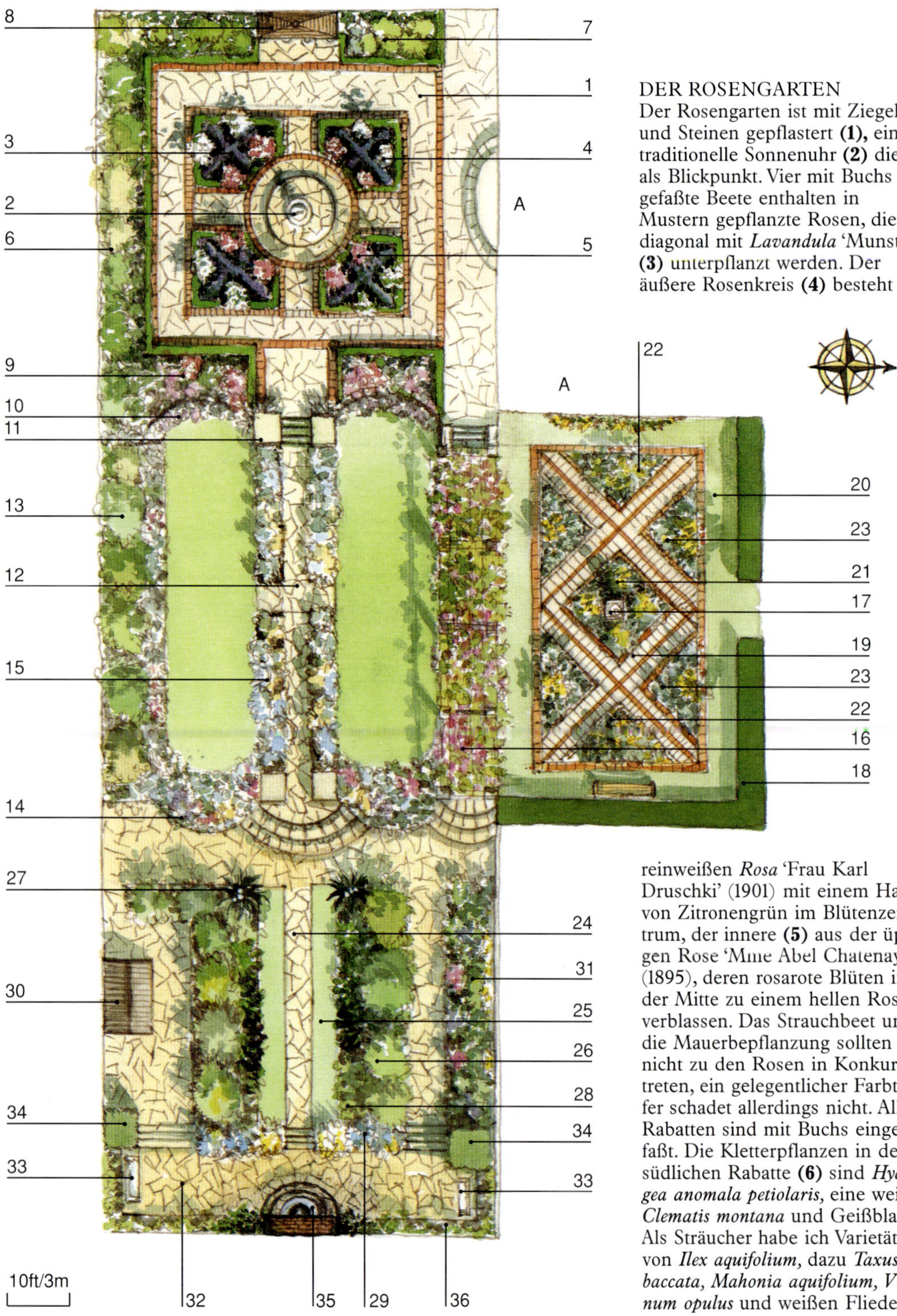

DER ROSENGARTEN

Der Rosengarten ist mit Ziegeln und Steinen gepflastert **(1),** eine traditionelle Sonnenuhr **(2)** dient als Blickpunkt. Vier mit Buchs eingefaßte Beete enthalten in Mustern gepflanzte Rosen, die diagonal mit *Lavandula* 'Munstead' **(3)** unterpflanzt werden. Der äußere Rosenkreis **(4)** besteht aus reinweißen *Rosa* 'Frau Karl Druschki' (1901) mit einem Hauch von Zitronengrün im Blütenzentrum, der innere **(5)** aus der üppigen Rose 'Mme Abel Chatenay' (1895), deren rosarote Blüten in der Mitte zu einem hellen Rosé verblassen. Das Strauchbeet und die Mauerbepflanzung sollten nicht zu den Rosen in Konkurrenz treten, ein gelegentlicher Farbtupfer schadet allerdings nicht. Alle Rabatten sind mit Buchs eingefaßt. Die Kletterpflanzen in der südlichen Rabatte **(6)** sind *Hydrangea anomala petiolaris,* eine weiße *Clematis montana* und Geißblatt. Als Sträucher habe ich Varietäten von *Ilex aquifolium,* dazu *Taxus baccata, Mahonia aquifolium, Viburnum opulus* und weißen Flieder vorgesehen. Den Vordergrund nimmt eine Bepflanzung aus Schwertlilien, Storchschnabel, Stiefmütterchen, Salomonssiegel, Farnen und *Helleborus orientalis* ein. Die westliche **(7)** Rabatte trägt die Kletterpflanzen *Jasminum nudiflorum,* einen Wein und Forsythien. Das Gartenhaus **(8)** wird von Rosmarin gerahmt, daneben wachsen *Viburnum tinus, Aucuba japonica* und Ölweide. Die östlichen, buchsgefaßten Beete **(9)** oberhalb der gebogenen Stützmauern **(10)** enthalten Pflanzen in Rosarot, Mauve und Weiß. Die Treppe **(11)** wird von niederliegendem Rosmarin eingerahmt, und Steinbrech, Iris-Varietäten, Fetthenne, Glockenblumen, Stiefmütterchen, Christrosen, Steinnelken und Hornkraut wachsen in den Nischen der Wände.

DER RASENGARTEN

Ein zentraler Steinweg **(12)** hält die Komposition zusammen. Die südliche Rabatte **(13)** ist mit einer Auswahl immergrüner Sträucher und im Vordergrund mit Schattenpflanzen wie Funkien, *Tellima,* Veilchen, Lungenkraut und *Tiarella cordifolia* bepflanzt. Das rosarote, mauve und weiße Thema setzt sich am Rande dieses Gartens bis über die nächsten stützenden Trockenmauern **(14)** fort. Die Rabatten beiderseits des Weges **(15)** sind in Blau, Creme, Hellgelb und Silber gehalten. Sie basieren auf einigen Blumenbeeten in Munstead Wood, die G. Jekyll für eine sommerliche Prachtentfaltung gestaltete. Vom Rosen- zum Brunnengarten passiert man unter anderem *Crambe maritima, Iberis sempervirens, Iris pallida, Stachys byzantina, Eryngium x oliverianum,* weiße Lilien, gelbe und weiße Löwenmäulchen, *Euphorbia characias wulfenii, Clematis recta, Senecio bicolor cineraria (syn. Cineraria maritima), Santolina chamaecyparissus, Bergenia cordifolia, Campanula lactifolia, Achillea eupatorium, Iberis saxatilis und Ruta graveolens.*

DIE PERGOLA
Pergolen sind wichtige Elemente in den Gärten von Lutyens und Jekyll, stets überwuchert von einer Vielfalt kletternder Pflanzen. Unsere Pergola **(16)** wurde aus Ziegelsteinen, Platten und Holz errichtet, und ich würde als Kletterpflanze die lachsrosa Rose 'Climbing Mme Abel Chatenay' vorschlagen, die G. Jekyll für »die farblich beste Gartenrose« hielt, dazu Geißblatt und *Clematis flammula*.

DER SILBERGRAUE GARTEN
Diesem flachen Garten mit einer Statue als Blickpunkt **(17)** nähert man sich über Stufen von der Pergola aus. Die umschließende Eibenhecke **(18)** bildet die Kulisse für die Pflanzen, die sich aus in Mustern angelegten, stein- oder ziegelgefaßten Beeten **(19)** ergießen. Ein grünes Grasband **(20)** umgibt das Ganze. Als Bindeglieder für die Komposition habe ich vier *Senecio* 'Sunshine', symmetrisch um die Statue im Mittelbeet zu pflanzen **(21),** zwei *Phlomis fruticosa* in den Beeten am Ende **(22)** und Königskerzen in den übrigen vier Beeten **(23)** vorgesehen. Ansonsten müßten die Beete mit silber- oder graulaubigen Pflanzen gestaltet werden, wobei ausschließlich weiße oder gelbe Blüten ausgewählt werden dürfen: etwa weiße 'Mrs Sinkins' Nelken, weiße Lichtnelken, *Senecio bicolor cineraria,* Schwarznessel und Heiligenkraut. An der Hauswand **(A)** klettert *Cytisus battandieri* empor.

DER BRUNNENGARTEN
Die letzte Stufe des Hauptgartens engt die Perspektive ein und sorgt für scheinbar größere Länge. Der Weg **(24)** wird von Gras **(25)** und zwei Strauchrabatten **(26)** flankiert, die mit Immergrünen mit kleinen Blüten und Früchten bepflanzt werden: *Eucryphia,* Duftblüte, *Ilex aquifolium,* Mahonie und Skimmie. Als Unterpflanzung dienen im Frühling blühende Zwiebel- und Blütenpflanzen: Schneeglöckchen, Osterglocken, Schachblumen, *Iris reticulata, Sternbergia,* Enzian und Christrose; später im Jahr sorgen Funkien und Lilien für reizvolle Effekte. Die Beete enden mit ›Ausrufezeichen‹ aus Yuccapalmen **(27)** und Bergenien **(28);** am anderen Ende, gegenüber dem Brunnen, liegt eine Sommerrabatte **(29)** in Blau und Weiß mit beispielsweise Rittersporn, Schleierkraut, Fingerkraut und *Centaurea montana.* Hinter dem Strauchbeet auf der einen Seite verbirgt sich ein Gartenschuppen **(30),** das gegenüberliegende säumt einen Weg gemeinsam mit einer Rabatte **(31)** mit Astern, von der sich weißblühende Kletterpflanzen abheben: *Clematis montana* und *Rosa* 'Mme Alfred Carrière' (1879), die G. Jekyll für »die beste weiße Kletterrose« hielt. Der Querweg am Ende **(32)** endet beidseitig mit Sitzplätzen **(33),** die von beschnittenem portugiesischem Lorbeer **(34)** gerahmt werden. Der Wandbrunnen **(35)** kann einfach errichtet werden (siehe S. 1). Die Mauer wird von Kletterpflanzen in schmalen Beeten verkleidet: Säckelblume, Efeu, Jasmin und eine rosarote Zierquitte; darunter werden Gruppen von Bergenien gepflanzt. Ich empfehle für den nach Norden gerichteten Sitz eine Passionsblume und für den gegenüberliegenden eine Zwergmispel.

Oben. Dieses Autochrome hat G. Jekyll um 1900 aufgenommen. Es zeigt einen Ausschnitt ihres Gartens in Munstead Wood mit einer in Grau, Weiß, Blau und Rosa gehaltenen Rabatte. Die sorgfältige Kombination abgestufter Farben, die sich in aufstrebenden Gruppen aus einer markanten Grundbepflanzung erheben, sind kennzeichnend für ihren Stil.

Rechts. Diese von Percy Cane (1881-1976) für Kingswood House (Sunningdale, Surrey) entworfene Pergola aus Ziegelsteinen und Holz entstammt den zwanziger Jahren. Um 1914 wurden Pergolen als anmutige Stütze für die – neben Rosen – nun in vielfältiger Auswahl zur Verfügung stehenden Kletterpflanzen weithin üblich. Neben solch massiven Exemplaren gab es durchaus auch Pergolen aus Lärchenstämmchen.

EIN VORSTADTGARTEN DER ZWISCHENKRIEGSZEIT

Dieser Gartentyp repräsentiert das goldene Zeitalter der mittelständischen Gartenanlagen. Die bis heute anhaltende, außerordentliche Beliebtheit dieses Stils beruht maßgeblich darauf, daß er sich kleinen Grundstücken anpassen läßt: Seine Untergliederung in geometrische Abteilungen bedeutet, daß einzelne Elemente je nach Geschmack und verfügbarem Platz ausgelassen oder umgeordnet werden können. Fester Bestandteil ist nur der unantastbare Rasen.

Zwischen 1920 und 1939, ehe die preiswerten Hilfskräfte verschwanden, ließen die Wertschätzung einheimischer Kultur und die Wiederbelebung spätviktorianischer Formalität einen Kleingartentyp entstehen, der sich ideal für mittelständische Wohnhäuser in den Vorstädten eignete. Alle wurden nach ähnlichen Mustern angelegt, und ihre Bestandteile glichen sich trotz gewisser Verschiebungen: Sie waren formal im Stil, ein Zaun oder eine Mauer trennte den Obst- und Gemüsegarten vom eigentlichen Garten; der Ziergarten wurde durch Gitterwerk oder Hecken weiter untergliedert, um eine Anzahl festgelegter Elemente aufzunehmen.

Das wichtigste war der Rasen, dessen Vorrang sich seitdem als unwandelbar erwiesen hat. Niemals zerschnitten Wege seine makellos grüne Fläche, stets verliefen sie seitlich. Damals genoß das Leben im Freien eine hohe Wertschätzung, wovon die Unverletzlichkeit des Rasens Zeugnis ablegte. Da man an die wohltuenden Eigenschaften der Sonne glaubte, lagen Rasenflächen bewußt in der Gartenmitte, um ihre Strahlen bestmöglichst einzufangen. Dort stellte man auch die Gartenmöbel auf – vorwiegend den allgegenwärtigen Liegestuhl –, und dort durften die Kinder spielen.

Dank der Zucht der wiederholt blühenden Teehybriden war der Rosengarten ein weiteres bevorzugtes Stilelement. Genauso beliebt waren Blumengärten, besonders solche mit nostalgischen Blumen und Staudenbeeten, und nur wenige Gärten verzichteten auf Wasser – sei es auch nur ein kleiner Teich. Gelegentlich kamen auch Kräuter- oder Steingärten vor.

Großer Wert wurde auf Bodenmuster gelegt: Wege und mit Steinen und Ziegelsteinen belegte Flächen, dazu großflächiges Natursteinpflaster. Gartengebäude waren selten, der häufigste Gartenschmuck war die Sonnenuhr. Vogelbäder waren beliebt, während die Statuen kleiner wurden. Viele der typischen Eigenschaften dieses Stils sind hier berücksichtigt. Mein Entwurf lehnt sich an einen Vorschlag in George Dillistones Buch *The Planning and Planting of Little Gardens* (1920) an, eines der vielen zeitgenössischen Bücher mit Gestaltungsbeispielen.

Der Garten ist L-förmig und etwa 45 x 30 x 15 Meter groß. Gatter und Hecken unterteilen ihn in separate Abteilungen. In der Südwestecke des Gartens liegt der Teich. Der Garten wird von einem Holzzaun umgeben (1,50 Meter hoch), der im Bereich des Ziergartens von einem Gitter überragt wird. Kletterpflanzen stellen eine gewisse Abgeschlossenheit sicher.

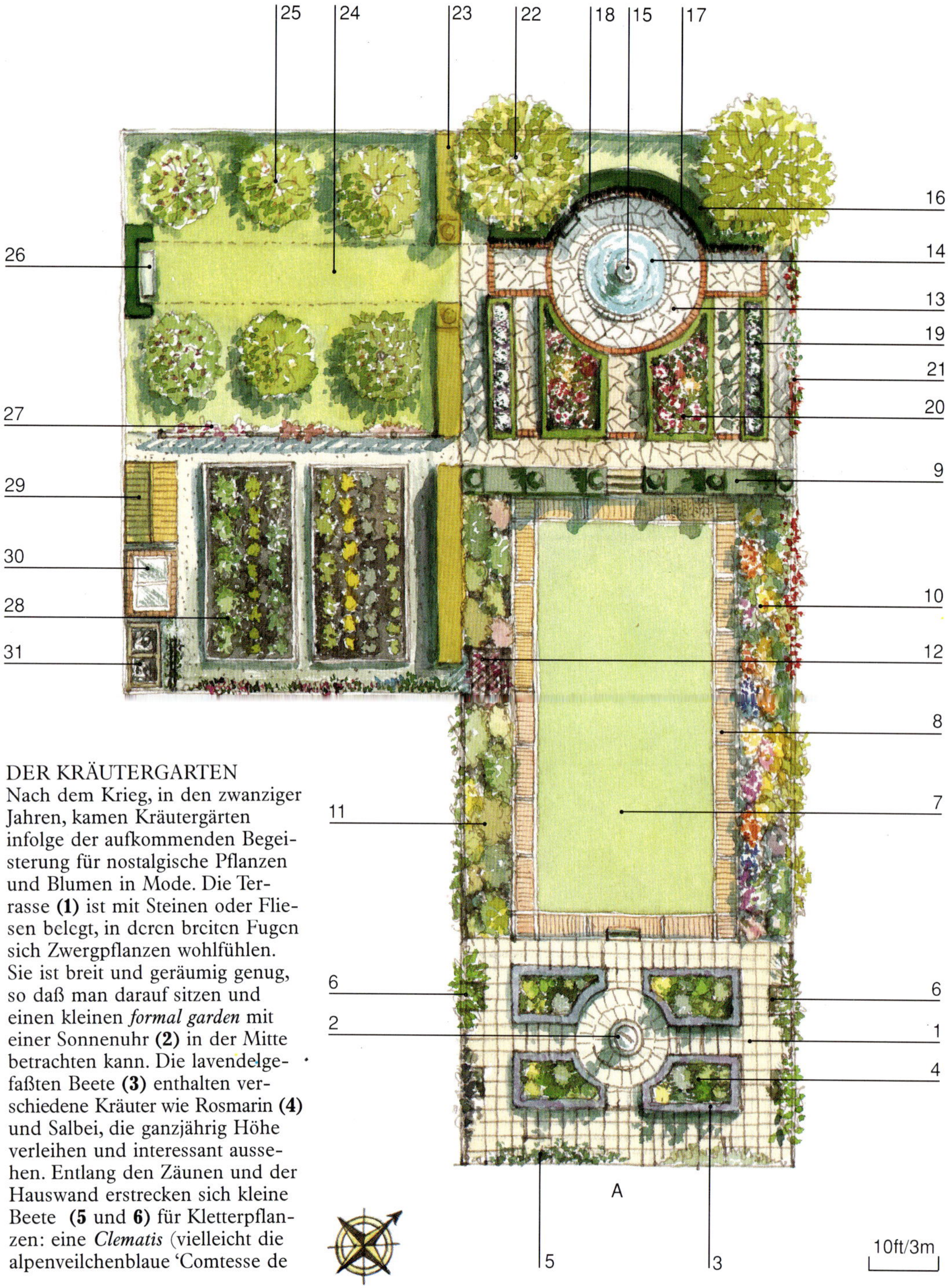

DER KRÄUTERGARTEN

Nach dem Krieg, in den zwanziger Jahren, kamen Kräutergärten infolge der aufkommenden Begeisterung für nostalgische Pflanzen und Blumen in Mode. Die Terrasse **(1)** ist mit Steinen oder Fliesen belegt, in deren breiten Fugen sich Zwergpflanzen wohlfühlen. Sie ist breit und geräumig genug, so daß man darauf sitzen und einen kleinen *formal garden* mit einer Sonnenuhr **(2)** in der Mitte betrachten kann. Die lavendelgefaßten Beete **(3)** enthalten verschiedene Kräuter wie Rosmarin **(4)** und Salbei, die ganzjährig Höhe verleihen und interessant aussehen. Entlang den Zäunen und der Hauswand erstrecken sich kleine Beete **(5 und 6)** für Kletterpflanzen: eine *Clematis* (vielleicht die alpenveilchenblaue 'Comtesse de Bouchard'), eine Passionsblume am einen Zaun, Kletterhortensie und Jasmin am Haus und Wilder Wein und Feuerdorn am anderen Zaun.

DER RASENGARTEN

Der Rasengarten ist leicht eingesenkt. Blickfang ist ein wohlgepflegter, 17,10 x 7,90 Meter messender Rasen **(7),** der von einem 90 Zentimeter breiten Weg **(8)** mit Ziegelmustern und Steinen umgeben wird. Die Eibenhecke **(9),** die zu stilgerechten Formen geschnitten wird, begrenzt den Rasen am Südende. Sie verbirgt den Rosengarten, gestattet aber zwischen ihren Pfeilern den Durchblick auf den Springbrunnen, der im Blickpunkt der Gartenhauptachse liegt. Eibe – auch wenn sie Geduld verlangt – ist immer noch die beste Heckenpflanze, doch Lebensbaum oder goldener Liguster sind gleichfalls gute, stilgerechte Alternativen. Möglich wäre auch ein dekoratives, von Kletterrosen durchwachsenes Gitter. Der Rasengarten wird von Rabatten flankiert. Die ostwärts gerichtete **(10)** enthält Stauden, die sorgfältig ausgewählt werden müssen, damit sie von Mai bis Oktober dauerhaft in Blüte steht. Hier ist sie in spätherbstlicher Pracht mit Astern, Gänseblümchen, Sonnenbraut und Sonnenblumen dargestellt. Dahinter stehen Kletterpflanzen, wie eine *Vitis coignetiae* (wegen der prachtvollen Herbstfärbung) und die purpurviolette *Clematis x jackmanii.* Die westwärts gerichtete Rabatte **(11)** enthält im wesentlichen Sträucher, die wegen ihres immergrünen oder panaschierten Laubes, ihrer Blüten oder Früchte ausgewählt wurden: Zwergmispel, Ginster, gelbrandige Ölweide, lorbeerartiger Schneeball, purpurne Berberitze, *Aucuba japonica,* Hartriegel und Deutzie. Der Vordergrund der Rabatte wird für den Frühling mit Zwiebel- und Knollenpflanzen unterpflanzt, das Gitter dahinter bedecken Forsythien und Geißblatt. Etwa in der

Mitte der Rabatte überspannt ein Gitterbogen **(12)** den Durchgang zum Küchengarten (für den Schubkarren). Über den Bogen sollte eine Rose klettern, vielleicht 'Dorothy Perkins' (1902).

DER ROSENGARTEN
Zwei oder drei Stufen führen in den Rosengarten hinauf, der mit Steinen und Ziegeln in geometrischen Mustern **(13)** gepflastert ist. Als Blickpunkt dient ein Teich **(14)** von 3,60 Meter Durchmesser, der mit damals außerordentlich beliebten Seerosen bepflanzt wird. Die zentrale Fontäne **(15)** hebt sich gegen eine 1,80 Meter hohe Eibenapsis **(16)** ab, die gleichzeitig den Umfassungszaun verbirgt. Statt einer Eibenhecke kann man auch eine genauso geformte, verputzte Ziegelmauer mit seitlichen Pfeilern und Mauerkrönung errichten; daran lassen sich mehr Kletterpflanzen ziehen. In die Biegung der Apsis fügen sich zwei Holzbänke **(17)** und ein schmales Beet **(18)** mit *Viola riviniana purpurea* (früher als *V. labradorica purpurea* bekannt) ein. Die Rosenbeete werden hier von Buchs eingefaßt und mit roten und weißen Rosen bepflanzt. Ein anderes Farbkonzept könnte aus der beträchtlichen Zahl immer noch erhältlicher, stilgerechter Rosen (1900–1939) auswählen. Die beiden langen, flankierenden Beete **(19)** tragen eine Reihe von Hochstammrosen 'Little White Pet' (1879), die mit lavendelfarbenen Veilchen unterpflanzt werden. Die beiden Beete in der Mitte **(20)** enthalten Hybrid-Teerosen in den bevorzugten kräftigen Farben der Epoche: *R.* 'Gustav Grünerwald' (1903), 'Marchioness of Salisbury' (1890), 'Reverend F. Page-Roberts' (1921), 'Shot Silk' (1914) und 'W. E. Lippiat' (1907). Als Unterpflanzung habe ich tief purpurrote Veilchen gewählt. Entlang dem nach Süden weisenden Zaun **(21)** wachsen zwei rote, kletternde Teehybriden, 'Climbing General MacArthur' (1923) und 'Souvenir de Claudius Denoyel' (1920), die die weiße Remontant-Hybride 'Frau Karl Druschki' (1906) flankieren. Im Gras hinter der Apsis stehen zwei blühende Kirschbäume **(22):** Varietäten mit rosaroten Blüten und bronzefarbenen Blättern wären stilgerecht. Eine goldene Ligusterhecke **(23)** teilt den Zier- vom Nutzgarten.

DER OBSTGARTEN
Ein gemähter Pfad **(24)** im hohen Gras führt durch eine Obstbaumallee **(25)** (vielleicht zwei Birn-, zwei Apfel- und zwei Pflaumenbäume) zu einer Holzbank in einer beschnittenen Eibennische **(26)**. Im Frühling sollte eine naturnahe Narzissenbepflanzung das Gras zieren.

DER KÜCHENGARTEN
Ein Gitterzaun **(27),** an dem auch Kletterpflanzen emporranken können, trennt den Küchen- vom Obstgarten. Dort ist genügend Platz für Gemüse und Beerenobst **(28),** einen Geräteschuppen **(29),** Frühbeet **(30)** und Komposthaufen **(31),** der hinter einem Gitter oder Zaun verborgen bleibt. Da heute eine breite Auswahl von frischem Obst und Gemüse in den Geschäften verkauft wird, unterschätzt man oft die wichtige Funktion eines Nutzgartens. Wenn Ihnen ein solcher Garten jedoch überflüssig erscheint, sollten Sie den Obstgarten vergrößern oder den Kräutergarten vom Haus nach hier verlegen und somit Platz für Rasen und Staudenbeete gewinnen.

Oben. Ein herbstliches Staudenbeet, das Lilian Stannard zwischen den Weltkriegen malte, prunkt mit Jekyllscher Überfülle. Allerdings fehlt ihre überlegte Farbgebung, denn hier mischen sich Gelb und Rot. Der mit Natursteinen gepflasterte Weg führt auf eine weinbedeckte Laube zu. Er wird von Ziegeln und einem Grasstreifen eingerahmt, von dem sich die beiderseitigen Rabatten abheben.

Rechts. Ein Rosengarten aus der Zeit nach G. Jekyll, der sich deutlich von seinem viktorianischen Vorgänger unterscheidet. Die Blumen heben sich bestens von der Einfriedung durch dunkelgrüne Eibenhecken ab. Das Fischgrätmuster der Ziegelwege bildet einen prägnanten Akzent auf Bodenebene.

EIN ABGESENKTER GARTEN DER ZWISCHENKRIEGSZEIT

Dieser Gartentyp fand in den aufstrebenden Vorstädten der zwanziger und dreißiger Jahre ungeheuren Anklang, und seine Anziehungskraft ist noch heute ungebrochen. Der abgesenkte Garten gehört zu den wenigen modernen Konzepten, die einem kleinflächigen Garten zu einem logischen und eleganten, wenn auch nur bescheidenen Wechsel in der Höhenstufung verhelfen. Als erfolgreiche Lösung, Wasser in einem kleinen Garten einzusetzen, ist er unschlagbar, da das Wasser ganz ohne Verstellung als architektonischer Akzent eingesetzt wird.

Der abgesenkte Garten geht zwar auf die Gartengestaltung der Zeit vor dem Ersten Weltkrieg zurück, aber erst in der Zwischenkriegszeit setzte er sich so durch, daß er beinahe als prägend für diese Zeit gewertet werden kann. Die neu erstandene Formalität, das Interesse an Wasser und Wasserpflanzen und die Vorliebe G. Jekylls, feste Strukturen durch sich ausbreitende, niedrig wachsende Pflanzen zu brechen, waren eindrucksvolle Kennzeichen der Vorkriegszeit. Von Springbrunnen abgesehen spielte Wasser in den kleinen viktorianischen Gärten im allgemeinen keine Rolle. Seit Beginn des 20. Jahrhunderts wurde dagegen Wasser selbst für die Eigner und Bearbeiter kleinster Grundstücke immer erreichbarer. Der Grund dafür war in preiswerten Baumethoden und später dann in der Verbreitung elektrischer Pumpen zu sehen.

Inigo Triggs (1876–1923), ein großer Liebhaber des formalen Stils, gestaltete einen der ersten abgesenkten Gärten in Little Boarhunt (Liphook, Hampshire). Er enthielt bereits alle Elemente, die wieder und wieder kopiert wurden, bis das Muster zum Klischee wurde: ein abgesenktes Grasrechteck, in dessen Zentrum ein geometrisch gefaßter Wasserstreifen lag, kurze, herabführende Treppen und Steingartenpflanzen, die über die eingrenzenden Wände wucherten.

Mein Entwurf basiert auf einem der vielen Vorschläge in G. C. Taylors Buch *The Modern Garden* (1936), in denen das Muster in zahllosen Beispielen variiert wurde. In der Regel war ein abgesenkter Garten wie hier von einem oder manchmal zwei großzügigen Staudenbeeten eingeschlossen.

Der Garten verlangt nicht viel Aufwand, und selbst dieser kann weiter reduziert werden, wenn die gesamte Mittelfläche gepflastert wird. In die breiten Fugen können Sie Pflanzen setzen, die bald für sich selbst sorgen. Die Anlage des Gartens erfordert die größte finanzielle Ausgabe. Da dies ein typischer flacher Garten ist, sollten Sie dauerhafte vertikale Elemente nicht vergessen, damit er nicht langweilig wirkt.

Die abgesenkte Fläche mißt 12,10 x 7,60 Meter. Ein solcher Bereich muß, nach welcher Himmelsrichtung er sich auch erstreckt, freiliegen. Weder umgebende noch überhängende Bäume oder Sträucher dürfen stehenbleiben, damit das Licht im Teich und auf den Pflanzen spielen und der Himmel und die Sonne sich im Wasser spiegeln können. Die Tiefe der Absenkung beträgt etwa 90 Zentimeter, und der flache Teich ist 5,50 x 2,70 Meter groß.

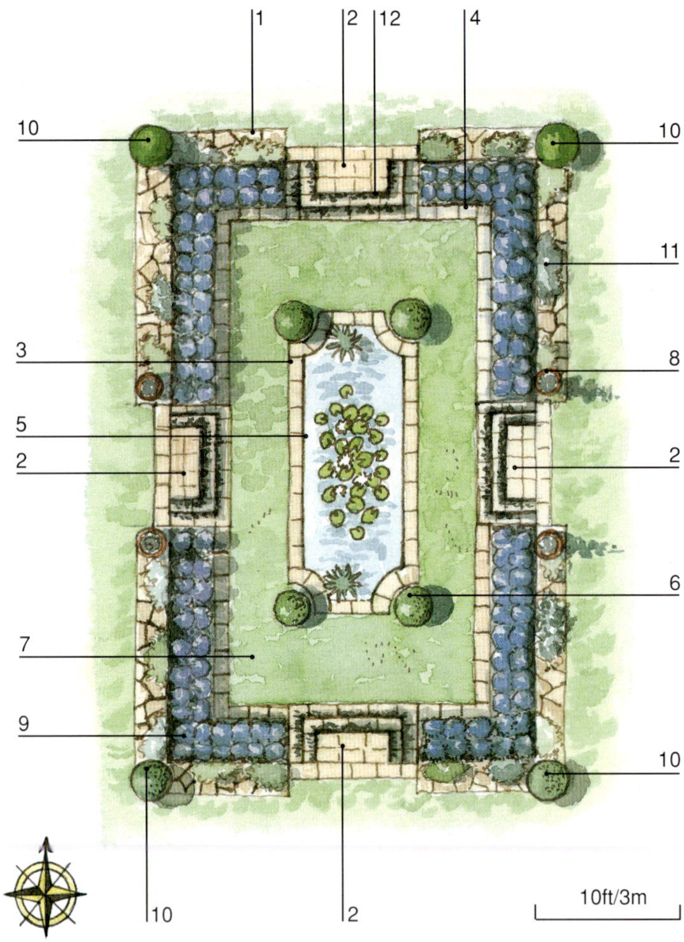

Die Umrandung ist mit der typischen Natursteinpflasterung **(1)** der zwanziger und dreißiger Jahre versehen, obwohl auch Steine oder Platten gut geeignet wären. Mit demselben, aber zugeschnittenen Material werden die Stufen **(2)** belegt, der Teich **(3)** und die säumenden Blumenbeete **(4)** eingefaßt. Möglich wäre auch, den Teich und die Beete mit Ziegeln zu umranden, die in den Stützwänden wiederkehren. Eine kleine Statue im wunderlichen Geschmack der Epoche könnte mitten im Teich einen attraktiven Blickfang bilden. Der Garten ist ausschließlich in Blau und Weiß gehalten. Im Teich **(5)** wachsen weiße Seerosen, von denen einige Varietäten schon in Wassertiefen von 30 Zentimeter gedeihen, und am Rand Gruppen winterharter Wasserpflanzen, die aus einer breiten Auswahl ausgesucht werden können, etwa *Iris versicolor.* An den Ecken stehen vier zu Kugeln beschnittene Buchsbäume **(6)**, die das ganze Jahr über für Attraktivität sorgen. An dieser Stelle kann vielfältig variiert werden, etwa durch Akzente aus Irischer Eibe oder Pflanzengefäße mit jahreszeitlich wechselnden Pflanzen. Der Teich wird von Rasen **(7)** umgeben, oder man pflastert die gesamte Fläche, läßt aber genügend Fugen für Pflanzen offen. Zu Spiralen gezogener Efeu in Tontöpfen **(8)** betont die Zugänge. Genausogut wäre jede beschnittene, immergrüne Pflanze geeignet. Mit transportablen Gefäßen und genügend Stauraum im Garten lassen sich bei sorgfältiger Planung dort das ganze Jahr über blühende Blickpunkte setzen. Wasser im Garten ist ein Augenerlebnis, wegen der Blüten der Wasserpflanzen und der Spiegelungen des wechselnden Lichtes. Oberhalb jeder Treppe läßt sich eine bequeme Bank aufstellen. Dann sollten Sie aber die beschnittenen Spiralen durch Rosmarin oder Lavendel ersetzen. Die Beete **(9)** werden mit *Lavandula* 'Hidcote' bepflanzt, der im Hochsommer tiefblaue Blütenstände und das ganze Jahr über graues Laub trägt. Eine Alternative wäre Katzenminze *(Nepeta)*, doch in jedem Fall sollten Sie blockhaft pflanzen, damit ein Kontrast zu dem punktuellen, lockeren Wachstum der Steingartenpflanzen entsteht. Bei sorgfältiger Planung läßt sich dieser Garten, der hauptsächlich ein Sommergarten ist, durch weiße Tulpen auch im Frühling attraktiv gestalten. Als geometrisch prägnante Akzente betonen vier Buchskugeln **(10)** die Ecken der umgebenden Pflasterung und Mauern. In Fugen auf den Mauerkronen **(11)** und in den Ritzen wachsen weißes Hornkraut und Blaukissen; blauer Thymian und weiße Gänsekresse oder *Iberis saxatilis* können zusätzlich oder statt dessen verwendet werden. Sandkraut **(12)** wächst aus den Treppenstufen hervor, Thymian wäre genausogut. Für diesen Garten bietet sich eine Vielfalt von Farbthemen an. Rosarot und Weiß, vielleicht mit Steinbrech in den Ritzen und Nelken in den Beeten, wären eine genauso hübsche Alternative wie Pflanzen mit ausschließlich silbernen und grauen Blättern. Jede Art von Bepflanzung in den umgebenden Rabatten sollte das Farbthema wieder aufnehmen. Die Abbildung der Vorseite zeigt *Stachys byzantina,* weiße Schwertlilien, Königskerze, *Geranium macrorrhizum album, Dianthus* 'Mrs Sinkins', zwei damals moderne Koniferen – *Thuja occidentalis* und *T. orientalis* 'Marrison Sulphur' – und *Picea glauca* 'Alberta Globe'.

Unten. Ein alternativer Entwurf sieht einen kreisförmigen Teich vor, der groß genug für Wasserpflanzen und einen kleinen, einzelnen Springbrunnen in der Mitte ist. Die Pflasterung besteht aus unregelmäßigen Natursteinen um den Teich und Ziegeln und rechteckigen Steinen oder Fliesen für die Wege. Vier Grasflächen leiten zu den ringsum verlaufenden Blumenbeeten über. Hübsch und stilgerecht wären silberne und goldene Pflanzen wie *Senecio* 'Sunshine', *Artemisia arborescens, Phlomis fruticosa, Stachys byzantina* und Schwarznessel. In den Mauerritzen fühlen sich kriechende Gänsekresse, *Alchemilla mollis* und *Cerastium tomentosum* wohl.

Links. Während der dreißiger Jahre wurden Farbreproduktionen möglich, so daß wir über neue und bessere Informationen über das wirkliche Aussehen der Gärten verfügen. Dieses Photo aus Richard Sudells *Landscape Gardening* (1933) bezeugt das gestiegene Interesse an kriechenden Steingartenpflanzen, die aus den Spalten des Natursteinpflasters hervorwachsen.

Unten. Grundriß von Jean S. Houchin für einen kleinen Teichgarten aus Percy Canes *Garden Design* (1931). Treppen führen herab, und in einer Ecke steht eine Bank. Der Teich wird von einer gemischten Bepflanzung vorwiegend in Grau, Blau und Purpur umgeben, etwa mit *Stachys byzantina,* Rittersporn, Lupinen, Marienglockenblumen und Katzenminze.

Unten. Dieser abgesenkte Garten in Ardmore (Pennsylvania, um 1925) ist in typisch geometrischer Art mit gestufter Steinabdeckung angelegt. Teiche wie diese waren damals außerordentlich beliebt und lagen stets weitab von großen Bäumen, um die Sonne einzufangen.

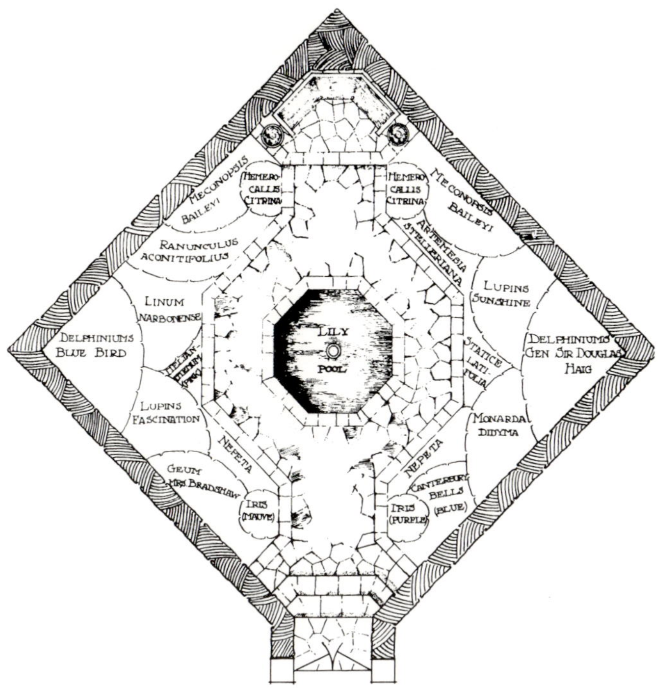

PFLANZEN FÜR DEN HISTORISCHEN GARTEN

In Deutschland und Großbritannien sind die meisten der unten aufgeführten Pflanzen in Gärtnereien erhältlich. Einige der alten Tulpenvarietäten finden sich jedoch nur in spezialisierten Betrieben in den Niederlanden.

Im Text erwähnte Pflanzen werden nicht mehr aufgeführt, ebensowenig schien eine Wiederholung der Namen innerhalb des Verzeichnisses selbst sinnvoll. In der Regel standen Pflanzen eines früheren Stils auch in den Gärten späterer Zeiten und Stile zur Verfügung. Daher lassen sich für einen viktorianischen Garten auch alle bereits vorher genannten Pflanzen verwenden; einige davon waren in viktorianischer Zeit sogar noch beliebter als zur Zeit ihrer Einführung.

Beliebte Pflanzen dieser Art breiteten sich rasch in den Gärten Nordamerikas und Europas aus. Das Verzeichnis gilt daher für beide Erdteile, und bis auf wenige Ausnahmen waren die wichtigsten Pflanzen überall erhältlich. Sofern die Pflanzen eher unter ihrem volkstümlichen Namen bekannt sind, wird dieser genannt (auch in Fällen, wo die botanische Zuordnung nicht eindeutig ist).

EIN SPÄTMITTELALTERLICHER GARTEN, 1450–1500

Blütenanger

Acker-Witwenblume *(Knautia arvensis)*
Akelei *(Aquilegia vulgaris)*
Braunelle *(Prunella vulgaris)*
Fingerkraut *(Potentilla sp.)*
Klatschmohn *(Papaver rhoeas)*
Kleines Mädesüß *(Filipendula vulgaris)*
Rainfarn *(Tanacetum vulgare,* syn. *Chrysanthemum vulgare)*
Schafgarbe *(Achillea millefolium)*
Scharfer Rittersporn *(Delphinium staphisagria)*
Schlüsselblume *(Primula vulgaris)*
Wiesenklee *(Trifolium pratense)*
Wiesenprimel *(Primula veris)*
Wiesensalbei *(Salvia pratensis)*

Hochbeete

Artischocke
Basilienkraut
Blauer Eisenhut *(Aconitum napellus)*
Bohnenkraut *(Satureja hortensis)*
Boretsch
Drachenwurz *(Dracunculus vulgaris)*
Eberraute
Goldlack
Immergrün
Iris 'Florentina', *I. germanica, I. pseudacorus*
Liebstöckel
Lorbeer
Melisse *(Melissa officinalis)*
Minze
Mutterkraut
Nachtviole
Oregano
Petersilie
Pfingstrosen *(Paeonia mascula, P. officinalis)*
Salbei
Salomonssiegel *(Polygonum multiflorum)*
Schnittlauch
Schöllkraut *(Chelidonium majus)*
Schwarze Christrose *(Helleborus niger)*
Stockrose
Stranddistel *(Eryngium maritimum)*
Weinraute
Ysop

Obstbäume

Apfelbäume: 'Coeur de Bœuf', 'Costard', 'Decio', 'Nonpareil', 'Pearmain'
Damaszenerpflaume
Haferschlehe, schwarze
Mandelbaum
Myrobalane oder Kirschpflaume, Mirabelle 'Mirabelle de Nancy', 'White Magnum Bonum'
Walnuß

EIN ITALIENISCHER RENAISSANCEGARTEN, 1550–1600

Bosco

Arbutus unedo (Erdbeerbaum)
Celtis australis (Zürgelbaum)
Ceratonia siliqua (Johannisbrotbaum)
Cercis siliquastrum (Judasbaum)
Colutea arborescens (Blasenstrauch)
Cornus mas (Gelber Hartriegel)
Cotinus coggyria syn. *Rhus cotinus* (Perückenstrauch)
Fraxinus ornus (Manna-Esche)
Hibiscus syriacus (Roseneibisch)
Laburnum alpinum
Laurus nobilis (Lorbeer)
Melia azedarach
Morus alba (Weißer Maulbeerbaum)
Paliurus spina-christi (Christusdorn)
Philadelphus coronarius (Pfeifenstrauch)
Phillyrea angustifolia, P. latifolia
Pinus pinea (Pinie)
Pistacia lentiscus (Mastixstrauch), *P. terebinthus* (Terebinthe)
Quercus suber (Korkeiche)
Ruscus hypoglossum
Spartium junceum (Binsenginster)
Staphylea pinnata (Pimpernuß)
Styrax officinalis (Storaxbaum)
Tamarix gallica (Tamariske)
Vitex agnus-castus (Mönchspfeffer)

Obstgarten

Apfelbäume: 'Api Rose', 'Chataignier', 'Francatu', 'Haut Bonté'
Aprikose *(Prunus armeniaca)*
Azaroldorn *(Crataegus azarolus)*
Lotuspflaume *(Diospyros lotus)*
Olive *(Olea europaea)*
Pistazie *(Pistacia vera)*
Sauerkirsche *(Prunus cerasus)*
Speierling *(Sorbus domestica)*
Süßkirsche *(Prunus avium)*
Wein *(Vitis vinifera,* z. B. 'Schiava Grossa' (='Black Hamburgh')

Kübelpflanzen

Agave americana
Capsicum annuum (Spanischer Pfeffer)
Dianthus caryophyllus (Nelke)
Ficus carica (Feige)
Nerium oleander (Oleander)
Yucca gloriosa

Orto

Acanthus mollis
Anemone coronaria, A. hortensis
Anthemis tinctoria (Färber-Hundskamille)
Antirrhinum majus (Löwenmäulchen)
Asphodeline lutea
Aster amellus
Calamintha grandiflora
Campanula medium (Marienglockenblume), *C. persicifolia* (Pfirsichblättrige Glockenblume), *C. glomerata* (Geknäuelte Glockenblume)
Celosia christata (Federbusch)
Centaurea cyanea (Kornblume), *C. montana*
Chamaemelum nobile 'Plenum' (Gefüllte Kamille)
Convallaria majalis (Maiglöckchen)
Cyclamen purpurascens (Alpenveilchen)
Dianthus barbatus (Bartnelke), *D. deltoides* (Heidenelke)
Dictamnus albus (Weißer Diptam)
Fritillaria imperialis (Kaiserkrone), *F. persica*
Gladiolus communis (Gladiole)
Hemerocallis lilio-asphodelus
Hermodactylus tuberosus (Wolfsschwertel)
Hyacinthus orientalis
Narcissus tazetta
Iris variegata
Lavandula stoechas
Leucojum vernum (Märzbecher)
Lilium bulbiferum, L. martagon (Türkenbundlilie)
Lunaria annua (Silberblatt)
Lychnis coronaria (Vexiernelke)
Malva moschata
Matthiola incana (Levkoje)
Muscari botryoides (Träubelhyazinthe)
Narcissus poeticus
Nigella damascena (Jungfer-im-Grünen)
Paeonia officinalis 'Rubra Plena'
Pancratium maritimum
Papaver somniferum (Schlafmohn)
Physalis alkekengi (Judenkirsche)
Ranunculus asiaticus
Salvia sclarea (Muskatsalbei)
Satureja montana (Winter-Bohnenkraut)

Tagetes patula (Studentenblume)
Tulipa schrenkii
Veratrum album (Weißer Germer)
Viola odorata, gefüllt
Viscaria alpina
Xeranthemum annuum

EIN RENAISSANCEGARTEN NORDEUROPAS, 1580–1630

Gemüsegarten
Chicorrée, Dicke Bohnen, Erbsen, Erdbeere *(Fragaria vesca)*, Kartoffeln, Kohl, Kopfsalat, Kürbis, Meerkohl, Möhren, Pastinak, Porree, Rettich, Rote Bete, Rote Johannisbeere, Spargel, Stachelbeeren, Weiße Rübe, Zwiebeln

Obstgarten
Apfelbäume: 'Calville Blanc d'Hiver', 'Calville Rouge d'Hiver', 'Court Pendu Plat', 'Fenouillet Gris', 'London Pippin', 'Royal Russet', 'Scarlet Crofton' Birnen 'Bishop's Thump', 'Black Worcester', 'Windsor'
Damaszenerpflaume, Gemeine Haferschlehe, weiße
Kirschen 'Morello', 'Noble' (syn. 'Tradescant's Heart')
Myrobalane oder Kirschpflaume, rote
Pflaumen 'Green Gage' ('Verdoch' of Parkinson'), 'Red Magnum Bonum'

Blumengarten – Zwiebel- und Knollenpflanzen
Allium moly
Crocus susianus, C. vernus
Cyclamen hederifolium
Eranthis hyemalis (Winterling)
Erythronium dens-canis (Hundszahn)
Fritillaria pyrenaica
Iris xiphoides (Englische Iris), *I. xiphium* (Spanische Iris)
Leucojum aestivum (Knotenblume)
Lilium chalcedonicum
Muscari comosum, M. c. 'Plumosum', *M. muscarimi*
Narcissus 'Eystettensis' (Königinnarzisse nach Anne von Dänemark, der Gattin Jakob I. *N. jonquilla, N. poeticus, N.* 'Telamonius Plenus' (syn. 'Van Sion')
Scilla peruviana
Sternbergia lutea
Tulipa gesneriana

Blumengarten – Ein- und zweijährige Blumen, Stauden
Amaranthus caudatus (Fuchsschwanz)
Anaphalis margaritacea
Anemone sylvestris (Wald-Windröschen)
Anthericum liliago (Astlose Grasnelke)
Astrantia major (Sterndolde)
Ballota pseudodictamnus
Campanula pyramidalis
Catananche caerulea
Centranthus ruber (Spornblume)
Consolida ajacis (Rittersporn)
Digitalis lutea (Gelber Fingerhut)
Echinops ritro, E. sphaerocephalus
Galega officinalis (Geißraute)
Gentiana acaulis (Stengelloser Enzian), *G. lutea* (Gelber Enzian)
Geranium macrorrhizum
Helianthus annuus (Sonnenblume)
Hemerocallis fulva
Hepatica triloba (darunter gefüllte Formen in Blau und tiefem Rosarot)
Hesperis matronalis (Nachtviole), gefüllte Formen
Hibiscus trionum
Iberis umbellata (Schleifenblume)
Iris graminea, I. pumila, I. sibirica
Lunaria rediviva (Silberblatt)
Lychnis chalcedonica
Primula auricula
Ranunculus acris 'Flore Pleno', *R. aconitifolius* 'Flore Pleno'
Tagetes erecta (Studentenblume)
Veratrum album, V. nigrum

Kletterpflanzen für die Pergola
Clematis cirrhosa, C. viticella
Jasminum officinale (Jasmin)
Lonicera periclymenum (Geißblatt)
Vitis labrusca, V. vinifera z. B. 'Pinot Meunier')

EIN KLASSISCHER FRANZÖSISCHER GARTEN, 1650–1700

Mauerpflanzen – Obst
Apfelbäume 'Calville Rouge d'Automne', 'Fenouillet Rouge', 'Golden Reinette', 'Margaret', 'Pigeon de Jérusalem', 'Reinette de Macon'
Birnen 'Bon Chrétien d'Hiver', 'Martin Sec', 'Virgouleuse'
Kirsche 'May Duke'
Pflaumen 'Blue Perdrigon', 'D'Agen' (syn. 'D'Ente'), 'Mirabelle de Metz', 'Orleans'

Mauerpflanzen – Kletterpflanzen
Campsis radicans
Lonicera sempervirens
Vitis labrusca

Rabattenpflanzen – Zwiebel- und Knollenpflanzen
Crocus biflorus
Cyclamen repandum
Erythronium americanum
Iris persica
Lilium pomponium
Narcissus bulbocodium, N. minor, N. pseudonarcissus moschatus, N. x odorus, N. triandrus
Tulipa clusiana

Rabattenpflanzen – Ein- und zweijährige Blumen, Stauden
Acanthus spinosus
Achillea taygetea
Adonis aestivalis
Ajuga genevensis
Amberboa moschata
Aquilegia canadensis
Artemisia arborenscens
Aruncus dioicus
Bassia scoparia (syn. *Kochia s.)*
Centaurea rhapontica
Cerastium tomentosum (Filziges Hornkraut)
Convolvulus tricolor
Cynara cardunculus (Artischocke)
Eryngium amethystinum
Eupatorium purpureum
Gentiana asclepiadea
Heuchera americana
Iberis semperflorens
Iris x sambucina
Linaria purpurea
Lobelia cardinalis, L. syphilitica
Nigella hispanica
Oenothera biennis (Nachtkerze)
Omphalodes linifolia, O. verna
Paeonia peregrina
Paradisea liliastrum
Physostegia virginiana
Potentilla recta (Hohes Fingerkraut)
Poterium canadense
Pulsatilla alpina (Alpen-Kuhschelle)
Rudbeckia laciniata
Salvia verticillata
Sanguinaria canadensis
Santolina pinnata neapolitana
Scabiosa atropurpurea, S. graminifolia
Senecio cineraria
Smilacina racemosa
Tradescantia virginiana, blau, gefüllt
Yucca filamentosa

EIN »WILLIAM-UND-MARY«-GARTEN 1680–1720

Zwiebel- und Knollenpflanzen
Amaryllis belladonna (Belladonnalilie)
Colchicum agrippinum, C. byzantinum, C. autumnale 'Pleniflorum'
Crocus flavus, C. angustifolius, C. x stellaris
Cyclamen coum, C. purpurascens
Dactylorhiza maculata, D. majalis
Fritillaria imperialis 'Aureomarginata', 'Duplex', 'Flava', 'Lutea', 'Rubra Maxima'
Galanthus nivalis (Schneeglöckchen)
Hyacinthoides hispanica
Lilium candidum 'Plenum'
Muscari macrocarpum
Narcissus jonquilla 'Plena', *N. poeticus* 'Plenus'
Nerine sarniensis
Ornithogalum nutans, O. umbellatum
Tulipa Varietäten 'Amiral de Constantinople', 'Dido', 'Duc van Tol', 'Gala Beauty', 'Lac van Rijn', 'Lutea Major', 'Paragon Everwijn', 'Semper Augustus', 'Zomerschoon'

Ein- und zweijährige Blumen, Stauden
Agapanthus africanus
Aquilegia vulgaris clematiflora
Aster tradescantii
Bellis perennis 'Parkinson's Great White', 'Prolifera'
Calendula officinalis 'Prolifera'
Centranthus ruber albus

Clematis viticella 'Purpurea Plena Elegans'
Dianthus Nelken, Varietäten 'Argus', 'Fenbow Nutmeg Clove', *gratianopolitanus* 'Double Cheddar', 'Old Dutch Pink', 'Old Fringed Pink', 'Old Fringed White', 'Painted Lady', 'Pheasant's Eye', 'Queen of Sheba', 'Sops in Wine'
Digitalis purpurea alba
Euphorbia cyparissias
Fragaria vesca 'Muricata'
Geranium pratense albiflorum, G. sanguineum striatum, G. sylvaticum
Helleborus argutifolius
Impatiens balsamina
Ipomoea nil
Iris spuria
Lathyrus latifolius
Lobularia maritima, syn. *Alyssum maritimum*
Lupinus angustifolius
Lychnis chalcedonica 'Plena', *L. coronaria alba, L. floscuculi* 'Plena'
Matthiola incana (Levkoje, gefüllt)
Nigella damascena blau, purpur und gefüllt
Physalis alkekengi
Primula x pubescens, P. vulgaris (gelb, gefüllt)
Tanacetum parthenium (Mutterkraut, gefüllt)
Verbascum phoeniceum

Obstgarten

Apfelbäume 'Bridgwater Pippin', 'Colonel Vaughan', 'Devonshire Quarrenden', 'Flower of Kent', 'Golden Harvey', 'Lemon Pippin'
Birne 'Chaumontel', 'Uvedale's St. Germain', 'Barland'
Damaszenerpflaume 'Prune Damson'
Kirsche 'Carnation', 'Gascoigne'
Pflaume 'Catalonia', 'Early Orleans', 'German Prune'

EIN GARTEN AUS DEM FRÜHEN NEUENGLAND 1690–1780

Vorgarten

Argemone grandiflora
Callistephus chinensis (Sommeraster)
Chelone glabra
Coreopsis lanceolata
Galax urceolata
Galium verum (Echtes Labkraut)
Geranium maculatum
Hibiscus moscheutos (Roseneibisch)
Iris cristata
Lathyrus odoratus (Wicken, alte Varietäten, z. B. 'Matucana', 'Painted Lady')
Lychnis viscaria (Pechnelke)
Lysimachia nummularia (Pfennigkraut)
Mertensia virginica
Monarda didyma (Indianernessel)
Phlox divaricata, P. glaberrima, P. maculata, P. paniculata
Pulmonaria angustifolia
Ranunculus creticus
Rudbeckia hirta (Sonnenhut)
Silene dioica
Stokesia laevis
Tiarella cordifolia (Schaumblüte)
Veronica longifolia
Viola canadensis, V. obliqua, V. pedata, V. sororia, V. striata

Gemüse

Bohnen (Feuer-, Kidney-, Lima-), Brokkoli, Cayenne-Pfeffer, Eierkürbis, Erbsen, Linsen, Mais, Melonen, Okra, Riesenkürbis, Sellerie, Süßkartoffeln, Tabak, Yamswurzel

EIN STADTGARTEN DES 18. JAHRHUNDERTS

Blumen

Armeria maritima (Grasnelke, als Einfassung)
Asclepias syriaca, A. tuberosa
Aster dumosus, A. Novae-angliae, A. novi-belgii, A. sedifolius (Astern)
Campanula pyramidalis, C. trachelium (blau und weiß gefüllt)
Cheiranthus cheiri 'Bloody Warrior', 'Harpur Crewe' (die viktorianische Bezeichnung für eine viel ältere Pflanze)
Coreopsis lanceolata (Mädchenauge)
Dianthus chinensis
Digitalis ferruginea
Echinacea purpurea (Sonnenhut)
Glaucium flavum
Gomphrena globosa Kugelamaranth)
Hedysarum coccineum, H. c. altum (roter und weißer Süßklee)
Helenium autumnale
Kniphofia uvaria
Malcolmia incana (Brompton und gefüllte Levkojen), *M. maritima* (Virginia-Levkojen)
Medicago intertexta, M. scutellata (Schneckenklee)
Nepeta mussinii (Katzenminze)
Papaver orientale (Orientalischer Mohn)
Polygonatum odoratum 'Flore Pleno' (gefülltes Salomonssiegel)
Reseda odorata (Resede)
Salvia viridis
Saxifraga granulata 'Flore Pleno'
Scorpiurus vermiculatus
Solidago (Goldrute)
Tulipa Varietäten 'Blue Flag', 'Claermond Silver', 'Cramoisi', 'Duc van Tol Aurora' (auch andere Spielarten von 'Duc van Tol' wie Cochineal, Max Cramoisi, Orange, Rose, Salmon, Violet), 'Keizerskroon', 'Marquis', 'Paeony Gold', 'Paeony Red', 'Perfecta', 'Viceroy', 'Wapen van Leiden', 'Waarschijnlijk Paeony Gold'
Vinca major, V. minor (Immergrün)

Obst

Apfelbäume, Varietäten 'Ashmead's Kernel', 'Blenheim Orange', 'Margil', 'Orange Pippin', Ribston Pippin', 'Wheeler's Russet'
Birnen, Varietäten 'Autumn Bergamot', 'Rance', 'Citron des Carmes', 'Jargonelle', 'Marquise', 'Passe Colmar'
Kirsche 'Belle des Choisy'

EIN FRÜHER LANDSCHAFTSGARTEN 1720–1750

Bäume und Sträucher

Die von Reverend Joseph Spence in seinen Entwürfen und Gartenbeschreibungen verwendeten volkstümlichen Namen entsprechen wahrscheinlich den unten stehenden Arten.
Abies alba (Weißtanne)
Acer platanoides (Spitzahorn), *A. saccharinum* (Silberahorn)
Arbutus andrachne
Artemisia abrotanum (Eberraute)
Cedrus libani (Libanonzeder)
Colutea arborescens (Blasenstrauch)
Corylus colurna (Baumhasel), *C. maxima* (Lambertsnuß)
Crataegus laevigata, C monogyna (Gemeiner Weißdorn)
Cydonia oblonga (Quitte)
Cytisus scoparius (Gemeiner Besenginster)
Daphne mezereum (Seidelbast), *D.m. alba*
Juniperus virginiana (Wacholder)
Magnolia grandiflora
Philadelphus coronarius (Flieder)
Picea abies (Fichte)
Pinus pinaster (Strandkiefer) *P. strobus* (Weymouths-Kiefer)
Populus alba (Silberpappel), *P. Nigra* (Schwarzpappel), *P. tacamahaca* (Balsampappel), *P. tremula* (Espe)
Prunus avium (Vogelkirsche), *P. avium* 'Flore Pleno' (gefüllte Blüte), *P. glandulosa* 'Rosea Plena', *P. persica* (Pfirsich, gefüllte Blüte), *P. virginiana*
Quercus coccinea (Scharlacheiche), *Q. rubra* (Amerikanische Roteiche)
Rosa x centifolia (Zentifolie), *R. eglanteria* (Weinrose), *R. foetida* (einfache, gelbe Blüte) *R. gallica* (Essigrose), *R.g.* 'Versicolor' (Rosa Mundi)
Salix alba vitellina (Dotterweide), *S. babylonica* (Trauerweide)
Spartium junceum (Binsenginster)
Symphoricarpos orbiculatus (Korallenbeerstrauch)
Syringa laciniata, S. x persica
Taxodium distichum (Sumpfzypresse)

EIN BLUMENGARTEN AUS DER NEUEN WELT 1760–1800

Rosen

bracteata
'Burgundiaca'
'Celsiana'
x *damascena semperflorens*
'De Meaux'
'Enfant de France'
foetida 'Bicolor'
'Great Maiden's Blush'
hemisphaerica
moschata

'Noisette Carnée'(syn. 'Blush Noisette')
x *odorata* 'Pallida'('Old Blush China')
'Portlandica'
'Shailer's White Moss'
'Tuscany'
'Unique Blanche'

Blumen
Amaranthus hybridus var. erythrostachys (Fuchsschwanz)
Anoda cristata
Aster cordifolius, A. ericoides, A. tradescantii
Cassia marilandica
Chelone obliqua (Schildblume)
Cimifugia racemosa (Silberkerze)
Coreopsis verticillata (Mädchenauge)
Cosmos bipinnatus (Schmuckkörbchen)
Dahlia coccinea, D. pinnata
Dicentra formosa
Dodecatheon meadia
Helianthus decapetalus (gefüllt), *H. giganteus*
Ipomoea hederacea, I. purpurea, I. quamoclit
Lilium canadense, L. catesbaei, L. superbum
Nicandra physaloides
Penstemon campanulatus (Bartfaden)
Rudbeckia fulgida, R. hirta, R. laciniata
Sanvitalia procumbens
Silene dioica 'Rosea Plena'
Zinnia peruviana rotblühend

EIN BLUMENGARTEN DES REGENCY 1800–1840

Blumen
Alyssum saxatile
Anemone nemorosa gefüllte und farbige Formen
Aster amellus
Aubrieta deltoidea (Blaukissen)
Campanula alliariifolia, C. carpatica, C. lactiflora
Chelidonium majus 'Plenum'(gefüllt)
Chrysanthemum coronarium (weiße Chrysantheme)
Convallaria majalis (Maiglöckchen, gefüllte und rosa Formen)
Delphinium elatum
Dianthus sylvestris
Doronicum spp. (Gemswurz)
Gaillardia aristata (Kokardenblume)
Geranium tuberosum
Hieracium aurantiacum, H. pilosella
Lathyrus vernus (Frühlings-Platterbse)
Malva sylvestris mauritiana, M. verticillata, M.v. 'Crispa'
Papaver alpinum, P. nudicaule
Polemonium caeruleum
Primula vulgaris 'Alba Plena'
Pseudofumaria (Corydalis) lutea
Pulmonaria saccharata
Salvia nemorosa, S. sylvestris
Saxifraga x urbium
Scilla siberica
Senecio elegans

Bäume und Sträucher
Buddleja globosa
Buxus sempervirens Varietäten 'Angustifolia', 'Argenteovariegata', 'Aureovariegata', 'Latifolia Maculata', 'Myrtifolia', 'Notata', 'Suffruticosa Variegata'
Caragana arborescens
Ceanothus coerulus (Säckelblume)
Cedrus deodara
Chaenomeles speciosa (Zierquitte)
Cornus florida
Crataegus crus-galli, C. laevigata 'Rosea Flore Pleno', *C. persimilis* 'Prunifolia'
Erica arborea (Baumheide)
Gleditsia triacanthos
Halesia tetraptera
Hamamelis virginiana (Zaubernuß)
Hypericum calycinum
Ilex aquifolium Varietäten 'Argentea Marginata', 'Aurea Marginata', 'Bacciflava', 'Ferox'
Jasminum fruticans
Kerria japonica (Ranunkelstrauch)
Ligustrum lucidum (Liguster)
Liridendron tulipifera (Tulpenbaum)
Magnolia denudata
Mahonia repens
Paeonia suffruticosa
Pinus cembra (Zirbelkiefer), *P. mugo* (Bergkiefer)
Prunus mahaleb (Weichselkirsche), *P. padus* (Traubenkirsche), *P. serrulata*
Pyrus salicifolia
Quercus x hispanica 'Fulhamensis', *Q. x h.* 'Lucombeana'
Rhododendron arboreum, R. dauricum, R. calendulaceum, R. indicum, R. luteum, R. maximum, R. periclymenoides, R. ponticum, R. viscosum
Ribes sanguineum (Blutrote Johannisbeere)
Rosa Arten und Varietäten 'Agathe Incarnata', *banksiae* var. *banksiae, b.* 'Lutea', *bracteata, x centifolia* 'Bullata', *glauca*, 'Gloire de France', 'Ipsilanté', 'Leda', 'Marie' *multiflora* 'Carnea', *m.* 'Grevillei', *x odorata* 'Odorata', *x o.* 'Sanguinea', 'Rose d'Amour', 'Rose Edouard', 'Spong'
Sophora japonica
Weigela florida

EIN SÜDSTAATENGARTEN DES 19. JAHRHUNDERTS, 1820–1890

Blumen
Asclepias tuberosa
Baptisia australis (Färberhülse)
Browallia americana
Calceolaria pinnata
Cleome hassleriana (Spinnenpflanze)
Datura metel
Dendranthema indicum (Chrysanthemum i.)
Dimorphoteca pluvialis
Dorotheanthus bellidiformis (Mittagsblume)
Eupatorium coelestinum
Hedyotis caerulea (Houstonia c.)
Hibiscus militaris
Lablab purpureus (Dolichos lablab)
Liatris pycnostachya, L. spicata (Prachtscharte), *L. squarrosa*
Mirabilis longiflora
Proboscidea louisianica (Martynia l.)

Pflanzen mit schönem Laub
Euphorbia marginata
Fatsia japonica
Melianthus major
Nandina domestica
Ricinus communis (Wunderbaum)
Yucca aloifolia, Y. filamentosa, Y. flaccida, Y. glauca, Y. recurvifolia

Küchengarten – Gemüse und Kräuter
Andorn *(Marrubium vulgare)*
Aubergine
Bockshornklee *(Trigonella foenum-graecum)*
Erdnuß *(Arachis hypogaea)*
Feldsalat *(Valerianella locusta)*
Kartoffeln
Majoran *(Origanum onites)*
Maryländisches Wurmkraut *(Spigelia marilandica)*
Mexikanisches Teekraut *(Chenopodium ambrosoides)*
Rosenkohl
Schlangenwurz *(Aristolochia serpentaria)*
Sommerbohnenkraut *(Satureja hortensis)*, Winterbohnenkraut *(S. montana)*
Thymian
Tomaten

EIN VIKTORIANISCHER ROSENGARTEN, 1850–1880

Strauch- und Beetrosen
'Agatha' Gallica
'Alain Blanchard' Gallica
'A Longs Pédoncules' Moos
'Assemblage des Beautés' Gallica
'Baron de Wassenaer' Moos
'Belle de Crécy' Gallica
'Belle Isis' Gallica
'Blanche de Vibert' Portland
'Blanchefleur' Zentifolie
'Bon Silène' Tee
'Bourbon Queen' Bourbon
'Camaieux' Gallica
'Céleste' Alba
'Célina' Moos
x centifolia 'Variegata'
'Charles de Mills' Gallica
'Chloris' Alba
'Comtesse de Murinais' Moos
'Cosimo Ridolfi' Gallica
'Coupe d'Hébé' Bourbon
'Cramoisi Picoté' Gallica
'Cramoisi supérieur' China
'Duc de Guiche' Gallica
'Duchesse d'Angoulême' Gallica
'Duchesse de Montebello' Gallica
'Du Maître d'Ecole' Gallica
'Fabvier' China
'Félicité Parmentier' Alba
'General Kléber' Moos

'Georges Vibert' Gallica
'Gloire des Mousseuses' Moos
'Great Western' Bourbon
x harisonii 'Harison's Yellow'
'Henri Martin' Moos
'Hermosa' China
'Isphahan' Damaszener
'James Veitch' Moos
'Juno' Zentifolie
'Königin von Dänemark' Alba
'Lanei' Moos
'La Reine' Remontant
'Le Vésuve' China
'Louise Odier' Bourbon
'Louis XIV' China
'Mme Bravy' Tee
'Mme Delaroche-Lambert' Portland
'Mme Hardy' Damaszener
'Mme Zoëtmans' Damaszener
'Mannings Blush' Rubiginosa-Hybride
'Malton' Bourbon
'Marbrée' Portland
'Mousseline' Moos
'Nestor' Gallica
x odorata 'Ochroleuca' China
'Oeillet Parfait' Gallica
'Ohl' Gallica
'Ombrée Parfaite' Gallica
'Pélisson' Moos
'Petite Lisette' Zentifolie
'Prince Camille de Rohan' Remontant
'Reine des Violettes' Remontant
'René d'Anjou' Moos
'Safrano' Tee
' Salet' Moos
'Souvenier de la Malmaison' Bourbon
'Stanwell Perpetual' Pimpinelle Hybride
'Surpasse Tout' Gallica
'Tour de Malakoff' Gallica
'Tricolore de Flandre' Gallica
'Violacea' Gallica
'William Lobb' Moos

Climbing- und Kletterrosen
'Adam' Cl/Tee
'Adélaide d'Orléans' Kletter
'Amadis' Boursault
'Baltimore Belle' Kletter
'Blairii No 2' Bourbon
'Blush Boursault' Boursault
'Céline Forestier' Noisette
'Champneys' Pink Cluster' China x
'Cloth of Gold' Noisette
'Devoniensis' Cl/Tee
'Flora' Kletter
x odorata 'Fortune's Double Yellow' China
'Gloire de Dijon' Cl/Tee
'Lamarque' Noisette
'Mme D'Arblay' Kletter
'Pompon de Paris, Climbing' China
'Princesse de Nassau' Kletter
'Princesse Marie' Kletter 'Ruga' Kletter
'Russeliana' Kletter
'Sombreuil, Climbing' Cl/Tee
'Spectabilis' Kletter
'Splendens' Kletter
'The Garland' Kletter

EIN VIKTORIANISCHER HINTERGARTEN, 1860–1890

Mauerpflanzen
Actinidia kolomikta
Akebia quinata
Clematis Arten und Varietäten (vor 1880) 'Ascotiensis', 'Countess of Lovelace', 'Duchess of Edinburgh', 'Fair Rosamond', *florida* 'Flore Pleno', *f.* 'Sieboldii', 'Henryi', 'Jackmanii Alba', 'Jackmanii Superba', 'Lady Londesborough', 'Mme Grangé', 'Miss Bateman' *montana* 'Star of India', 'The President', *x triternata* 'Victoria'
Hedera helix 'Caenwoodiana', 'Cavendishii', 'Minor Marmorata', 'Palmata', *rhombea* 'Variegata', *Hydrangea anomala* ssp. *petiolaris*
Jasminum officinale 'Argenteovariegatum'
Lonicera x brownii, etrusca, japonica
Parthenocissus tricuspidata (Wilder Wein)
Solanum crispum
Trachelospermum jasminoides
Wisteria floribunda, W. f. macrobotrys, W. sinensis

Farne
Adiantum capillus-veneris
Asplenium adiantum-niarum, A. trichomanes cristatum, A. t. incisum
Athyrium filix-femina cristatum, A. f.-f. 'Minutissimum', *A. f.-f.* 'Victoriae'
Blechnum spicant, B. tabulare
Cryptogramma crispa
Dryopteris affinis 'Cristata', 'The King', *D. dilatata*
'Grandiceps', *D. filix-mas* 'Grandiceps'
Osmunda regalis cristata
Phyllitis scolopendrium crispa
Polypodium vulgare 'Cornubiense'
Polystichum setiferum plumoso-divisilobum, P. s. pulcherrimum

Rhododendren (vor 1880)
'Boddaertianum'
'Broughtonii'
'Caractacus'
'Caucasicum Pictum'
'Chevalier Felix de Sauvage'
'Cunningham's White'
'Edmondii'
'Everestianum'
'Fastuosum Flore Pleno'
'Isabella Mangles'
'Lady Eleanor Cathcart'
'Lee's Dark Purple'
'Mrs R. S. Holford'
'Nobleanum Coccineum'
'Nobleanum Venustum'
'Praecox'
'Prince Camille de Rohan'
'Roseum Elegans'

EIN VIKTORIANISCHER BLUMENGARTEN, 1870–1900

Winterharte Pflanzen, die im Beet belassen werden können, sind mit *, Auspflanzung für den Winter/Frühling mit + gekennzeichnet; alle übrigen Pflanzen sind nur für das Sommerbeet geeignet.

Blickpunkte
* *Abies balsamea* 'Hudsonia'
Abutilon Varietäten
Agave attenuata
Araucaria araucana (junge Pflanzen)
Artemisia arborescens
* *Aucuba japonica* 'Picturata', *A. j.* 'Variegata'
* *Buxus sempervirens* Varietäten 'Argenteovariegata', ' Aureovariegata', 'Elegantissima', 'Latifolia Maculata' (beschnitten)
Canna x generalis
Centaurea cineraria ssp. cineraria (C. gymnocarpa)
* *Chamaecyparis lawsonia* 'Nana', *C. obtusa* 'Nana', *C. obtusa* 'Pygmaea', *C. pisifera* 'Pygmaea'
Cordyline australis
Ensete ventricosum (Musa ensete)
Eucalyptus Arten (Sämlinge)
* *Euonymus japonicus* 'Ovatus Aureus' (zu Formen beschnitten)
Fuchsia (Hochstämme und Pyramiden)
Grevillea robusta
* *Ilex x altaclerensis* 'Golden King', *I. x a.* 'Lawsoniana' (beschnitten)
* *Ilex aquifolium* Varietäten (beschnitten)
* *Juniperus communis* 'Hibernica'
* *Picea abies* 'Gregoryana'
* *Skimmia japonica*
Sequoiadendron giganteum (junge Pflanzen)

Bodenpflanzen
Antirrhinum (Löwenmäulchen, einfarbig)
Begonia semperflorens
Calceolaria, z. B. *C.* 'Camden Hero', *C. integrifolia, C.* 'Kentish Hero'
+ *Cheiranthus* (Goldlack, einfarbig)
Dahlia Varietäten zum Auspflanzen
+ *Myosotis* (Vergißmeinnicht)
Pelargonium Varietäten 'Flower of Spring', 'Dolly Vardon', 'Golden Harry Hieover', 'Henry Jacoby', 'King of Denmark', 'Mrs Pollock', 'Red Black Vesuvius'
+ *Primula* (Primeln und kleinblütige Varietäten in modernen Farben (Blau, Purpur, Rosarot))
+ *Viola* (Winter-Stiefmütterchen)
+ Zierkohl und Meerkohl

Unterpflanzung
+ Hyazinthen Varietäten 'Bismarck', 'Distinction', 'General Köhler', 'King of the Blues', 'Lady Derby', 'La Victoire', 'L'Innocence', 'Lord Balfour', 'Marie', 'Oranje Boven'
+ *Muscari armeniacum, M. aucheri, M. azureum*
+ Tulpen Varietäten 'Clara Butt', 'Coleur Cardinal', 'Greuze', 'Murillo', 'Peach Blossom', 'Pink Beauty', 'Prince of Austria', 'Van der Neer'.

Randbepflanzung
Ageratum houstonianum
+ *Alyssum saxatile* 'Compactum'
+ *Arabis caucasica*
+ *Aubrieta*
Begonia semperflorens
+ *Bellis perennis* Varietäten
Calocephalus brownii
Centaurea rutifolia
Chlorophytum comosum (C. elatum)
Echeveria glauca
* *Euonymus japonicus* 'Microphyllus' (beschnitten)
* *Ilex crenata* (beschnitten)
Lobelia erinus
Pelargonium 'Mme Saileron'
* *Sempervivum Varietäten*
Senecio bicolor spp. *cineraria*
Tanacetum 'Golden Feather'

EIN TRADITIONELLER SCHOTTISCHER GEMÜSE-GARTEN, 1880–1910

Gemüse (vor 1900)

Die Samen der meisten hier aufgelisteten Varietäten sind bei der Henry Doubleday Research Association, National Centre for Organic Gardening, Ryton-on-Dunsmore, Coventry CV8 3LG, Großbritannien, erhältlich. Diese Gesellschaft gibt auch den *The Good Potato Guide* heraus, der die hier vorgestellten Kartoffeln beschreibt und Bezugsquellen nennt.

Beutelmelone 'Blenheim Orange'
'Blumenkohl 'Purple Cape'
Bohnen, Busch 'Canadian Wonder', 'Mont d'Or Golden Butter'
Bohnen, Dicke 'Bunyard's Exhibition', 'Green Windsor', 'Johnson's Wonderful', 'Masterpiece', 'White Windsor'
Bohnen, Grüne 'Painted Lady'
Brokkoli 'Early Purple Sprouting'
Chicorée 'Brussels Witloof'
Chicorée (Radicchio) 'Rosso di Treviso'
Endivien 'Batavian Green'
Erbsen 'Alderman', 'Daisy', 'Early Onward', 'Gradus', 'Thomas Laxton'
Kartoffeln 'British Queen', 'Duke of York', 'Edzell Blue', 'Epicure', 'Pink Fir Apple', 'Royal Kidney', 'Up-to-date'
Kohl (für Frühlingsverzehr) 'Ellam's Early', 'Harbinger', 'Offenham', 'Wheeler's Imperial'
Kohl (für Herbst-/Winterverzehr) 'Red Drumhead', 'Winnigstadt'
Kohl, Wirsing 'Ormskirk Extra Late', Möhren 'Early Horn', 'Early Nantes', 'James's Scarlet Intermediate', 'Long Red Surrey', 'St. Valery'
Kopfsalat 'All the Year Round', 'Favourite', 'Tom Thumb'
Krauskohl 'Dwarf Green Curled', 'Tall Green Curled'
Lattich 'Balloon', 'Paris White', 'Vaux's Self-Folding'
Pastinak 'Hollow Crown', 'Tende True', 'The Student'
Petersilie 'Champion Moss Curled'
Porree 'Monstruoso di Carantan', 'Musselburgh', 'Thy Lyon'
Rettich, Sommer 'Scarlet Globe'
Rettich, Winter 'China Rose', 'Long Black Spanish', 'Round Black Spanish'
Rhabarber 'Hawke's Champagne', 'Collis's Ruby', 'Daw's Champion', 'Early Albert', 'Linnaeus', 'Mitchell's Royal Albert', 'Prince Albert', 'Victoria'
Rote Beete 'Detroit Globe', 'Egyptian Turnip-Rooted'
Sellerie 'Clayworth Pink Prize'
Spargel 'Connover's Colossal'
Spinat 'Victoria'
Weiße Rüben 'Green Top Stone', 'Snowball', 'Veitch's Red Globe'
Zwiebeln 'Ailsa Craig', 'Bedfordshire Champion', 'James's Long Keeping', 'White Spanish'

DIE AUFERSTEHUNG DES FORMAL GARDEN, *1890–1920*

Staudenbeete

Bis 1920 kultivierte Pflanzen
Achillea filipendulina 'Parker's Variety', *A. ptarmica* 'Perry's Variety', *A. p.* 'Boule de Neige'
Aconitum x cammarum var. *bicolor, A. carmichaelii* var. wilsonii
Agapanthus campanulatus
Anemone x hybrida 'Géante des Blanches', *A. hupehensis* var. japonica 'Prinz Heinrich'
Anthemis tinctoria 'E. C. Buxton', *A. t.* 'Kelwayi'
Aquilegia Mrs Scott-Elliott's Hybride
Artemisia lactiflora, A. stelleriana
Aster amellus 'King George', *A. ericoides* 'Hon. Edith Gibbs', *A.* 'Photograph', *A. novi-belgii* Varietäten 'Anita Ballard', 'Climax', 'Cloudy Blue', 'King of the Belgians', 'Perry's White', 'St Egwyn', 'Snowdrift'
Astilbe Varietäten 'Europa', 'Gloria', 'Professor van der Wielen', 'Queen Alexandra', 'Venus'
Bergenia cordifolia, B. crassifolia, B. x schmidtii
Campanula 'Burghaltii', *C. glomerata* var. *daburica, C. persicifolia* 'Telham Beauty'
Crocosmia Varietäten 'Carmin Brillant', 'Eldorado', 'George Davison', 'Lady Hamilton', 'Queen Alexandra', 'Queen of Spain', 'Solfaterre', 'Star of the East'
Delphinium Belladonna-Varietäten 'Cliveden Beauty', 'Lamartine', 'Moerheimii'
Dianthus Varietäten 'Excelsior', 'Inchmerry', 'Mrs Sinkins'
'White Ladies'
Echinops ritro
Erigeron Varietäten 'B. Ladhams', 'Quakeress'
Eryngium alpinum, E. x oliverianum, E. giganteum
Euphoriba characias ssp. *wulfenii*
Filipendula rubra 'Venusta'
Geranium x riversleaianum 'Russel Pritchard'
Geum 'Lady Stratheden'
Hosta fortunei 'Albomarginata', *H. sieboldiana elegans Iris,* Bartiris-Varietäten 'Ambassadeur', 'Bride', 'Honorabile', 'Hugh Miller' 'Zua'
Kniphofia caulescens, K. 'Goldelse', '*K. northiae, K.* 'Star of Baden-Baden', *K. uvaria* 'Nobilis'
Leucanthemum x superbum (syn. *Chrysanthemum maximum*) 'Marion Collier', 'Mayfield Giant'
Monarda 'Cambridge Scarlet'
Paeonia lactiflora Varietäten 'Albert Crousse', 'Baronesse Schröder', 'François Ortegat', 'Lady Alexandra Duff', 'Le Cygne', 'Marie Crousse', 'Mme Jules Dessert', 'Mistral', 'M. Jules Elie', 'M. Martin Cahuzac', 'Sarah Bernhardt', 'Solange'
Papaver orientale Varietäten 'Beauty of Livermere', 'Black and White', 'King George', 'Mrs George Stobart', 'Mrs Perry', 'Perry's White', 'Prinzessin Viktoria Louise'
Penstemon Varietäten 'George Home', 'Myddelton Gem', 'Newbury Gem', 'Rubicundus', 'Southgate Gem'
Phlox paniculata Varietäten 'Annie Laurie', 'Europe', 'Le Mahdi', 'Rijnstroom', 'The King'
Potentilla 'Gibson Scarlet'
Salvia nemorosa, S. sclarea
Sedum spectabile, S. telephium
Sidalcea candida, S. malviflora, S. 'Rose Queen'
Stachys macrantha 'Robusta'
Thalictrum delavayi, T. d. album
Verbascum chaixii, V. 'Vernale'
Veronica exaltata

EIN TRADITIONELLER COTTAGE-GARTEN, 1880–1920

Anchusa azurea 'Dropmore', *A. a.* 'Opal'
Anemone x hybrida 'Alba', 'Elegans', 'Honorine Jobert', 'Königin Charlotte', 'Monterosa', 'Whirlwind'
Astilbe x arendsii 'Ceres', *A. x a.* 'Rosa Perle', *A. x rosea* 'Peach Blossom', *A. x r.* 'Queen Alexandra'
Crocosmia x crocosmiiflora (Montbretie)
Dendranthema (Chrysanthemum) rubellum 'Anastasia', 'Emperor of China'
Galega x hartlandii
Geranium x endressii, G. x magnificum
Geum 'Borisii', 'Mrs J. Bradshaw'
Helenium 'Riverton Beauty'
Helianthus 'Soleil d'Or'
Hemerocallis 'Baroni'
Iris germanica 'Kochii'

Paeonia lactiflora Varietäten
'Couronne d'Or', 'Duchesse de nemours', 'Edulis Superba', 'Félix Crousse', 'Festiva Maxima', 'François Ortegat', 'Mme Calot', 'Mme Lemoine', 'Marie Lemoine', 'Philomèle', 'Reine Hortense'
Phlox paniculata Varietäten 'Eclaireur', 'Elizabeth Campbell', 'Frau Antoine Buchner', 'The King'
Tanacetum (Pyrethrum) coccineum 'James Kelway'
Scabiosa caucasia, S. c. alba
Solidago 'Golden Wings'
Veronica gentianoides, V. g. 'Variegata'

EIN GARTEN IM STIL GERTRUDE JEKYLLS, 1890–1930

Die bis 1902 kultivierten Rosen wurden dem Buch *Roses for English Gardens* von G. Jekyll und E. Mawley entnommen.

Strauch- und Beetrosen

'Alfred Colomb' Remontant
'Anna Olivier' Tee
'Anne of Geierstein' Rubiginosa-Hybride
'Antoine Rivoire' Teehybride
'Augustine Guinoisseau' Teehybride
'Baronne Adolph de Rothschild' Remontant
'Beauty of Waltham' Remontant
'Captain Hayward' Remontant
'Catherine Mermet' Tee
'Cécile Brunner' Polyantha
'Charles Lefèbvre' Remontant
'Cramoisi Supérieur' China
'Dr Andry' Remontant
'Dr Grill' Tee
'Duke of Edinburgh' Remontant
'Fellenberg' China
'Fisher and Holmes' Remontant
'Général Jacqueminot' Remontant
'Gloire Lyonnaise' Remontant
'Gruß an Teplitz' China
'Her Majesty' Remontant
'Homère' Tee
'Horace Vernet' Remontant
'Janet's Pride' Rubiginosa-Hybride
'Lady Penzance' Rubiginosa-Hybride
'La France' Teehybride
'Mme Caroline Testout' Teehybride
'Mme de Watteville' Tee
'Mme Eugène Résal' Tee
'Mme Gabriel Luizet' Remontant
'Mme Laurette Messimy' China
'Marchioness of Salisbury' Teehybride
'Marie von Houtte' Tee
'Meg Merrilies' Rubiginosa-Hybride
'Mrs John Laing' Remontant
'Perle d'Or' Polyantha
'Prince Camille de Rohan' Remontant
'Souvenir d'Elise Vardon' Tee
'Souvenir de la Malmaison' Bourbon
'Souvenir du Président Carnot' Teehybride
'Stanwell Perpetual' Pimpinelle Hybride
'The Bride' Tee
'Ulrich Brunner Fils' Remontant
'White Pet' Polyantha

Climbing- und Kletterrosen

'Aimée Vibert' Noisette
'Alister Stella Gray' Noisette
'Anemone'
'Bennet's Seedling' Kletter
'Bouquet d'Or' Noisette
'Claire Jacquier' Noisette
'Mme Alfred Carrière ' Noisette
'Maréchal Niel' Noisette
'Reine Marie Henriette' Cl/Teehybride
'The Garland' Kletter
'William Allen Richardson' Noisette

EIN VORSTADTGARTEN DER ZWISCHENKRIEGSZEIT, 1920–1940

Strauchbeet

Abelia x grandiflora
Acer japonicum, A. palmatum Varietäten
Berberis buxifolia, B. candidula, B. darwinii, B. gagnepainii var. lanceifolia, B. x stenophylla, B. thunbergii atropurpurea
Buddleja davidii
Ceanothus x delileanus 'Gloire de Versailles'
Ceratostigma willmottianum
Choisya ternata
Cornus alba 'Elegantissima', *C. a.* 'Spaethii'
Cotoneaster adpressus, C. bullatus, C. dammeri var. radicans, C. franchetti, C. horizontalis, C. salicifolius Cytisus x beanii, C. x kewensis, C. scoparius 'Andreanus'
Daphne cneorum
Deutzia x elegantissima, D. gracilis, D. x kalmiiflora, D. longifolia 'Veitchii', *D. x magnifica, D. x rosea, D. scabra* 'Plena'
Elaeagnus angustifolia, E. commutata, E. pungens 'Aurea', *E. p.* 'Frederici', *E. p.* 'Maculata', *E. p.* 'Variegata'
Escallonia 'Donard Seedling', *E.* 'Edinensis', *E.* 'Ingramii', *E. x langleyensis, E. rubra*
Euonymus alatus, E. japonicus 'Albomarginatus', *E. j.* 'Aureus', *E. j.* 'Latifolius Albomarginatus', *E. j.* 'Ovatus Aureus'
Exochorda x macrantha
Forsythia x intermedia 'Spectabilis', *F. ovata, F. suspensa atrocaulis*
Fuchsia magellanica var. gracilis 'Variegata'
Genista aetnensis
Hebe x andersonii, H. anomala, H. cupressoides, H. x fanciscana 'Blue Gem'
Hibiscus syriacus 'Coelestis', *H. s.* 'Hamabo', *H. s.* 'Snowdrift'
Hydrangea arborescens 'Grandiflora', *H. a. spp. discolor* 'Sterilis', *H. macrophylla* Varietäten, *H. serrata*
Ilex x altaclerensis Varietäten
Kerria japonica 'Picta'
Magnolia stellata
Mahonia japonica, M. j. bealei
Osmanthus delavayi
Perovskia atriplicifolia
Philadelphus Varietäten 'Boule d'Argent', 'Bouquet Blanc', 'Burfordensis', 'Coupe d'Argent', 'Erectus', 'Virginal'
Pieris formosa var. forrestii, P. japonica
Ribes sanguineum 'Brocklebankii', *R. s.* 'King Edward VII'
Sambucus racemosa 'Plumosa Aurea'
Skimmia japonica 'Rubella', *S. j.* 'Veitchii', *S. j. reevesiana Sorbaria aitchisonii*
Spiraea 'Arguta', *S. japonica* 'Antony Waterer'
Syringa vulgaris Varietäten 'Andenken an Ludwig Späth', 'Belle de Nancy', 'Charles Joly', 'Condorcet', 'Congo', 'Mme Antoine Buchner', 'Mme Lemoine', 'Michel Buchner', 'Paul Thirion', 'Président Grévy', 'Vestale'
Viburnum carlesii, V. davidii, V. farreri, V. plicatum 'Mariesii', *V. p.* 'Sterile'
Weigela 'Abel Carrière', *W.* 'Eva Rathke', *W. florida*

EIN ABGESENKTER GARTEN DER ZWISCHENKRIEGSZEIT, 1920–1940

Wasserpflanzen

Acorus calamus 'Variegatus', *A. gramineus* 'Variegatus'
Butomus umbellatus
Calla palustris (Sumpfkalla)
Carex elata 'Aurea' (Steife Goldsegge)
Cyperus involucratus (empfindlich, im Haus überwintern)
Glyceria maxima 'Variegata'
Iris ensata, I. laevigata 'Alba', *I. l.* 'Colchesterensis', *I. l.* 'Variegata', *I. pseudacorus, I. p.* 'Variegta', *I.* 'Rose Queen'
Lysichiton americanus, L. camtschatcensis
Narthecium ossifragum (Beinbrech)
Orontium aquaticum (Goldkeule)
Sagittaria sagittifolia 'Flore Pleno'
Saururus cernuus
Scirpus lacustris 'Albescens', *S. l. spp. tabernaemontani* 'Zebrinus'
Typha angustifolia, T. laxmannii, T. minima Zantedeschia aethiopica. Z. a. 'Little Gem'

Seerosen

(Nymphaea spp. und Varietäten)
Die folgenden, winterharten Varietäten, die bereits vor 1920 gezüchtet oder eingeführt wurden, lassen sich bei nur 30 Zentimeter Wassertiefe ziehen.

'Albatros'
'Altropurpurea'
'Attraction'
'Aurora'
candida
'Comanche'
'Ellisiana'
'Graziella'
x helvola
'Hermine'
'Laydekeri Fulgens'
'Laydekeri Liliacea'
'Laydekeri Purpurata'
'Laydekeri Rosea'
'Odorata Minor'
'Pygmaea Rubis'
'Rosennymphe'
'Sioux'
'Solfatare'
'tetragona'

WEITERFÜHRENDE LITERATUR

In den letzten zehn bis fünfzehn Jahren hat die Zahl der Bücher, die Gartengeschichte zum Thema haben, stark zugenommen. Nur sehr wenige der unten genannten Bücher befassen sich allerdings mit den praktischen Aspekten der Anlage von Stilgärten.
In den mit * gekennzeichneten Büchern sind Pflanzenlisten der jeweiligen Epoche enthalten.

Allgemeine Gartengeschichte

Adams, William Howard, *The French Garden 1500–1800.* Scholar Press, London 1979

Agnelli, Marella, *Italienische Gärten und Villen. Verzauberte Welten.* In Zusammenarbeit mit Luca Pietromarchi, Robert Emmett Bright, Federico Forquet. Übers. a. d. Engl. von Siglinde Summerer und Gerda Kurz, Herford 1988

Bazin, Germain, *DuMont's Geschichte der Gartenbaukunst.* DuMont Buchverlag, Köln 1990

Berall, Julia, *Die schönsten Gärten.* Econ, Düsseldorf 1969

Clifford, Derek, *Geschichte der Gartenkunst.* Übers. a. d. Engl. von Hubert Klemke, München 1966

Cowell, Frank Richard, *Gartenkunst. Von der Antike bis zur Gegenwart.* Stuttgart/Zürich 1978.

Duthie, Ruth, *Florist's Flowers and Societies.* Shire Publications, 1988

Gallup, Barbara und Deborah Reich, *Geformte Pflanzen. Eine alte Gartenkunst neu entdeckt. Eine Anleitung zum Formschnitt an Hecken und Büschen zu planvoll gelenkten Spalier- und Kletterpflanzen.* Übers. a. d. Amerik. von Marion Pugge, Köln 1989

Gothein, Marie Luise, *Geschichte der Gartenkunst.* 2 Bde, 2. Aufl. Jena 1926, Nachdruck München 1988

Halliwell, Brian, *Old Flower Gardens.* Bishopsgate Press, 1987

Harvey, John, *Early Nurserymen.* Phillimore, Chichester 1974

Hennebo, Dieter u. Alfred Hoffmann, *Geschichte der deutschen Gartenkunst.* 3 Bde, Hamburg 1962–1965

Mader, Günter und Laila Neubert-Mader, *Italienische Gärten.* Stuttgart 1987

Masson, Georgina, *Italienische Gärten.* München/Zürich 1962

Mosser, Monique und Georges Teyssot, *The History of Garden Design. The Western Tradition from the Renaissance to the Present Day.* Thames & Hudson, London 1991

Taylor, M. und C. Hill, *Hardy Plants Introduced to Britain by 1729.* 2. rev. Aufl., Cranborne Garden Centre, 1983

Thacker, Christopher, *Die Geschichte der Gärten.* Zürich 1979

Das Zeitalter der Abenteuer

Hannsman, Wilfried, *Gartenkunst der Renaissance und des Barock.* Köln 1983

* Harvey, John, *Medieval Gardens.* Batsford, London 1961

Hennebo, Dieter, *Gärten des Mittelalters.* München/Zürich 1987

* Lazzaro, Claudia, *The Italian Renaissance Garden.* Yale University Press, New Haven und London 1990

McClean, Teresa, *Medieval English Gardens.* Collins, London 1981

Shepherd, J. C. und G. A. Jellicoe, *Italian Gardens of the Renaissance.* 1925. Neu herausgegeben von Academy Editions, London 1986

Strong, Roy, *The Renaissance Garden in England.* Thames & Hudson, London 1979

Das Zeitalter der Pracht

The Anglo-Dutch Garden in the Age of William and Mary. Journal of Garden History, VIII, Nr. 2 und 3, 1988

* Jaques, David und Arend van der Horst, *The Gardens of William and Mary.* Christopher Helm, London 1988

* Leighton, Ann, *Early American Gardens, "For Meate of Medicine",* University of Massachusetts Press, 1970

Neubauer, Erika, *Lustgärten des Barock.* Salzburg 1966

Rave, Paul Ortwin, *Gärten der Barockzeit. Von der Pracht und Lust des Gartenlebens.* Stuttgart 1951.

Williams, Dorothy Hunt, *Historic Gardens of Virginia.* The Garden Club of Virginia, 1975

* Woodbridge, Kenneth, *Princely Gardens. The Origins and Development of the French Formal Style.* Thames & Hudson, London 1956

Das Zeitalter der Eleganz

Crulckshank, Dan und Neil Burton, *Life in the Georgian City.* Viking Penguin, London 1990

Jaques, David, *Georgian Gardens. The Reign of Nature.* Batsford, London 1953

Berckenhagen, Ekhart, *Deutsche Gärten vor 1800.* Hannover/Berlin/Sarstedt 1962

Buttlar, Adrian von, *Der Landschaftsgarten. Gartenkunst des Klassizismus und der Romantik.* Köln 1989

Dennerlein, Ingrid, *Die Gartenkunst der Régence und des Rokoko in Frankreich.* Worms 1981

* Leighton, Ann, *American Gardens of the Eighteenth Century, "For Use or Delight".* University of Massachusetts Press, 1976

Martin, Peter, *The Pleasure Gardens of Virginia.* Princeton University Press, 1991

Stuart, David C., *Georgian Gardens,* Batsford, London 1979

Das Zeitalter des Überflusses

Carter, Tom, *The Victorian Garden,* Bell & Hyman. London 1984

Clayton-Payne, Andrew, *Victorian Flower Gardens.* Weidenfeld & Nicolson, London 1988

Elliot, Brent, *Victorian Gardens.* Batsford, London 1986

Hobhouse, Penelope und Christopher Wood, *Painted Gardens. English Watercolours 1850–1914.* Pavilion Books, London 1989

* Leighton, Ann, *American Gardens of the Nineteenth Century. "For Comfort and Affluence",* University of Massachusetts Press, 1987

Das Zeitalter der Nostalgie

Brown, Jane, *The English Garden in our Time from Gertrude Jekyll to Geoffrey Jellicoe.* Antique Collector's Club, Woodbridge, Suffolk 1986

Jekyll, Gertrude und Lawrence Weaver, *Gardens for Small Country Houses.* London 1912 und spätere Ausgaben

Ottewill, David, *The Edwardian Garden.* Yale University Press, New Haven und London 1989

Seidenberg, Charlotte, *The New Orleans Garden.* Silkmont and Count, New Orleans 1990

Rekonstruktion und Restauration

* Banks, Elizabeth, *Creating Period Gardens.* Phaidon, Oxford 1991
* Pavretti, Rudy und Joy Putnam Favretti, *Landscape and Gardens for Historic Buildings.* American Association for State and Local History, Nashville 1979

Favretti, Rudy und Joy Putnam Favretti, *For Every House a Garden.* University Press of New England, Hanover, New Hampshire 1990

* Harvey, John, *Restoring Period Gardens.* Shire Garden History, 1988

Pflanzenlisten

* Harvey, John, *Early Gardening Catalogues.* Philimore, Chichester 1972
* Harvey, John, *The Availability of Hardy Plants of the Late Eighteenth Century.* Garden History Society, 1988
* Stuart, David und James Sutherland, *Plants from the Past, Old Flowers for New Gardens.* Viking Penguin, London 1987

ABBILDUNGSNACHWEIS

Der Verlag dankt den folgenden Photographen und Instituten für die freundliche Erlaubnis zur Reproduktion ihrer Photographien in diesem Buch:
S. 2 W. A. Lord; S. 3 Bridgeman Art Library (Museum & Art Gallery, Bristol); S. 6–7 Andrew Lawson; S. 8–9 Jerry Harpur (King Henry's Hunting Lodge); S. 10 John Miller; S. 11 oben, Jerry Pavia/Garden Picture Library; S. 11 unten, Jerry Harpur (Gartengestalter Thomas Church); S. 12 Jerry Harpur (Gartengestalter Michael Balston); S. 13 W. A. Lord; S. 14 Georges Lévêque; S. 15 Hugh Palmer; S. 16–19 Andrew Lawson; S. 20–21 Österreichische Nationalbibliothek; S. 22 Andrew Lawson; S. 23 Derek Fell/Garden Picture Library; S. 24 Gary Rodgers; S. 25 Alex Ramsay/Garden Picture Library; S. 26 oben, Nigel Temple/Garden Picture Library; S. 26 unten, Georges Lévêque; S. 27 Andrew Lawson; S. 28 Lamontagne; S. 29 Brigitte Thomas; S. 33 oben links, British Library Reproductions; S. 33 rechts, Bibliothèque Nationale, Paris; S. 33 unten, MAS/Capilla Real, Granada; S. 37 rechts, Scala, Florenz; S. 41 rechts, Arbury Hall, Nuneaton (Photograph John Wright); S. 41 unten Mitte, The Master and Fellows of Trinity College, Cambridge; S. 42–43 Yale Center for British Art (Sammlung Paul Mellon); S. 44 Eric Crichton (Hornbeam, Ham House); S. 45 Eric Crichton (Westbury Court); S. 46–47 Andrew Lawson; S. 48 Peter Baistow; S. 49 oben, Historic Annapolis Foundation; S. 49 unten, Gillian Darley/Edifice; S. 53 oben links, Musée de l'Ile de France à Sceaux (P. Lemaitre); S. 53 oben, British Library Reproductions; S. 53 unten, aus *Den Nederlandtsen Hovenier,* Stichting Matrys Verlag, Utrecht; S. 57 oben links, Landwirtschaftliche Universität Wagemingen, Sondersammlung der Bibliothek (aus *The Gardens of William & Mary,* Verlag Christopher Helm/B.T. Batsford Ltd.); S. 57 oben rechts, aus *Den Nederlandtsen Hovenier,* Stichting Matrys Verlag, Utrecht; S. 57 unten, Historisches Museum Amsterdam; S. 61 oben Mitte, Colonial Williamsburg Foundation; S. 61 Mitte links, mit freundlicher Genehmigung der Linley Library; S. 61 Mitte rechts, British Library Reproductions; S. 62–63 Museum & Art Gallery, Bristol; S. 64 Heather Angel; S. 65 oben, Andrew Lawson; S. 65 unten, Derek Fell; S. 66–67 John Bethell; S. 68 Lamontagne; S. 69 oben, Andrew Lawson; S. 69 unten, Gillian Darley/Edifice; S. 73 oben links, Bodleian Library, Oxford; S. 73 unten links, mit freundlicher Genehmigung von John Harris (Sammlung Mrs. Paul Mellon); S. 77 oben links, National Trust, Southern Region (Sammlung Tom Parr); S. 77 unten links, British Library Reproductions; S. 77 unten Mitte, British Architectural Library, RIBA, London; S. 77 Mitte rechts, Beinecke Rare Book and Manuscript Library, Universität von Yale; S. 81 oben rechts, Devonshire Collection, Chatsworth, Abdruck mit Erlaubnis der Chatsworth Settlement Trustees; S. 81 unten, Skipwith Papers, Swem Library, College of William & Mary; S. 81 oben links, aus *The Historic Gardens of Virginia* (1930); S. 85 oben, Privatsammlung; S. 85 Mitte, aus *The Florist's Manual* von Maria Jackson; S. 85 unten, British Library Reproductions; S. 86–87 mit freundlicher Erlaubnis des Harris Museum & Gallery, Preston; S. 89 Hugh Palmer; S. 90 Andrew Lawson; S. 91 Hugh Palmer; S. 92–93 W. A. Lord; S. 94 Lamontagne; S. 95 Andrew Lawson; S. 99 New Orleans Botanical Archive; S. 103 oben rechts, mit freundlicher Genehmigung der Christopher Wood Gallery; S. 103 unten Apollo Publishers; S. 107 oben links, Mary Evans Picture Library; S. 107 unten links, Photo Museum of London (mit freundlicher Genehmigung von Familie Butters); S. 111 oben, mit freundlicher Genehmigung der Linley Library; S. 111 unten, aus *The Amateur Flower Garden* von Shirley Hibberd; S. 115 oben, Bridgeman Art Library (mit Erlaubnis der Trustees of the Royal Watercolour Society, Bankside Gallery, London); S. 115 Mitte rechts, Apollo Publishers; S. 115 unten Mitte, Country Life; S. 115 unten rechts, aus *Garden Planning* von W. S. Rogers, Unwin Verlag; S. 116–117 mit freundlicher Genehmigung der Medici Society Ltd., London und des Enkels des Künstlers; S. 118 Georges Lévêque (Parc Floral d'Apremont, La Guerche-sur l'Aubois); S. 119 W. A. Lord; S. 120 Georges Lévêque; S. 121 oben, Georges Lévêque; S. 121 unten, Jerry Harpur (Hestercombe); S. 122 S. & O. Mathews; S. 123 W. A. Lord; S. 124 Eric Crichton (Hidcote); S. 125 Jerry Harpur (Tintinhull House); S. 129 oben Mitte, Country Life; S. 129 oben rechts, aus dem Pigytle Works Katalog; S. 129 unten Mitte, aus *The Formal Garden in England* von Reginald Blomfield; S. 129 unten rechts, Apollo Publishers; S. 133 oben, mit freundlicher Genehmigung der Christopher Wood Gallery; S. 133 unten, Bridgeman Art Library (mit freundlicher Genehmigung der Christopher Wood Gallery); S. 137 oben, Country Life; S. 137 unten, aus *Modern Gardens,* veröffentlicht von The Studio; S. 141 oben, Bridgeman Art Library (Bonhams); S. 141 unten, Country Life; S. 145 oben, aus *Landscape Gardening* von Richard Sudell, Ward Lock & Co. Verlag; S. 145 unten links, aus *Modern Gardens British and Foreign,* veröffentlicht von The Studio; S. 145 unten rechts, aus *Garden Design Annual* (1931).

Wir haben versucht, den jeweiligen Copyright-Inhaber aufzuspüren. Sollten wir unbeabsichtigterweise jemanden ausgelassen haben, bitten wir um Entschuldigung. In einer Neuauflage dieses Buches werden wir entsprechende Danksagungen aufnehmen.

REGISTER

siehe auch »Pflanzen für den historischen Garten«. Kursiv gesetzte Seitenzahlen beziehen sich auf Bildlegenden